交融世界，通达古今——轨道交通系列学术专著

铁路运输整体效能提升
技术与应用

曲思源　程　谦　张亮亮　编著

徐行方　主审

北京交通大学出版社

·北京·

内 容 简 介

本书内容分为5章，按照"问题导向"的原则，从点、线、面立体交叉的角度综合解决普速铁路运输生产面临的实际难点，特别是货物运输组织和物流管理瓶颈问题，并从理论方法、技术手段、案例分析、持续改进的角度出发，通过大量的工程实例给出了解决铁路整体运输效能的具体思路、应用技术和方法，具有普适性。

本书文字严谨，论据充分，通俗易懂，涉及面广，集中体现了我国铁路运输整体效能提升的管理动态和发展趋势。

本书可供铁路运输管理人员、技术人员、作业人员，以及开设交通运输专业的高等院校的相关人员学习和参考，也适用于大学生、研究生学习和参考，同时也可供社会上关心铁路发展的人士品读。

图书在版编目（CIP）数据

铁路运输整体效能提升技术与应用 / 曲思源，程谦，张亮亮编著. —北京：北京交通大学出版社，2023.11

ISBN 978-7-5121-5103-1

Ⅰ. ① 铁⋯　Ⅱ. ① 曲⋯　② 程⋯　③ 张⋯　Ⅲ. ① 铁路运输管理-研究　Ⅳ. ① F530.1

中国国家版本馆 CIP 数据核字（2023）第 208328 号

铁路运输整体效能提升技术与应用
TIELU YUNSHU ZHENGTI XIAONENG TISHENG JISHU YU YINGYONG

策划编辑：张　亮	
责任编辑：陈可亮	
出版发行：北京交通大学出版社	电话：010-51686414　　http://www.bjtup.com.cn
地　　址：北京市海淀区高梁桥斜街 44 号	邮编：100044
印　刷　者：北京虎彩文化传播有限公司	
经　　销：全国新华书店	
开　　本：185 mm×260 mm　　印张：12.75　　字数：312 千字	
版 印 次：2023 年 11 月第 1 版　　2023 年 11 月第 1 次印刷	
定　　价：52.00 元	

本书如有质量问题，请向北京交通大学出版社质监组反映。对您的意见和批评，我们表示欢迎和感谢。
投诉电话：010-51686043，51686008；传真：010-62225406；E-mail：press@bjtu.edu.cn。

序　言

　　铁路点多线长、单位多、分工细，各单位和各工种必须协同动作、相互配合，同时铁路是个大联动机，多个部门、多个工种必须如同机械钟表各个部件一样地协同动作，才能精确运转，一环扣一环，进而更有效能，具备更高效益。因此，对铁路运输整体效能提升的相关诸多要素进行系统分析，从而构建体系就显得尤为重要，特别是结合新的技术条件去研究，更需要创新和发展。

　　铁路运输整体效能的提升重在实践，也重在制度的执行和落实。为了全面把握铁路运输整体效能管理，本书总的技术路线是将铁路运输整体效能管理的动态和实际及前瞻性融合在一起，力求保证内容的完整性、系统性和可操作性，反映当今铁路运输整体效能管理的最新动态，体现最新的技术手段和理念。本书的章节构成一个完整的体系，体现了精细化的铁路运输组织与管理理念。

　　本书通过大量的工程实例给出了解决铁路运输整体效能提升的具体思路、应用技术和方法，是校企合作项目的典范，是一本覆盖全面的铁路运输整体效能管控的书籍。本书在调查研究的基础上，广采博引；在总结现场工作实际的基础上，围绕信息化和智能化的特征需求，将铁路运输整体效能提升加以理论化、系统化、条理化，深入浅出地阐述了整体效能在铁路运输实践中的应用。本书文字严谨，论据充分，通俗易懂，涉及面广，集中体现了我国铁路运输整体效能的管理动态和发展趋势。本书可作为指导铁路运输组织与管理的指南，希望能在繁忙的铁路运输工作中得到推广和使用，创造出更大的综合效益。同时，也希望更多的人士关心铁路运输效能的提升工作。

同济大学交通运输工程学院

徐行方

2023 年 8 月

前　言

　　铁路运输逐渐成为最重要的运输方式之一，在社会经济发展中发挥着越来越重要的作用。从铁路运输组织看，伴随着技术的进步和市场的变化，铁路运营场景也越来越丰富多样，初步形成了"通道+枢纽+网络"的铁路运输组织与管理体系，但遇到的运输问题也越来越复杂，需求与供给、运量与运能之间的矛盾永无止境。这就需要提升铁路运输整体效能，包括运输能力和运输效率两个方面的内容，但目前尚未有成体系的铁路运输整体效能提升方面的书籍。

　　铁路运输整体效能的发挥涉及因素非常多，而且非常复杂，当前制约运输整体效能发挥的主要影响因素有繁忙干线铁路运输需求与运输供给之间的矛盾、大车流冲击条件下通道货物运输流量部分时段紧张、部分区段阶段性和时段性运输能力紧张、大节点客货运输旅行速度和中小节点服务频率较低、货物运到期限要求高、枢纽区段利用程度有待提升、信息化的利用程度有待加深等方面，同时还受生产力布局调整与优化、新技术设备的引入及人的因素等影响。除了基础设施的投入和更新之外，铁路运输整体效能影响主要有运输能力的提升和运输效率的提高，而且这两大方面始终贯穿于运输组织与管理的设计和优化之中。

　　解决复杂问题的分析方法之一就是系统工程及其实践。铁路运输整体效能的提升是一门系统科学，系统分析的理念和方法始终贯穿于始终。特别是在"互联网+"、物联网、大数据、网络化、智能化的时代背景下，需要不断总结、系统分析铁路运输整体效能提升的相关规律，为我国铁路运输组织与管理提供一些实用的思路和方法。尤其是在当今的"互联网+"时代，我国铁路正面临着"运输能力是关键"向"以旅客和货主为中心、以市场为导向、以服务为宗旨"理念的转变，并在铁路信息化朝着平台化、集成化、一体化、智能化等方向发展的驱动下，铁路运输整体效能提升的新特征已经主要表现在调度指挥自动化和智能化、调车作业自动化、接发列车管理平台化、数据分析可视化和精细化及安全风险管理体系化，并逐步减少结合部等方面。相应地，促进运输整体效能提升的运输组织与管理技术和方法也在进一步发展，并需要结合实践中大量的效率和效益提升、安全管理等案例，运用系统分析的方法，寻找相关规律并使之上升为理论，从而进一步指导实践，不断完成认识—实践—理论多次循环的发展过程。

　　本书总结、提炼出的铁路运输整体效能提升的新理念和新方法、新思路和新技术手段具有示范和推广作用，可为我国铁路运输管理提供借鉴和参考。特别是在长三角地区铁路基础设施和装备以及运输组织能力快速提高的基础上，本书根据近年来承担的上海局集团公司若干科技项目和管理创新课题，不断地加以系统化和提炼而得。

　　本书的框架和内容设计体现了系统分析的观点，从运输整体效能的角度出发，以系统的整体最优为目标，利用数据资料和有关管理科学的技术和方法进行研究，以解决方案和决策优化问题为方法和工具。本书以铁路货物运输和物流组织为核心，按照"问题导向"的原则，从点、线、面立体交叉的角度综合解决普速铁路运输生产面临的实际难点，特别是货物运输组织和物流管理瓶颈问题，并从理论方法、技术手段、案例分析、持续改进的角度出发，通过大量的工程实例给出了解决铁路整体运输效能的具体思路、应用技术和方法，集中体现了我国铁路运输整体效能提升的管理动态和发展趋势。

"交通强国，铁路先行"，铁路必须肩负起建设科技强国的伟大使命，在支撑国家核心战略目标实现中发挥重要作用。今后一个时期，我国铁路建设仍将保持较大规模，运营环境日趋复杂，在确保运输安全、提高服务质量、改善经营效益等方面的压力持续增大。依靠科技创新，深入推进铁路供给侧结构性改革，不断增强企业发展内生动力和市场活力，促进整体效能提升的需求十分迫切。希望更多社会人士关注我国铁路事业的发展！

探索的艰辛与发现的喜悦已深深留在我们的记忆之中，本书是铁路运输效能整体提升技术的第一本著作，侧重于当今时期铁路运输整体效能提升的新方案、新技术、新应用、新趋势、新管理和新综述。在本书的相关研究和撰写过程中，我们参阅了大量的文献资料，国内外专家、学者在相关领域的研究成果构成了本书的重要基础。同时，也得到了很多同仁的热心帮助和积极支持，为本书提供资料的主要有李士军、张晓冬、唐好峰、荣剑、施俊泉、黄天宝、龚磊、丁长征、许辗英、虎强、赵强、郑巧英、王勇、蒋玉国、唐继烈、倪逸文、吴达、徐诚、刘洋、刘德猛、季松平、陆嘉明、张涛、苏杰、任烨、王晋瑞、王帅、刘恩磊、满彬、何顺平、丁玮琪、徐叶鹏、范燕倩、殷勇、李云欢、陶忠华、卢万胜、张健、张从立、焦云强、费振豪等专家和同仁。在此一并致以最诚挚的谢意！特别感谢北京交通大学出版社为本书出版付出的努力！

展望未来，我国铁路会继续加快发展，进一步优化运输供给侧结构性改革，寻求高质量发展。可以预见，要利用全球最新的科学技术和成果为我所用，才能更好地实现中国铁路整体系统升级。我们相信铁路运输整体效能提升是一个永无止境、不断完善的过程，需要持之不懈的努力，许多问题需要随着实践的发展做新的系统分析，而且发展前景无限。

本书可作为铁路运输管理人员和技术人员，以及高等院校交通运输专业师生的参考用书。受限于作者的知识水平、实践能力及视野，本书难免有不足之处，而且一些想法是作者个人观点，仅供读者参考。恳请各位专家、学者及同仁指正并提出宝贵意见，我们将深感荣幸，交流电子邮箱：syqu0453@163.com。

曲思源　等
2023 年 8 月

目 录

第1章　铁路运输整体效能内涵及分析

1.1　铁路运输的基本属性

根据不同线路在路网中的作用，铁路可分为公益性铁路、商业性铁路及公益性和商业性两者兼备的铁路。

由于公益性铁路建设和运输服务难以从市场中获得正常的投资和经营收益，因而不能通过市场来提供。在这种情况下，政府出于社会利益的需要就成为合理的提供者。而在经济发达、运输市场发育比较完善的区域，铁路的建设和运营又具有明显的商业性，具备一般竞争性行业的经营特征。这种双重属性反映在铁路管理体制上就会产生两个方面的问题：一方面，当铁路运输企业作为市场主体追求赢利性业务的收益时，很多关系重大的公益性服务得不到保证，从而影响社会福利的水平；另一方面，当铁路运输企业承担公益性服务而不考虑运输成本和收益时，又必定会向政府提出相应的补贴要求，同时也影响企业改进服务和降低成本的激励，铁路资产的配置效率难以提高。

1. 铁路运输工作实行全路网联合生产

铁路运输业属于典型的自然垄断产业和网络型基础产业，其显著的规模经济性和范围经济性要求全网联合作业。作为相对特殊的经济部门，网络型基础产业的共同技术特征是：必须通过各类网络传输系统才能完成产品的生产和销售过程，这些产业的投资建设、市场准入条件、生产经营方式和组织结构都有别于一般工商业，而且通常具有自然垄断性、公共性、外部性和互联互通特性。

作为网络型基础产业，铁路具有极强的规模经济性和范围经济性，也要求必须有一个完整统一的网络才能提供社会化服务。这种规模经济性在于产生要素的不可任意分割性，它要求企业生产经营规模必须足够大，才能有效降低单位产品的平均成本，才能有经济和技术实力来确保提供优质服务，从而在市场上获得竞争优势；而范围经济性则在于成本的弱增性，它要求企业必须将密切相关的业务有效地聚合起来，进行一体化经营，以节约市场交易费用而增强竞争力。铁路在生产组织上所表现出来的全程联合作业，正是规模经济和范围经济规律共同作用且互相强化的结果。因此，在铁路运输改革过程中，必须确保运输网络的完整统一，以提高铁路运输效率和运输服务质量。

2. 铁路行车工作实行集中统一指挥

为确保铁路运输各生产环节的协调动作，必须建立统一的调度指挥系统。铁路货物运输的基本运输单元是由若干辆货车和机车组成的列车，货车的始发、终到站又涉及全国路网的所有车站，组织货物列车运输的列车运行图、车流径路、货物列车编组、日常货车运输计划等必须面向全路统一编制，货车运用和运输能力分配必须全路统一安排。针对上述技术特征，承担货车运输的铁路运输企业在行车工作中，必须对全路实行高度集中统一指挥。同时，为保证可能在网络任意地方发生的抢险、救灾运输，国家临时紧急调拨物资运输，军事运输等特殊需求运输，全路应做出最快速的反应和统一部署，从而确保安全。

1.2 铁路运输组织及运力配置

1.2.1 传统铁路运输组织模式

铁路运输组织是一个逐步将运输需求转化为日常工作方案，依据方案开展生产作业，并根据运输实际指导下一阶段工作的持续迭代过程。换个角度，根据该过程各环节的工作内容和工作成果，可将行车组织基本过程视为逐步消减其不确定性的过程。铁路行车组织基本过程如图 1.1 所示。

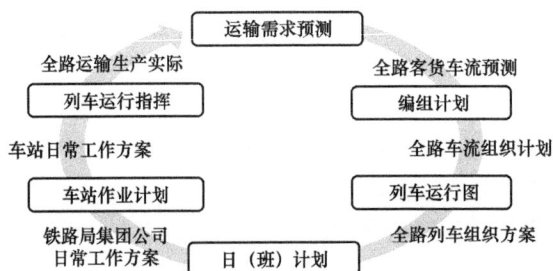

图 1.1 铁路行车组织基本过程

铁路客货运营部门基于年度或一定时期内全路客货运输需求，将需求转为车流，对该时期全路客货车流分布情况进行预测。运输部门基于车流预测，编制调整编组计划，将车流转为列车，提出列车的编组方案和开行方案，形成全路车流组织计划。

运输部门进一步组织全路运输专业部门，依据编组计划，组织编制列车运行图和机车周转图，明确列车时刻、列车对数、机车计划、施工计划及其他行车相关作业计划等内容。之后，调度部门依据列车运行图按级编制日（班）计划，形成行车、客运、货运、机车、车辆、动车、工务、电务、供电、施工等各级各专业调度共同参与编制执行的日常工作方案。

各车站进一步细化日（班）计划，编制形成车站作业计划，以具体落实日（班）计划要求。最后，调度部门协调组织各运输单位，围绕日（班）计划组织开展运输生产工作，并根据运输生产实际提出车流计划、编组计划和列车运行图调整建议。由此可见，随着行车组织工作的开展，各项工作计划不断分解细化，各个不确定性因素一一转化为确定性因素，宏观运输需求最终分解为无数个目标清晰、内容明确、可执行、可度量的任务活动，这显然是一个不确定性持续消减的过程。

铁路运输组织以工作计划为主线，以分级管理为抓手，通过综合运用技术设备、合理组织列车运行完成各项运输任务。由于无法获得所有行车组织相关信息，实际一定不会完全符合计划。此外，实际生产过程中，计划落实、计划调整、计划外事项、不可控突发事件等均会进一步增加计划与实际的偏差。

1.2.2　铁路运力资源优化配置

成网条件下铁路运力资源配置和优化理论，包括各种不同导向的客货运力资源优化配置理论、铁路运力资源优化配置机理，以及高铁成网条件下适应市场新需求与货运服务新理念的铁路运力资源优化理论体系。

通过硬件资源、软件资源和人力资源三方面分析铁路运力资源基本要素，其中硬件资源主要包括线路、桥梁、隧道、车站、机车、车辆、通信、信号、牵引供电等，软件资源主要包括资金、信息、运输组织技术等，人力资源主要包括中高层管理人员、技术人员和一线工作人员等。根据生产特点，运输设备分为固定设备和移动设备。分析铁路运力资源配置的基本内涵，即在一定的市场需求条件下，将铁路各生产要素按照一定的生产组织管理方式进行系统的控制、组织和决策，最终形成最优的运输生产能力的过程。铁路运力资源配置不仅包括对固定设备的配置数量和相互结构进行优化，而且还需要对移动设备的配置数量和时空布局进行优化，通过两者的有机结合最终形成运输需要的最优能力。

建立包括静态配置、动态组织和运用决策的铁路运力资源配置的广义体系结构，研究铁路运力资源优化配置机理，从宏观层面适应货运市场上的客户需求及铁路运营部门的服务模式设计，以高效率地调配资源，满足服务模式集的要求并识别运力资源瓶颈。针对瓶颈进行优化，解决几大关键问题，优化调整运力资源的规模、结构、分布对于运输市场发展及其动态变化趋势问题，及时跟进和把握既有不同品类货物运输市场现状，同时也需要依据过去运输市场的相关数据，结合运输市场变化的影响因素情况，动态推算铁路在未来某一时期（短期或长期）市场条件下的货运发送量、货运周转量等相关指标的变化趋势，以此对既有运力资源的调配进行动态分析和了解，决定未来铁路运力资源配置的主要发展趋势。

对于路网货流、车流分布和流量、流向变化问题，及时了解不同 OD、不同区域、不同线路区段客货流分布情况，针对不同的客货流分布，及时把握流量和流向的均衡程度，同时掌握不同车种车型的需求情况、车站到发、装卸、仓储等设备能力需求情况，以及线路区段通过能力匹配情况，并结合实际，根据未来既有运力设施设备配置满足程度，对既有运力资源配置提出预警决策，对路网车流径路优化提出建议决策。对于点线能力配置及路网改扩建问题，通过对路网或不同区域内既有货运站、技术站、枢纽和通道能力相关数据的统计、挖掘及对比分析，寻求不同预测方案下点线能力匹配情况，对能力限制点、能力限制区间及点线能力协调情况进行预警。决策者依据既有运力资源配置数据，结合预警点、线布局，针对不同预测时期铁路既有线改造、新建铁路线路，给出移动装备市场化运用及购置问题。针对既有移动装备配置基础数据进行挖掘分析，确定其不合理性及需要优化的方案；同时基于未来某一时期铁路路网客货流的变化，对未来运用车不同车种车型配置数量、运用车分布走向和趋势进行全面掌握，基于既有机车车辆移动装备的配置现状，对未来机车牵引类型、牵引质量、配置台数进行总体决策，同时依据既有运用车配置方案数据的挖掘和分析，提出未来预测某一时期货运流密度条件下的车辆总体配置决策方案及移动装备新购置方案。

对于列车开行效益分析问题，可通过计算分析不同列车开行方案下对应的成本支出和运输收入，对列车开行经济可行性进行决策分析。

在市场条件下，运力资源配置优化理论分别从空重车流组织优化、机车车辆配置优化、铁路货运能力瓶颈识别与消解优化、铁路集疏运组织优化技术等方面进行研究。如在高速铁路能力计算方面，将扣除系数法改进，提出基于运行图的组合扣除法，给出单列车扣除系数计算公式，对扣除系数法中存在的重复扣除问题进行说明，并提出紧接续列车群的概念。同时，分别基于运营数据分析和备选集反馈调整的能力两个方面提出了高速铁路能力瓶颈识别与消除理论。对于高速铁路能力综合利用和提升优化，从资源配置、设施设备、车站作业组织和行车组织四个方面进行理论研究。

1.2.3　铁路运输组织与管理发展内涵

铁路运输组织与管理是一门技术科学，也是系统工程，要求整体最优、部分融合、关键环节突出精细。铁路运输组织与管理主要包括客（货）流需求与预测、列车开行方案（列车编组计划）、列车运行图、调度指挥、车站行车、客（货）运组织、机车车辆运用与维修等方面。铁路运输组织与管理要结合运筹学的思维，也就是将运输组织创新和优化的目标设定好后，结合现场的实际设定约束条件，找到满意解。因为最优解通常是无法满足的，有时还存在多个目标的管理方式，各个子目标间还有互相对立的情况，但要融合在一起构建。

铁路运输组织追求满意解也恰恰体现了运输组织学科是一个不断完善升级的过程，需要大量的技术人员在实践中去改进和优化，才能发展并不断走向新时代下的成熟。

始于需求，终于满意，铁路运输组织与管理需要努力培育客（货）流，给客（货）流需求提供相关运力资源供给。但客流从哪来，需要结合不同的地域发展特征，通过运力资源配置逐步保障客（货）流需求的满足程度，才可以取得满意解。

铁路运输组织与管理是通过综合协调运输需求与各类软硬件条件及资源，为旅客和货主提供良好的运输服务的各类组织技术与方法，目的是精确运营、精准服务、精细管理。

1.3　铁路货物运输组织及作业方式发展趋势

1.3.1　铁路货物运输组织技术和方法

1. 铁路货物运输组织过程

铁路货物运输的对象是货物，大量的货物具有向某个方向移动的需求便形成了货流，而货物必须借助于货车车辆才能实现位移，因此货物在铁路货运站的货场、专用线、专用铁道等具备装卸车条件的场地进行装车后形成车流。车流是铁路运送的具有一定去向的车辆的集合，由于车流是以列车的形式在线路上运行的，所以车流必须在铁路中间站、区段站、编组站挂运或集结编组转变成列车，并通过货物运输生产计划、编组计划、运行图等组织管理手段为各种列车安排运行计划，实现车流的移动，从而实现货流的移动。列车运行至目的地，将货车车辆甩挂在铁路车站的货场、专用线、专用铁道进行卸车，最终完成货物的位移需求。铁路货物运输组织过程如图1.2所示。

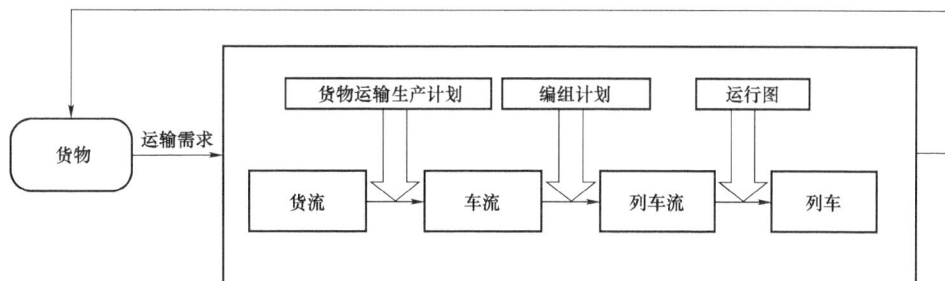

图 1.2　铁路货物运输组织过程

2. 货物列车车流运行径路

1）重车车流运行径路

全国铁路网是一个整体，且纵横交错、四通八达，货物在某个货运站装车后至其需要到达的货运站卸车，在路网中具体该走哪条线路可以有多种径路选择。由于路网通过能力具有一定限度，为了保证全路车流顺畅移动，同时提高运输效率，车流必须按照一定规律原则在路网上有序移动，使得某一货物在按照发到站承运后即可确定其在路网上具体的运行径路，从而为铁路货物运输组织的安排和货物运费收取标准提供源头上的计划和依据。

由于铁路货物承运收费是按照运输距离多少来确定，同时货物运输均具有一定的时效性，因此重车流在路网上的运行径路必须以最短运行径路为原则是最符合市场需求的方案。但对于某些车流集中通过的区段，车流过大，线路通过能力不能满足全部车流通过需求，则需要调整部分车流绕行其他通过能力富余的线路运行。另外，为了支持部分新线铁路的发展，需要分流部分车流绕行经该新线运行，从而便产生了部分车流运行的特定车流径路，对于特定车流径路需要综合考虑车流量总体大小及该车流总的绕行距离和运费收入影响，制定特定车流运行径路文件。

因此全路重车车流运行径路确定原则是以最短运行径路为基础、特定车流径路为补充。

2）空车车流运行径路

货物卸车后便产生了铁路货车空车车辆，空车车辆再用于货物装车。但由于各货运站货源不同，某些地方或区域以装车为主（如：煤矿、港口），某些地方或区域以卸车为主（如：电厂、钢厂），因此空车流的调配原则是装卸差为负的区域组织卸后空车，以最短运行径路为基础，向装卸差为正的区域配送空车组织装车。

3. 货物列车机车交路和技术作业

1）货物列车机车交路

货物列车机车负责货物列车的牵引任务，基本按照其担当区段负责其牵引任务，该区段可划分为编组站至相邻编组站、区段站，编组站跨越多个编组站、区段站，编组站至中间站等情况。根据货物列车机车交路安排的不同情况，需要在编组站、区段站进行换挂机车或者更机车换乘务员的作业。因此铺画列车运行图时，需要考虑在编组站的机车换挂作业时间。编组站换挂机车作业一般需要 30 min 左右，更换乘务员作业一般需要 15 min 左右。

2）技术作业

为保证货物列车在运行途中的安全，在编组站、区段站需要对货车装载加固状态、车辆走行部进行安全检查作业，该作业主要在作业运行途中的编组站、区段站进行。因此铺画列车运行图时，需要考虑在编组站的货运检查和车辆检查作业时间。由于列检作业与货运检查作业可以同步进行，因此作业时间上仅需要考虑列检作业时间即可，到达列检作业一般在35 min 左右，始发列检作业一般在 25 min 左右，无调中转列车列检作业一般在 35 min 左右。

随着车辆检查设备功能的不断改造提升，各编组站将逐步取消到达列检作业，同时对于前方编组站已经进行过列检作业的无调中转列车也可以不再进行列检作业，如此将有效压缩车辆在编组站的中转时间，提高车辆中转效率。

3）调小机车运用

铁路货物运输除了安排货物列车运行时的本务机车牵引动力外，还需要在编组站、区段站、作业量较大的货运站安排固定的机车动力，以保证车辆在车站的调动、解体、编组、甩挂、装卸等作业。对于配置在车站同时作业范围可辐射几个车站的固定机车，通常称之为调小机车。调小机车是加快车辆中转、提高车流移动效率的必要动力保证。调小机车配备需要考虑配备相应调车人员，以及相应的机车加油整备作业安排。调小机车配备要考虑机车运用成本和运输效率、效益的综合比选。

1.3.2 铁路货物运输组织及作业方式技术发展趋势

随着科学技术的进步，北斗高精度卫星定位、物联网技术、人工智能技术、机器人技术等的成熟和工业化应用，新系统、新装备逐步在技术站开始部署应用，使得技术站作业从完全人工作业向半自动化作业转变，部分环节已经能够实现自动化作业。未来，随着新技术装备的持续投入应用，作业方式将向人机协同、以人为辅的方式进行转变。

铁路货物运输组织发展趋势如表 1.1 所示，主要体现在货运产品、货流组织、车流组织三个方面。货运产品方面，货运产品向着快捷化、直达化、班列化发展，班列比例大幅度上升，点到点直达、阶梯直达类产品增加。货流组织方面，集疏系统能力大幅度提升，货运中心成为主体，中间站功能弱化。车流组织方面，向着长途车流直达化、短途车流多样化发展，车流中转次数降低，按图行车比例增加。技术站需求方面，技术站分工和能力优化，主要编组站能力逐渐强化，技术站分工和布局进行优化调整，作业管理向精细化发展。

表 1.1 铁路货物运输组织发展趋势

项目	铁路货物运输组织发展趋势
货运产品	快捷化、直达化、班列化 班列比例大幅度上升 点到点直达、阶梯直达类产品增加
货流组织	集疏系统能力大幅度提升，采用轴辐式组织模式 货运中心成为主体 中间站功能弱化
车流组织	长途车流直达化、短途车流多样化 车流中转次数降低 按图行车比例增加

1. 铁路货运产品向班列化、市场化发展

在我国铁路货物运输行业早期发展阶段中，货物运输过程消耗了大量时间成本用于重复

开展列车增减速、装卸货物工作，这也是铁路货物运输速度慢、货物破损率高（在货物装卸工作重复开展过程中，对所运输货物造成一定程度的外力碰撞影响）问题的主要成因之一。针对这一问题，需要及时将铁路货物运输模式转换为"点对点"运输，推动其直达化发展进程。具体来讲，则是结合不同批次、种类货物的运输目的地与时效要求，对部分铁路货运列车采取直达运输模式，列车保持较高行驶速度直接抵达运输目的地。

2. 货流组织向轴辐式模式转变

货流组织方面，由于社会经济的迅速发展和全球产业结构的调整，社会物流业发展越来越迅速，货运需求也随之不断发生着较大变化。经济的转型使煤炭、钢材、建筑材料等传统大宗货物的运量下滑明显。而在市场、民生需求的导向下，种类多、批量少、流通速度快、货源零散的快运货物不断增加。这就要求将来物流企业要在不断提高运输服务水平的同时，也要将重点放在构建科学、合理的运输网络上，并保证运输网络的响应速度，将分布在不同区域的网点、枢纽节点系统性地连接起来。轴辐式运输网络因其高效整合货运需求的优势，逐渐被运用到了零散快运业务中来。轴辐式网络最早起源于航空运输行业，是为了集中运输需求、提高飞机实载率而采取的一种运输网络。采用轴辐式网络，货物会从货运量较少的节点集中到枢纽中转节点，然后通过枢纽中转节点完成集货的运输。当多个货主的零散快运货物需要进行运输时，采用延迟分离运输路径的策略，将货物集中运输到枢纽转运节点，然后再进行拼箱处理，通过不同的运输途径运往目的地。零散快运在轴辐式运输组织模式下，可以满足以车就货、集零为整的技术站需求。

3. 按图行车、提升准时率是车流组织未来发展方向

车流组织方面，目前运输市场竞争日趋激烈，物流服务产品需求个性化凸显，作为运输生产的组织者、协调者，如何从调度指挥入手，通过转换组织理念、优化组织方式、提高组织效率，在运输生产中准确定位，将原先根植于计划经济土壤的既有组织模式和组织方式进行彻底变革，为运输企业转变发展方式、转换经营机制、实现新形势下的转型发展持续注入动力，已经成为我们必须清醒面对、深入思考和积极破解的难题。列车运行图是运输能力运用的最优化方案，组织"按图行车"也就意味着最优化地运用综合能力和运输资源，根据现有设备条件和外部环境的变化，对车辆的疏散集结流动、列车的运行、动力的配备等随时进行动态调整，摒弃以往片面追求数量指标的固化思路，回归调度指挥的理性和根本，组织实现列车高效运行、车流高效输送、各作业环节有效对接、生产过程节约成本，避免和减少运输浪费，进而实现运输生产的可接续性和可持续性，兑现运输收益最大化的企业目标。

总之，货运高质量发展成为新时期铁路运输的重要方向，为铁路货运组织带来了新的要求和挑战。点线能力不匹配更加突出、技术站作业量不均衡性增加，给技术站作业及管理的精细化提出了更高要求。

1.4　铁路运输整体效能内涵及影响因素

1.4.1　铁路运输整体效能内涵

铁路运输效能是在路网及机车车辆条件下，铁路运输所能发挥的能力和效率。铁路运输整体效能包括运输能力和运输效率两个方面的内容。

1. 运输能力

铁路运输能力是为了满足一定水平的运输需求而能提供的运输供给水平，反映了铁路系统在一定的硬件匹配与组织水平下，对运输资源的优化配置程度，以及由此生成的运输产品的生产能力。

铁路运输能力一般采用通过能力和输送能力来衡量，通过能力包括线能力和点能力。线能力主要通过区段表现，因此一般意义上的线路通过能力即指区段通过能力；点能力又可以分为单个车站的能力和整体的枢纽通过能力。铁路运输的最终目的是保证旅客和货物位移的实现，因而考虑客货流特征的输送能力能够更为直观地揭示出线路的建设和运营效果。由于客货运输需求包括流量、流向、流程、流时和流速五个要素，一些学者将运行距离作为考虑因素完善了运输能力的概念。运输能力计算方法重点研究领域如表 1.2 所示。

表 1.2　运输能力计算方法重点研究领域

概念范畴	含义	分类	研究重点
区段通过能力	区段通过能力是区间通过能力的整体反映，指在采用特定的机车车辆和行车组织方法条件下，铁路区段的各种固定设备在单位时间内（通常指一昼夜）所能通过的最大列车数或对数	相关概念包括：设计通过能力、标准通过能力、使用通过能力、实用通过能力、最大小时通过能力	不同种类线路通过能力计算方法和影响因素、既有线能力释放计算、基于服务水平的能力计算
车站能力	以安全合理的技术作业过程为前提，充分发挥现有车站设备的效能，一昼夜内所能通过的无改编列车数和改编列车数（或车辆数）	分为通过能力和改编能力（解体能力、编组能力）	不同种类线路的车站能力查定和计算方法
枢纽通过能力	在一定的枢纽设备、车流组成及合理作业组织条件下，枢纽内各类设备在一昼夜内能够完成的来自各方向和枢纽内部的始发、终到及通过的最大车流数量		枢纽通过能力计算方法及仿真实现
输送能力	一条铁路线在一年内所能通过的最大货流量或客流量（以万 t 或万人计）		输送能力的计算方法
路网运输能力	在现有的固定设备、活动设备、人力资源、一定的运输组织方法和行车组织水平条件下，单位时间内铁路路网系统在整体上的最大运输能力，单位为万 t·km/年或万人·km/年	总体运输能力、总有效运输能力、潜在运输能力	路网运输能力计算、运输能力储备、运输能力可靠性

注：对于客货混行线路，由于在运行图铺画后，旅客列车运行时间、开行对数及编组辆数都是相对固定的数值，因而输送能力和路网运输能力一般指货运能力，万 t 或万 t·km；对于客运专线，输送能力和路网运输能力仅指客运能力。

近年来，我国经济发展进入新常态，经济增速从高速增长转向中高速增长，经济发展动力从传统增长点转向新的增长点，社会运输需求的规模和结构发生了重大变化，新的运输市场格局正在加快形成，各种交通运输方式的竞争更加激烈。为此，铁路客货运输组织模式也需要实现根本性转变，以适应经济发展和现代物流发展需要，新常态下运输能力研究面临挑战。

（1）铁路运输需求的布局和规模变化导致运输组织模式逐步发生变化。我国传统的组织型运输组织模式是在能力紧缺情况下采用的，基本的车流组织方法是实行分散装卸车、集中编组、各类型车站严格分工的站站推车流组织方式，与之相对应，原有的计算通过能力方法是以各设备能力得到最充分的利用为前提。目前在运输需求低迷的情况下，运输市场向买方市场转变，货主对快捷性的需求较为迫切，因此以直达运输为特征的规划型运输组织模式逐步形成，运行图铺画也从"能力图"变为与市场匹配的"需求图"，在采用图解法铺画运行线阶段便不会将始发终到货运需求不足的线条纳入运行图，规划型运输组织模式下通过能力的测算方法如何适应这种变化仍然需要进行深入研究。

（2）班列化货运产品使运行图铺画原则发生变化。在铁路以大宗货运为主的运输市场较为低迷的同时，全国快递运量却在以每年50%的增速上涨。为此，国铁集团为满足客户需求开通了6列直达特快电商班列，同时在全路开行大量货物快运列车。由于准时制等现代化的生产方式要求铁路货运产品应保证一定的运到时限和稳定性，因此在大宗货物运输市场，班列化货运产品所占的比重将逐步加大，旅客列车、货物列车班列均应严格按图运行，采用扣除系数法测算通过能力仍然需要深入研究其合理性和科学性。

（3）运输能力的时段性特征愈加明显。铁路客运市场的时段性特征比较显著，因此运输能力应尽可能使列车的始发终到时刻在合理的时间域内。旅客列车的运输能力应在宜于旅客出行和旅客列车始发终到的时段内进行计算，在这个合理到发时间域内，可以根据旅客出行时刻分为高峰时段能力和平缓时段能力，不同时段的能力相互间不能转移和替代。同样，针对零散"白货"市场的货运产品最终会根据货主对运到时限的需要分为当日达、次晨达、次日达等产品谱系，与供应链密切衔接的货运产品对于运行线和通过能力布局的要求将进一步提高。

2. 运输效率

运输企业的内在效率反映了运输企业内部技术和管理水平，可以说内在效率是运输效率的基础，体现了企业的财富创造能力。外在效率是运输企业内在效率的外在表现，它综合反映了运输企业在周围竞争环境中被认可的程度，外在效率决定了运输企业对运输市场的认识和把握能力。

运输技术效率反映了企业在稳定的运输生产过程中，运输技术的生产效能得以发挥的程度，技术效率的大小表明企业对技术性能的把握和利用能力的高低。运输企业的经济效率是以货币形式表现的投入与产出的比例，考察运输企业经济效率应该从静态效率和动态效率两个方面进行。

提高铁路运输效率是运输管理和现场作业人员一直追求的目标。运输生产活动是一个运用运输资源提供运输服务的过程，是一种物质生产活动，也是一个投入产出的活动，运输效率便是对整个活动结果的体现。运输资源的配置、运输产品的生产、运输产品价值的实现等，都是运输效率研究的内容。

运输效率就是运输资源投入与实际有效产出的对比关系。运输效率高，表明社会现有的运输资源得到了充分利用，正因为如此，运输资源是否得到优化配置和有效利用就成为运输组织研究的核心问题，其目标就是就必须使现有的运输资源得到优化配置和充分利用。理解运输效率的内涵是深入研究运输效率问题的前提，其内涵主要包括以下几方面：

（1）运输效率是运输资源分配状态的反映。运输资源在各个地区、各运输部门的合理分配是实现运输效率增长的基础。资源分配既包括总量方面，也包括结构方面。在运输投入与其贡献率呈正相关的状态下，如果不存在资源的约束，则投入越多贡献率越大就会成为一种必然，运输效率即随之不断提高。

（2）运输效率是运输资源利用状态的反映。运输生产过程是通过投入运输资源、生产出运输产品的过程。运输效率的变化和增长不仅直接取决于投入资源的状态，而且还取决于运输系统内部的投入产出变换过程，技术、制度、管理、运输组织、运输系统内部的协调状况等因素都将影响运输资源的利用状态。因此，运输效率是各种因素作用于运输系统后资源利用状态的反映。在投入资源一定的情况下，不同制度、运输组织和管理水平的企业，提供不同数量和质量的运输产品。运输系统是在特定的外部环境和内部机制下运行的，比如运输设备及运输工具的购进、先进技术的引进、人事管理、资金调配等，这些内部机制决定了系统内部要素的组合方式和降低成本动机的大小，从而决定了运输效率水平的发挥。

（3）运输效率是运输效益的体现。一般情况下，运输效率应以运输效益为前提和基础。强调运输效率和运输效益相统一，有助于深化对运输企业内部各部门、企业生存和发展的认识，有助于协调部门利益和社会利益的关系。没有效益的经济活动在市场经济中是没有生存能力的，因此从宏观和微观经济考察，有效率的运输资源配置总体上应该是有效益的（公益性的运输生产活动产生的是间接效益），运输效益应包含在运输效率之中。反过来，却不一定成立。有效益的运输生产并不一定有效率，比如垄断经营等能够带来运输效益的提高，但企业缺乏提高效率的动因，最终却损害了运输效率。

（4）运输效率与运输技术改进的关系。运输技术进步能使物质技术基础得到根本改造，是运输效率得到大幅度提高的重要原因。新技术为运输生产提供了新的生产要素，新技术的推广应用，能使运输技术体系结构及不同运输方式的技术进步速度发生变化，使生产率的上升率产生差异，导致运输资源向生产率高的运输方式转移，从而提高运输资源的配置效率水平。可见，运输效率理论有着丰富的内涵，而且具有动态性，随着时代变化，需要不断地更新和完善。

运输效率包含以下几个方面的特点：

（1）节约性。运输效率反映一个运输经济主体以最小的投入生产出一定水平的产出，或者在投入一定的情况下，达到最大产出水平。

（2）合理性。从宏观层面看，运输资源的空间分布、部门分布能够有效地配置于最适宜的使用方面；从微观层面看，在资源分配既定的条件下，一个生产单位合理组织这些资源，并有效地利用，使之发挥尽可能大的作用。

（3）动态性。运输系统是一个动态系统，内部各种因素都是运动的，随着运输技术进步和运输需求的变化，运输供给与需求的满足程度也发生变化，对运输效率的衡量标准也要相应改变。

（4）稀缺性。运输资源在数量上是有限的，人们不能无止境地获得源源不断的资源供给，也就是说资源具有"稀缺性"特性。

1.4.2　铁路运输整体效能提升对策

铁路运输整体效能的发挥涉及因素非常多而且非常复杂，当前制约运输整体效能发挥的主要影响因素有繁忙干线铁路运输需求与运输供给之间矛盾、大车流冲击条件下通道货物运输流量部分时段紧张、部分区段阶段性和时段性运输能力紧张、大节点客货运输旅行速度和中小节点服务频率较低、货物运到期限要求高、枢纽区段利用程度有待提升、信息化程度的利用有待加深等方面，同时还受生产力布局调整与优化、新技术设备的引入及人的因素影响等。除了基础设施的投入和更新之外，铁路运输整体效能影响主要有运输能力的提升和运输效率的提高方面，而且这两大方面始终贯穿于运输组织与管理的设计和优化之中。因此，相应提高铁路运输整体效能的对策如下：

（1）变革运输组织和管理模式。不断提高调度集中指挥效率，优化组织模式，全面提升运输效能。运输组织变革：着眼于实现铁路基础属性和本体功能，聚焦既有铁路及新建线路路网潜力挖掘，推进运输组织方式的变革优化，夯实铁路改革发展基础。管理变革：着眼于提升移动设备和固定设施使用及维修效率，释放先进技术装备的红利。

（2）供给侧结构性和交通结构性改革。全面提高运输供给能力，提升市场服务效率。供给侧结构性改革：着眼于提高铁路运输市场供给能力，持续深化"三大举措"提升运输经营服务能力，深度挖潜运输市场潜力，推进铁路运输高质量发展。交通结构性改革：着眼于交通行业整体长远发展目标，放大铁路运输功能范围，大力推进多式联运，向更加注重一体化融合发展转变，实现铁路长期可持续发展。

（3）全方面提升运输组织技术。研究适应复杂网络的铁路运力分配与能力高效利用技术，研究铁路大规模复杂网络点、线、面、网运输能力计算方法，研究成网条件下的列车运行图综合编制技术、通道客货列车结构优化调整技术、机车车辆规模结构适应性分析技术，建立运输能力综合利用技术体系。研究区域协同运输系统调度指挥关键技术，以及综合交通枢纽一体化衔接技术。研究既有线通过能力提升策略及方案、运力与需求协调匹配技术、通道与枢纽运输能力协调技术。研究基于大数据的高速铁路运营组织、应急管理与安全分析技术，基于深度学习的车流径路智能管理与动态调整技术，基于大数据和深度挖掘的车流自动推算和调整技术，空车调配技术、铁路通过能力计算方法及动态仿真技术。研究以高速铁路为骨干的新型铁路枢纽协同运营和服务关键技术，研究枢纽内旅客服务的业务流程和管理优化，研究大客流冲击与突发事件等多场景下枢纽内各方式的运营信息共享、客运服务资源动态配置和客流组织协同调整机制。开展调度计划自动生产和自动调整技术研究，研究基于日常生产组织和调度指挥需要的货运、列车、装卸、机车车辆运用一体化计划自动编制技术，以及基于运输生产和指挥可用性的计划自动调整技术。研究建立科学合理的运输生产和调度指挥过程指标体系，打造面向运输生产的全过程智能综合调度指挥系统，推动在线便捷、线上线下联动的办公模式，提高运行效率。

研究新一代移动闭塞、自动驾驶、电控空气制动条件下重载铁路列车质量、行驶状态与时间的计算模型与算法，成组列车的调度优化方法，以及重载铁路运输能力计算方法，推动3万t级重载组合列车开行实现重大突破。研究铁路货物装卸自动化和智能化技术、建筑限界和超限货物轮廓尺寸自动测量技术、超限超重货物运输仿真模拟和辅助决策技术。研究冷链运输组织模式优化、高铁快运运输组织作业流程和装备设计技术。研究适应复杂网络的铁路运力分配与能力高效利用技术，研究多式联运场站与设施布局优化方法、多式联运运输组织协同优化技术，开展基于多式联运的铁路货运干线运输发展战略、生产力布局及运输组织创新研究。研究面向"一带一路"的货物多式联运互联互通技术，开展时速200 km客货共线铁路货车开行运输组织、运营安全相关技术研究。

在路网规模快速扩张、新装备大量使用、列车运行速度提升及运输能力明显增强的情况下，运输企业集团管理幅度相对偏小，大部分运输企业管内客货运输量比重为 50% 左右，运输企业的市场主体地位、经营自主权、市场开拓度和做强做优做大受到了局限。在保持网运合一、优化资源布局、提高运输效率、尊重铁路规律的前提下，有必要深入研究推动运输企业布局优化调整，减少对经营市场切割，降低交易界面及成本，激发市场主体活力，释放更大的网络规模经济效益，从而推动运输企业做强做优做大。

另外，为消除路网局部短板和弱项，优化完善路网结构和布局，推动路网整体效能提升，需要在采取优化运输组织措施的基础上，从客运、货运两个方面分类提出路网留白区域新线联网、补强配套主要客运枢纽能力、强化通道、补强枢纽相关技术站、港口集疏运体系、物流设施等强网补链对策。结合几年来铁路在提升运输整体效能方面成功的做法分析，主要有以下几点。

1）优化车站技术作业方式

利用铁路货检安全监控与管理应用，改进货检检查手段，提高作业质量和效率。铁路货检工作是保证行车安全和货物安全的一项技术性较强的工作，是铁路运输安全生产的重要组成部分。列车到达后或者出发前，作业人员要对列车实施货检作业，主要包括：货物列车中货物装载、加固状态；货车篷布及篷布绳网苫盖、捆绑状态；施封（罐车、集装箱、SQ 型或 JSQ 型车端门处施封除外）；货车门、窗、盖、阀关闭情况，以及罐式集装箱盖、阀关闭情况；《铁路超限超重货物运输规则》规定的事项（不检查军用超限货物的超限超重货物运输记录）；设备检测发现的超偏载问题；货车、货物、集装箱、篷布等顶部和敞车内货物等视频监控设备可视部位的情况；危险货物押运人押运情况；对无列检作业的车站，还应检查自动制动机的空重位置，不符合时应进行调整等。

同时，为深化运输生产和劳动组织改革，切实发挥货检安全监控与管理应用（以下简称"货检应用"）的作用，提升货检作业质量和效率，自 2018 年 4 月在南京东、乔司站开展货检作业方式调整试点工作，取消室外人工检查作业，车号货检员（货检集中管理）、车号货检员（视频监控）对到达货物列车执行机检作业，室外现场货检员负责货运计量安全检测监控系统、货车装载视频监视系统发现问题的检查确认；对于可在列整理的问题车，进行在列整理。通过铁路货检安全监控与管理应用，改进了货检检查手段，改善了货检人员作业环境，达到了精简到达货检作业人员配备，不断提升运输组织效率和劳动生产率的目标。

2）利用车号自动识别系统，提高现车核对准确率、及时率

列车到达后或出发前，车号员根据值班员（信号员）的通知进行三核对，其中一项是按列车编组顺序表核对现车，做到列车编组顺序表与现车一致。传统的作业方式均有车号作业人员到室外将列车编组顺序表与车列逐辆核对，一方面作业时间长、效率较低，另一方面容易出现差错。车号自动识别主要是采用智能卡技术与射频识别 RFID 技术，RFID 技术是一种无接触自动识别技术，其基本原理是利用射频信号及其空间耦合、传输特性，实现对静止的或移动中的待识别物品的自动机器识别。射频识别系统一般由两部分组成，即电子标签和阅读器。应用中，电子标签附着在待识别的物品上；阅读器用于当附着电子标签的待识别物品通过其读出范围时，自动以无接触的方式将电子标签中的约定识别信息取出，从而实现自动识别物品或自动收集物品标识信息的功能。在编组站的进站口配置地面 AEI 设备，将扫描到的车号与列车到达的确报信息进行对比，及时将预报转入确报。在编组站内需要编组、解体或集结的列车，都要通过牵出线到达出发场等地点，在编组站驼峰场尾部装配地面 AEI 设备，当编组站列车集结完成后，调机越过停车器到达编组场，把集结车辆拉到出发场，车辆从驼峰场驶出，通过牵出线，经过地面 AEI 设备扫描，将扫描到的车号与列车编组顺序表进行核对，完成出发列车的现车核对工作。铁路车号自动识别系统的应用实现了"自动抄录车号"功能，提高了作业效率及正确率。

3）电子货票的实施推动了运输组织变革

传统的货运票据从货物承运制票开始到中途票据的交接、传递、分散和归集等过程，手续烦琐，耗费大量的人力、物力资源，并且存在较大的安全隐患。铁路电子货票的应用，对提高运输生产效率有着非常重要的意义，对传统的运输组织观念、运输组织手段、运输组织环节等带来了深刻的变革，并为运输企业带来了可观的经济效益和社会效益。

（1）信息技术带动经济增长，推广电子货票带来明显经济效益。电子货票的应用，降低了企业内部管理成本，提高了决策水平。电子货票借助计算机技术、网络技术、信息系统等信息技术手段，实现货票信息在网络上的实时传递、汇总分析，加强了管理人员与其他部门工作人员的沟通交流、失误处理能力，不仅提高了信息传递的效率，还降低了成本。同时管理信息系统内容丰富的信息资源、科学的信息决策方法，也提高了管理人员的信息决策水平。其次有利于资源配置优化，节约劳动力资源。电子货票系统将知识资源、数据信息、网络系统用于生产及管理，更多的工作职能被转移到计算机上，更多的人工操作也被计算机信息处理代替，进而达到节约劳动力资源的效果，而且提高了资源的利用效率，便于生产流程的规范操作，有利于资源配置的优化，以及劳动生产率和经济效益的提高。

（2）促进铁路信息化发展的重要环节。货票作为铁路运营管理的重要票据，蕴含大量的信息，是运输统计、财务管理、货流分析的原始信息，也是调度指挥作业不可或缺的基础依据。货票信息系统的开发与应用，在一定程度上解决了货票信息的交换与共享，并为运营管理部门提供了决策支持信息。随着电子商务的蓬勃发展和对社会经济产生的巨大影响，电子货票必将纳入铁路信息化建设的范畴，为信息资源的整合和完善、铁路货运服务水平的提高、和谐铁路建设的推进带来新的机遇。

（3）消除了票据相关作业安全隐患。以前铁路纸质货票流转采用人工传递、交接签认，易造成货票的损坏、丢失，且效率低下。实施电子货票后，一方面运输生产部门直接从信息系统所存储的货票数据，获取车号、到站、品类等准确信息，编制和实施站内到达、解体、编组、出发等环节作业计划，尽可能减少货票数据重新录入、现车重复核对等作业量，以减少站停时间，进一步提高车辆利用率及劳动生产率；另一方面通过电子货票综合管理系统，货票可在车站间进行电子化传递，提高了货运票据传递的安全系数和数据传输的精准性。既节约了铁路运营成本，也降低了客户的物流成本。此外，此前客户在领货时必须出示凭证，现在仅凭手机领货密码，就可便捷领取货物。

（4）树立铁路良好服务形象的内在要求。电子货票为企业树立自己的企业和产品形象提供了强大的宣传工具，有助于企业加强与客户的沟通，建立良好的客户关系。一方面达到宣传铁路，满足用户对铁路信息的需求；另一方面铁路部门可以及时了解用户的需求、意见和建议，通过及时、高效的信息交流，从而更好地改善运输服务，为用户提供更便捷、更贴心的服务。

（5）适应国民经济发展的必然趋势。铁路具有集中化的经营、网络化的运输线路、巨大的运输能力、统一的运输指挥体系和遍布全国的运输服务体系。随着市场经济的发展，竞争对手的实力不断增强，铁路的优势不断被削弱，面临越来越激烈的竞争。铁路只有充分利用新技术、新手段，对传统的运营模式进行改革，才能再次赢得市场竞争的主动权。实施电子货票和发展电子商务是一种战略性的选择，符合国民经济的发展方向。

4）优化列检技术作业方式，压缩技术作业时长。

为使车辆保持良好的技术状态，列检作业场按规定对列车中的车辆进行技术检查、制动机性能试验和故障修理工作。通过对车辆的检查及处理，维护车辆质量，提升车辆使用效率及周转率，保证车辆运用安全。到达列车的传统技术作业流程是：接车准备→插设防护→接地道风管→制动机全部试验→简略试验→车辆技术检查→进行车辆维修→撤除防护→整队回待检室，到达列车一列作业标准时间为 35 min。为使车辆保持良好的技术状态，列检作业场应按规定对列车中的车辆进行技术检查、制动机性能试验和故障修理工作。

随着我国铁路货车车辆技术的发展，提速线路大幅度增加，持续提速运行区段延长，货车运行速度提高，机车交路延长，直达列车对数增加，重载货物列车开行线路增多，生产力布局调整，以及国铁货车周转时间进一步压缩，列检作业点的减少和列检保证区段的相对延长等，使得保障运行车辆的安全显得尤为重要。传统的作业方式已经不能保证对车辆的安全检测，依靠先进的技术装备、先进的保障体系、先进的管理方法，才能保证车辆运行安全。

为充分发挥货车安全防范系统作用，自 2016 年 12 月 8 日起，在南京东、乔司站开展货列检作业方式调整试点工作，试点期间取消室外人工检查作业和列车制动机试验，动态检车员执行"TFDS 动态检查"的检查范围和质量标准，室外现场检车员负责 5T 系统预报故障的检查确认、处理，定检到过期车辆的确认、扣修和前方列检预报故障的检查、处理。列车到达技术作业时间由 35 min 缩减至 15 min，大大压缩了到达列车列检技术作业时长。2017 年11 月 8 日，将货列检作业方式调整试点范围扩大至徐州北、合肥东、芜湖东站。2018 年 6 月，在集团公司管内全面实施货列检作业方式调整。列检技术作业方式的优化，压缩了到达列车技术作业时长，加速了车辆周转，提高了运输效率。

第2章 新一代信息技术在铁路运输中的应用

2.1 技术站面临的主要问题分析

2.1.1 站场设施设备问题

1. 站型布局存在缺陷

部分车站由于受到位置、地形等限制，在车站设计施工时便存在一定的站型布局缺陷，影响了车站的作业效率。例如，线路长度不足、咽喉和联络线存在瓶颈、线路坡度大、机车出入库进路与接发列车进路存在干扰股、线路数量不足、人员通道难行、客车进路与调车线路中间无隔开设备等方面。

站型布局落后，例如：上海局集团公司金华东站的站型布局落后，作业效率不高；车站站型为横列式一级三场，调车场与到发场间转场需要折角运行，走行距离长，交叉干扰大，作业效率较低；车列转场经常会与接发列车、本务机车进出库走行等产生交叉干扰，存在一定安全的隐患。

基础设施不足，部分车站因缺少道岔、信号机等基础设备导致增加作业行程，或轨道电路设置不合理导致机车进出库等作业效率低下。

2. 设备配置不适应新时代技术站作业需求

目前技术站投入使用的新技术设备功能全面性、有效性都无法完全满足技术站生产组织和管理需要，设备更新换代较慢，新旧类型设备同时使用，部分车站的设备已无法满足作业需求。

驼峰相关设备落后，主要表现在驼峰纵断面坡度不够、单推驼峰不具备预推条件、驼峰分类线难行等方面。

设备参数不协调影响作业效率，例如场间 LKJ 数据未贯通、调机牵引重量不统一、列尾设备不通用、不同线路车辆管压不一致等。

中间站缺少基础设备，例如部分车站未安装车号识别设备、无可控停车器配备等。

3. 设备性能不稳定、更新不及时

车站设备存在相互干扰、更新不及时等问题，导致作业人员间沟通不畅、增加人工工作量、新设备功能特点难以有效发挥，从而影响作业效率。

2.1.2 信息系统问题

技术站信息系统涉及国铁集团、铁路局集团公司、调度所、机务段、车站等部门，为各部门现场作业和信息传递提供了重要支撑。随着铁路货运的发展，既有的信息系统逐渐无法满足现场作业需求，主要表现在以下四个方面。

1. 源头信息的自动化采集程度不高

铁路技术站源头信息自动化采集程度不高，部分信息的采集目前仍然存在人工填写的问题。一是列检作业过程目前尚未采用自动采集，需要人工报点；二是调车作业的写实目前不是自动采集，停轮、待避、走行时间等信息均由区长人工报点；三是部分非运用车转换为运用车，需要人工在系统上进行手动转换；四是预确报的确认无法在系统上自动确认，需要人工确认；五是列车发车无法自动报点，需要人工在现车系统点发车报点。以上问题导致技术站对车辆设备变化掌握不够及时和精准，自动化技术手段应用不足，造成了车站信息收集的延迟，降低了车站作业效率和生产能力。

2. 不同系统之间的信息共享不畅

目前部分系统之间的信息传递仍然依靠作业人员之间电话联系、人工传递、人工输入等方式，造成信息漏传递、迟传递、传递错误，降低了作业组织效率，增加了人为差错的安全风险。一是计划车号系统与接发列车系统之间，站调等计划车号系统人员对现场接发列车系统作业进度不掌握，必须通过电话联系值班员，导致作业组织衔接上不顺畅；二是车站计划车号系统与行调调度系统之间，站调修改后的列车出发计划无法实时传递给行调，需要电话进行沟通确认；三是调度系统和车站信息系统之间，信息系统无法接收班计划等信息，造成计划编制存在误差；四是车辆段系统与车站现车管理系统信息不畅，段修车辆情况不能实时反映在现车上，存在车站取修竣车辆时现场检修作业未完成的情况，影响作业效率和安全。

3. 系统功能已不适应运输生产提质增效的需求

技术站信息系统是以现车系统中车号、计划及接发列车子系统的数据为基础，按岗位、类别和权限对现场实际作业组织进行系统分析的一套信息平台管理软件。随着铁路运输生产"强基达标、提质增效"的持续推进，技术站信息系统从以往的"信息平台"功能向"局站一体化""智能工厂"发展，现有的信息系统功能已渐渐不能满足日益增加的运输需求。一是随着客户需求逐渐多样化，货运产品区域性特点日益明显，日常管理中存在分类线不足、流线不匹配、禁溜禁峰车辆过多等问题，需要系统从"辅助"功能向"决策"功能转变，为车站人员提供更全面的运输解决方案；二是由于车站作业实际需求，现有的信息系统计划编制并不符合现场实际情况，导致调车计划的兑现率低，需要通过系统内部对计划推演功能进行完善，并提供人工干预的功能；三是铁路运输涉及不同岗位，现有的信息系统无法根据各岗位需求提供定制化的功能展示，同时还缺少生产信息系统综合显示的功能，造成作业人员操作不便。

4. 既有系统架构已不适应运输生产提质增效的需求

技术站信息系统架构包括列车计划管理、车流计划管理、到发线运用计划管理、调机运用计划管理、本务机运用计划管理、乘务员叫班计划管理、调车作业计划管理七大业务模块，覆盖调度所、车站、机务段等部门。现有的系统架构以国铁集团、铁路局集团公司、站段模式建立垂直化结构，既有系统架构一是缺少由下至上的信息反馈机制，二是缺少与机务、车务等平行部门信息交互，影响运输生产效率。因此需采用平台化的设计思路，将部分系统形成的生产数据，以服务方式开放，通过铁路综合信息网与铁路运输调度管理系统、车站综合管理信息系统、机务运用安全管理系统完成数据交互，使调度所、车站、机务段在同一个平台编制计划，实现数据融合、信息共享、流程协作、闭环管理。

2.1.3 专业结合部问题

1. 车务与机务结合部方面

1）车务无法准确掌握机车机班运用计划

阶段计划下达后，车站行车人员按阶段计划组织原列接发、站编列车转场及安排技术作业，对机车出库及派班等信息采取人工联系和确认，难以实时准确掌握相关信息。然而机车出库顺序及时机受多种因素影响，实际难以完全按计划进行，甚至出现先集中出某一方向机车、再集中出另一方向机车的现象。这容易造成出发场"有车底无机车""有机车无车底"衔接不畅现象，也容易导致出发线拥堵，需要不停占用出发场线路搁置不用机车，给车站作业组织造成困难。

2）新设备功能卡控未有效发挥提效作用

无线调车机车信号和监控系统（STP）可有效防止人员瞭望错误造成的挤道岔、闯蓝灯、冲土挡、冲正线、超速连挂等事故。但在实际运用中，由于STP安全功能卡控或者对卡控功能尺度掌握不一，产生了新的运输干扰点，同时传统的安全卡控制度仍在执行，未有效发挥新设备的安全防护作用。例如：在侯马北编组站，驼峰调车机在一场北部挂车距信号机40 m，明显超过30 m安全距离，机车乘务员仍然要求车站开放北侧信号后再动车。

3）多专业合署办公执行不彻底

目前合署办公的有机调、货调、辆调，某技术站机调只有负责部分作业的人员在调度大厅作业，负责其他作业的仍然在机务段作业，造成机车运用方面联系不便，车站掌握的信息不全面，不利于机车交路的掌握及具体作业组织。

4）机务部分规定制约行车效率

机务部门设置的部分规定制约了行车效率，例如：部分铁路局集团公司要求到达本务机车摘车后不见信号不动车、列车司机开车条件受卡控、列车经路未充分运用等。

5）机车运用效率较低

由于调车机乘务员交接班制度不合理、调机速度偏低、本务机车走行时间过长、机列衔接不畅等问题，造成机车运用效率比较低。

2. 车务与车辆结合部方面

1）车辆与车务系统数据交互需优化

车辆系统与车务系统数据不共享问题普遍存在，例如：上海局集团公司南京东车辆段系统与徐州北CIPS系统信息交互不畅，扣修车辆信息不能实时反映在CIPS现车上，仍需电话通知车站车号及计划人员，车号人员通过系统操作确认才能实现信息更正，否则计划人员无法及时看到车辆扣修流程最新信息，容易造成车辆错误调动处置。

2）车辆扣修信息无法提前预报

列车进入出发场后，车辆5T系统提示需要扣车，出发场作业繁忙，甩挂车辆作业难度较高，限制条件较多。到达解体列车扣车信息无法提前获取，一定程度上影响车站解体及编组计划安排。

3）列检作业效率需进一步加强

列检作业主要通过人工完成，作业效率需要进一步加强，主要由列检作用未充分发挥和部分车站无改编列车到达和出发存在重复列检两大原因造成。

3. 车务与货运结合部方面

1）部分货场夜间不安排装卸作业

例如：某站货场作业模式是白班进行装卸车、夜班进行取送车作业，由于调车机既要进行列车解编作业，又要兼顾货场专用线取送车作业，从而造成白班天窗修调机有时间取送车时，货场在装卸；夜班编解量较大时，货场要求取送车。作业衔接不科学，增大了货车停留时间。

2）货运作业进度信息不通畅

驻站货调对货场作业进度掌握不及时，导致车站不能及时编制取送作业计划或者出现调机停轮等待货场装卸作业现象，造成调机能力浪费。货运部门随意给出装载货物车辆禁溜标记，过多的禁溜车影响了编组站解体效率。

3）货检作业存在薄弱环节

货检作业薄弱环节主要在到达场机检、出发场人检、问题车无法预报等方面。到达场机检存在薄弱环节，货检视频监控存在死角，例如罐车顶部螺栓未拧紧、平车装载集装箱角件未落槽等，通过视频检查较难发现，车辆至出发场后经过人工检查方才发现，再由货检通知计划人员组织甩车或顶回无电区整理，既影响到开车计划，也消耗调机能力。货检问题车无法提前预报，原列接到出发场后，超偏载监测设备提示车辆超偏载需扣车，或者视频监控设备发现车顶有杂物需甩车或顶回无电区整理，对出发场作业组织影响较大。货检问题车甩到侧线无网区处理效率低，货检监控员发现问题车，需要将车辆甩侧线无网区段处理后调车机倒钩，影响作业效率。出发场货检视频系统还无法完全替代人工，对于站编列车、部分改编列车及停留时间超过 35 min 的无改编货物列车，还需进行现场人工检查，作业量较大。

4. 车务与设备管理结合部方面

主要是天窗利用不充分影响行车效率。技术站普遍存在行车组织繁忙、设备维修任务重、运输与维修矛盾突出现象。在优化天窗安排、推进综合利用的过程中，仍存在天窗资源利用不充分影响行车效率现象。例如：设备管理单位维修计划未结合已公布的施工计划影响范围提报，在同一时间段扩大了对运输的影响范围；工务、电务提报维修计划未参考供电部门停电检修计划，导致未充分利用供电单元停电影响范围；工务、电务提报维修需求未做好天窗综合利用，存在各自为战现象，导致实际安排维修天窗范围扩大、次数增多；行车设备检修未完全依据设备修程修制开展，而是采取固定周期循环，比如"一周检修一遍"的模式，导致维修天窗安排频次增多；设备管理单位提报维修天窗时长存在虚糜，比如存在刻意满足人均工时卡控要求，而不是根据实际维修需要提报维修时长。

2.1.4　作业流程问题

1. 调度指挥信息掌握不全面

1）路局调度和车站调度信息共享不充分

车站调度无法准确掌握 12～24 h 车流情况，路局调度无法准确掌握车站作业情况，导致实际运输组织与运行图安排、日（班）计划情况不匹配，需要依靠人工干预进行管理决策，导致日（班）计划兑现率偏低。

2）跨专业信息共享不充分

机车运安系统、车辆 5T 系统与 CIPS 系统之间信息交换不畅，调度指挥人员不能提前掌握机车机班运用计划、车辆运用计划、检修车辆状态信息，导致出现机列衔接不畅、调机空置等情况，对运输效率产生较大影响。

3）车务系统内部信息传递不及时

调度指挥人员对现场作业人员的作业位置、作业状态和作业效果只能通过电台沟通来掌握，受信号、语速、沟通方式的限制，往往需要多次联系才能掌握清楚，沟通效率较低。

2. 跨专业指挥协调不顺畅

为解决专业间沟通不顺畅的问题，大部分技术站都进行了一体化管理，开展多专业合署办公。但由于参与的人员并不能全面获取信息，也不一定具备本系统最高指挥权限，很多时候列检、货检、货运、专用线单位仍然按照原有的方式作业，合署办公室发出的指令不能够全面执行。同时由于各专业规章制度并没有针对性修改，导致各专业单位在作业中"各行其规"，各专业认为其他单位作业效率低下、影响正常作业的现象大量存在。

3. 部分岗位设置不合理

1）行车指挥岗位职责多

车站值班员既要与列车调度员联系，了解车流到发情况，提出接发列车合理化建议；又要与车站调度员联系，了解调机运用计划和股道运用想法；还要与机务部门联系，掌握司机换班情况，全面掌握信息后合理安排股道，确保各工种有序接续、接发列车和调车作业协调开展。车站值班员工作职责较多，有时会出现兼顾不到位的情况。

2）繁忙时段人员配备不足

部分专业没有根据车流变化进行人员配置，导致列车密集到发时段班组人员配备不足，导致"到解编发"流程不能顺畅开展，到发线阶段性拥堵的情况时有发生。

3）岗位作业内容存在重复

货检人员与助理值班员都需要立岗接车，外勤车号员与商检员都需要检查车辆和货物装载状态，调车人员和列检人员都需要进行车辆检查，尤其是车务人员作业与其他单位的作业内容多有重复，造成作业时间浪费。

4. 调度指挥分析优化制度不完善

1）调度指挥评价体系不完善

技术站普遍开展了一体化的班组劳动竞赛，要求各岗位红旗交接班，但对一班工作质量的评价都是基于中时、停时、解编列数、交班存车等结果性指标，对到解编发各流程、货车取送各环节的执行情况、作业难易程度、作业速度快慢等过程性评价指标涉及较少。

2）调度指挥分析方法不完善

目前对调度指挥过程分析较少，只有在出现问题时，才会查阅 CIPS 或 SAM 系统中的数据，而且车站部分管理人员并没有从事过调度指挥工作，只能发现安全问题，却无法发现运输组织缺陷，不能对调度指挥优化指明方向。

3）一体化考核与现场作业存在脱节

针对合署办公的一体化考核并没有从顶层设计的角度出发，将各专业绩效奖金与作业成果、效率指标挂钩，从而影响了车机工电辆之间的专业合作效率，存在机车运行速度慢、车辆分散扣车、货运装卸速度不高、设备部门施工维修不协调等问题。

2.1.5 安全管理问题

1. 设施设备存在缺陷

1）作业装备不通用

技术站基本都有多个场区，联接数个方向，但不同场区、不同方向之间存在作业装备不能通用的情况，增加了技术站额外作业。例如：场间 LKJ 数据未贯通，通过列车需要绕行；不同方向牵引定数不一致，直通车流需要进行增减轴作业；列尾设备不通用，增加了列尾主机换挂次数。

2）站区内设备类型多样

大部分技术站由于建站时间长，在改扩建过程中不断增加新的设施设备，导致了在站区内既存在无网区又存在有网区，接触网导高也不一致；既有集中联锁区又有无联锁区段，集中联锁型号也不尽相同。技术站岗位数量多、人员流动快，发挥相同作用的设备参数不同、操作不同既会造成"三新"人员学习困难，也会增加作业中错误操作的风险。

3）必要的技术设备未配置

一方面车号识别设备（AEI）、货检设备、5T 设备在特一等区段站中使用的比例不足 60%，G 网通信设备、车号视频核对设备、可控停车器设备也未普及，许多状态检查工作，仍然依靠人工来实现，既存在漏检错检的风险，也不利于减员提效。另一方面在技术站作业量较小的区域，还存在缺少进路变更道岔、缺少必要信号机、缺少地面试风设备、轨道电路设置不合理的情况，对作业效率造成了较大影响，且这一区域的设备与其他设备不一致，也带来了作业风险。

4）智能分析设备投入不足

目前技防物防设备投入多用于直接安全卡控，但作业人员和移动设备的位置、状态监测设备、一班工作质量评价系统、安全数据及安全信息深度分析系统开发运用不足，导致难以发现趋势性、倾向性问题，难以发现个人作业缺陷，从而进行风险针对性提示。

2. 部分安全重点人员培训不到位

1）安全管理人员培训不到位

铁路职教工作对管理人员重视程度不够，还没有形成标准化培训教育体系，普遍存在培训资料不全面、培训流程不规范、培训合格标准不明确的问题。技术站由于设备多、岗位多、作业环节多、作业要求高，管理人员需要学习掌握的内容更多，业务技能出现短板的概率更大，在发现问题、盯住关键、应急处置中难以发挥出应有的作用。

2）跨专业作业人员培训不到位

随着铁路生产组织改革的推进，跨专业兼职并岗的情况越来越多，尤其在小型区段站出现了车务人员承担检车职责、调机司机纳入调车组管理等情况。跨专业人员资格性培训由原业务所属单位负责，但对于新规章制度如何传达学习，怎样进行日常培训、岗位练兵、应急演练，需要进行哪方面的适应性培训，并没有建立起明确标准，会造成跨专业人员业务技能跟不上作业需要，并产生抵触作业心理。

2.2 提升技术站作业效率的新技术

2.2.1 系统支撑技术

1. 工业互联网

作为工业智能化发展的重要基础设施,工业互联网的本质就是形成全面互联的数据智能,在新一代技术站生产作业和管理系统中,工业互联网提供三大闭环:

(1)面向技术站运输设备和列车产线运行优化的闭环,核心是通过对运输设备和列车产线运行数据、生产环节数据的实时感知和边缘计算,实现运输设备和列车产线的动态优化调整,构建智能运输设备和柔性列车产线。

(2)面向技术站运输生产运营优化的闭环,核心是通过对信息系统数据、控制系统数据、基础装备数据的集成融合处理和数据建模分析,实现生产运营的动态优化调整,形成各种场景下的智能生产模式。

(3)面向技术站跨专业协同、人机交互、信息与实物的闭环,核心是通过对运输生产全流程数据的综合集成、校核、分析和应用,形成网络化协同、个性化定制、服务化延伸。

2. 数字孪生技术

作为实现虚实之间双向映射、动态交互、实时连接的关键途径,可将物理实体和系统的属性、结构、状态、性能、功能和行为映射到虚拟世界,形成高保真的动态多维、多尺度、多物理量模型,为观察、理解、控制、改造物理世界提供了有效手段。

在新一代技术站生产作业和管理系统中,数字孪生用于融合技术站运输生产的信息数据与物理数据,保证信息空间与物理空间的一致性与同步性,为列车在站作业过程和货车在站作业过程提供更加准确、更加全面的全要素、全流程、全业务数据支持,是系统实现推演运输生产过程、预测运输组织变化的技术基础。

3. 智能调度

调度工作是技术站运输生产作业的核心,如何把有限的运输生产资源在合理的时间内分配给合适的运输生产任务,实现效率最高、延迟最少、能耗最低的目标,是新一代技术站生产作业和管理系统引入智能调度技术的原因。技术站运输生产调度问题不仅是排序问题,还需要根据得到的排序确定各个任务的开始时间和结束时间。智能调度主要解决以下三个问题:

(1)运输生产的多目标性。根据不同技术站的调度计划约束条件,个性化设置作业周期最短、设备利用率最高、运营成本最低、作业延迟最少、机车车辆保有量保持在合理范围等评价指标。

(2)运输生产的不确定性。根据现场运输生产状况的变化,可动态修改系统规则参数,随时调整调度计划。当发生作业延迟、设备故障、资源紧缺、紧急任务插入等随机事件时,不会导致既定计划大面积作废。

(3)运输生产的复杂性。为了降低多目标性和不确定性求解过程中的复杂性,将运算时间控制在现场可接受的范围内,根据不同运输生产场景,综合采用简单规则、复合规则和启发式规则对求解过程进行简化。

4. 智能控制

针对技术站运输生产过程高复杂性、非线性、难以用单一数学模型进行描述的特点，新一代技术站生产作业和管理系统引入智能控制技术，采用自学习手段，动态改善系统适应性，主要有以下四个特点：

（1）有效利用拟人的控制策略和被控对象及环境信息，实现对复杂运输生产过程的有效全局控制，具备较强的容错能力。

（2）采用混合控制模式，既包括数学模型，也包括以知识表示的非数学模型，实现定性决策与定量控制相结合的多模态控制方式。

（3）具有自适应、自诊断功能，能从系统整体优化的角度调整系统运行参数，实现预定目标。

（4）在技术站各专业既有控制系统的逻辑运算、线性运算之外，增加非线性和变结构运算机制，实现多目标优化。

2.2.2 应用思路

解决我国现有技术站在设施设备、信息系统、结合部、作业流程、安全管理等方面存在的问题，主要是解决作业管理和作业数据的采集和应用的问题。

1. 打通管理结合部

铁路技术站作业涵盖车务、机务、工务、电务、供电、车辆、货运等不同的专业，尤其是与机务、货运、车辆等专业的作业结合部较多，需要多专业、多机构的协作才能完成技术站的常规技术作业。由于各专业管理机构不同，在作业协调、数据共享等方面，均存在推诿扯皮的情况，不仅影响了车站的作业效率，还难以有效保障作业安全，因此需要打通管理结合部，顺畅作业沟通，同时依托信息系统，实现不同专业和不同环节间的协同作业。构建"站-机""站-货""站-辆"协同作业体系，车站调度员或值班站长作为区域运输的指挥者，以路局编制的日（班）计划为站区作业框架，协同车站（运转）、货运、机务、车辆、企业的作业安排，使各作业环节衔接更紧密，等待时间压缩，中停时减少。明确各岗位职责，实行一体化考核，减少相互等待和制约的低效现象，提升枢纽区域的作业能力。

2. 优化调度指挥及技术作业流程

受现有技术装备、系统及相关"土规定"的限制，部分技术作业流程存在一定的优化空间，通过新型技术手段的应用，可以有效简化现有作业流程，合并作业岗位，提升作业效率。

构建"局站一体"的调度生产指挥体系，将路局调度和车站作业进行统一设计，路局调度负责安排列车计划，技术站通过安排站内作业提供出发车流和时间，中间站提供摘挂和小运站需求，提升车站调度计划执行效果和整体调度计划编制水平。

3. 构建统一生产作业和管理系统

构建统一生产作业和管理系统是提升作业效率、保障作业安全的有效手段。依托铁路局集团公司数据服务平台、国铁集团货运票据电子化、运统1电子化、动态现车库等系统的大数据资源，以提供国铁集团-铁路局集团公司-车站运输数据共享和运输生产业务中台服务为目标，打破调度所、车务段、车站、机务段、车辆段、系统之间的信息壁垒，实现运输信息共享，车站生产作业横向专业协同，纵向局站、管控融合，实现运输全过程管理。

构建一体化的作业和管理系统，能够解决反复登录、重复录入、数出多门、条块分割等问题，同时提高车站运输生产的智能化能力，加强站、机、辆、货协调，强化统计分析能力，实现即时指标、精确统计和综合分析，提高车站运输组织水平。

4. 综合利用新技术装备

充分利用新技术装备的特点，能够有效减少人员的作业量，保障作业安全。因此，可以充分利用移动互联网、云计算、大数据等先进技术的优势，补全技术站信息化建设缺失，扩大 T/D 结合范围，加强物联网采集能力，实现更精细、更准确的数据采集和作业管控，提高现场安全管理水平。

2.3　技术站自动化集中管控一体化

2.3.1　技术站生产流程

技术站综合自动化是将现代的电子技术、计算和控制理论等科学技术的新成果运用到技术站的运输生产过程和运营管理工作中，使技术站的列车工作、调车作业、计划指挥及统计分析等综合地实现自动控制和实时管理，代替人们在日常工作中的繁重体力劳动和烦琐脑力劳动，有利于实现技术站运输生产的最优化，促使铁路运营管理更加科学化。根据国内外铁路的运营实践，实现技术站作业综合自动化，能使技术站的工作条件、作业效率、作业安全和工作质量得到极大的改善，对于综合加强技术站的运输生产能力、全面提高技术站的运营管理水平，效果十分显著。系统开通后将给车站安全生产、运输组织带来革命性的变化。

技术站作业按照不同属性车场的不同配置方案，其作业流程可简单归纳为"到—解—集—编—发"，即：到达场进行接车作业，调车场进行车列的解体、编组及集结作业，出发场进行发车作业等。以单向纵列式技术站作业过程为例，简要说明技术站各个车场所进行的作业内容及详细过程，该技术站主要包括到达场、调车场、出发场三个车场，各个车场的作业流程如图 2.1 所示。

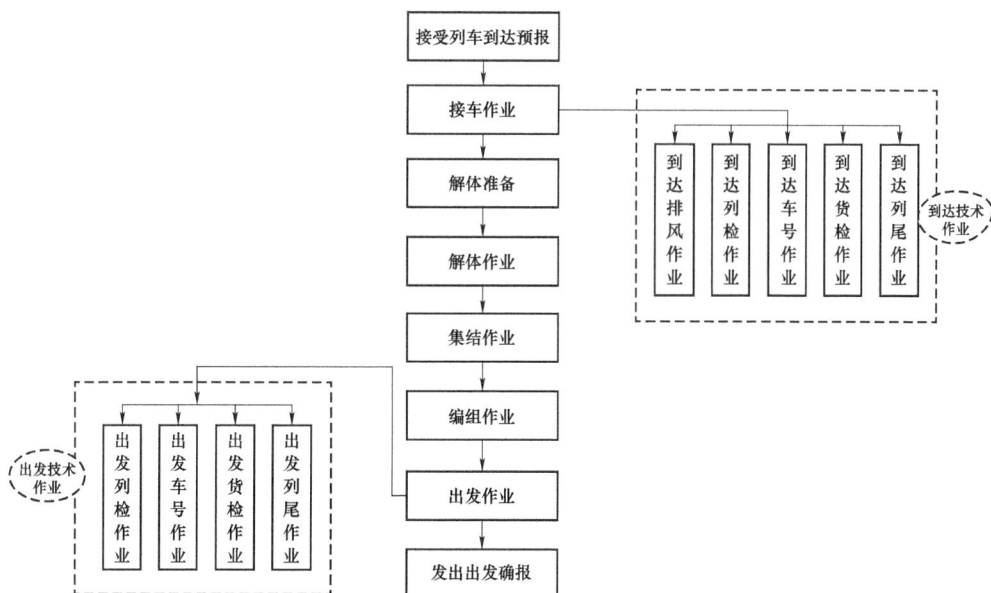

图 2.1　各个车场的作业流程

2.3.2 国内外技术站工作自动化发展

世界范围内编组站工作自动化主要经历了三个发展阶段。

第一阶段：单项设备自动化阶段。在 20 世纪 50 年代之前，编组站自动化技术的出现主要以实现编组站生产过程中的一项或几项工作的自动化为目的，例如进路和速度控制等。

第二阶段：驼峰综合自动化阶段。驼峰是编组站调车设备的核心，20 世纪 50—80 年代，世界各国开始在单项自动化技术基础上展开了对驼峰自动化技术装备的研究与应用，形成了比较完善的驼峰自动化系统。

第三阶段：编组站综合自动化阶段。20 世纪 80 年代以后，随着计算机技术、信息通信技术、控制技术的进一步发展，编组站自动化进入了全站过程控制、信息管理的综合自动化阶段。各种编组站综合自动化系统应用到了编组站生产管理中，并且自动化管控技术仍在不断发展。

从发展趋势来看，编组站工作自动化的发展主要可分为作业过程自动化、信息处理自动化和综合自动化三个主要发展方向。国外普遍采用综合生产管理自动化系统，这一自动化系统主要包括两大部分，即数据处理系统和过程控制系统。前者主要通过计算机终端网向车站各级人员提供决策支持和进行数据处理，后者主要实现驼峰溜放作业的自动控制。

进入 21 世纪后，虽然我国已经基本完成了编组站驼峰自动化、以车场为单位的车站联锁集中控制、现车管理系统及其他系统的普及，而且我国驼峰自动化技术已跨入了国际先进行列，但编组站整体上仍处于不同独立系统与技术堆砌的现状，使得编组站作业整体不流畅，自动化程度不令人满意。因此信息的共享与整合已成为大势所趋，整体协调运营已经成为编组站自动化发展趋势。这一系统可以实现计划与进路信息的集成，这也是编组站进行数据整合的重点和关键，系统应具备的基本功能主要包括：

（1）局站一体化设计，发挥信息化整体效益。系统自动接收路局各种作业计划；自动上报站存车及车站作业报告；自动进行车站保有量超限预报。路局与车站信息充分交互，局站调度协同工作。车站作业后，列车、车辆的状态信息自动上报，实现货车、集装箱、货物的实时追踪和车流自动推算。

（2）信息综合表示，为调度管理人员提供"管理者驾驶舱"。系统集中显示各场线进路准备、占用、空闲及信号开放状态，以及各岗位的工作进度。调度人员通过调度信息集中表示、视频监控图像、技术作业图表等，掌控列车、车辆、调机、本务机在站内的动态。

（3）充分利用运输安全检测设备，缩短作业时间，提高作业质量。系统通过 AEI 车号与确报自动匹配，根据车辆运行状态检测设备（5T）及车辆运用信息，对问题车辆进行重点检修、扣修等处理。

（4）作业计划自动优化编制，实现指挥决策智能化。系统实时收集准确、完整的调度信息，利用现代数学方法自动编制最优的作业计划，有效地组织协调车站各种作业；作业信息实时反馈，计划动态调整，指标实时分析。

（5）作业计划自动执行与集中控制，提高作业安全。全站进路集中控制，实现调机、联锁、峰尾停车器、驼峰作业的自动控制。系统自动分解计划、避免进路冲突，优化执行顺序，选择最佳的执行时机。计算机按运行图和车次卡控，防止误接、误发，可有效防止错漏办；严格违编检查、车辆物理实时跟踪，可有效防止违编违流及乱道情况。

（6）实现车站各岗位控制系统的全面信息化，实现信息共享。信息系统和控制系统信息共享，实现作业紧接续，作业结果立即反馈，不仅节约人力，而且保证每步工作时间最短；运转与货运、安全等信息共享，保证计划编制准确性和计划最优。

（7）现车实时管理，方便作业组织。通过和 HMIS 系统、货运系统、特种车作业管理系统，以及实时追踪系统的联网，准确地掌握站内车辆运用情况。

（8）统计分析完全计算机化，支持运营决策。统计报表、分析采用计算机化管理。记录完整的现车、作业实绩、设备使用信息，准确地统计和分析各类运输指标，自动生成各种报表。

为改善这一现状，我国研发并投产了 CIPS 和 SAM 为代表的编组站综合自动化系统。其中，编组站综合集成自动化系统 CIPS 于 2004 年 1 月开始研发，2007 年 10 月于成都北站编组站正式全功能投入生产。CIPS 在已有过程控制系统的基础上，通过集成创新，建立信息共享平台，实现编组站决策、优化、管理、调度、控制一体化，分为综合信息管理系统和综合过程控制系统两大部分。SAM 是我国已有车站管理平台升级整合成果，包含两个信息与处理平台。编组站自动化系统，于 2006 年 9 月开始以新丰镇编组站为背景研发，2008 年底正式投入使用，同样由信息管理层和作业过程控制层组成。

2.3.3　总体方案设计

新一代技术站生产作业和管理系统以"横向集成、纵向贯通、定制开发"为目标，采用分布式体系结构。横向集成技术站及枢纽、区段内车站的车务、货运、机务、车辆、电务系统的生产作业信息，纵向贯通国铁集团、铁路局集团公司、技术站三级运输调度指挥信息，在此基础上针对不同技术站的功能定位和优化后的生产作业流程，定制化开发适应现场生产需要的个性化功能，并为今后接入新型智能化作业装备预留接口。新一代技术站生产作业和管理系统总体方案如图 2.2 所示。

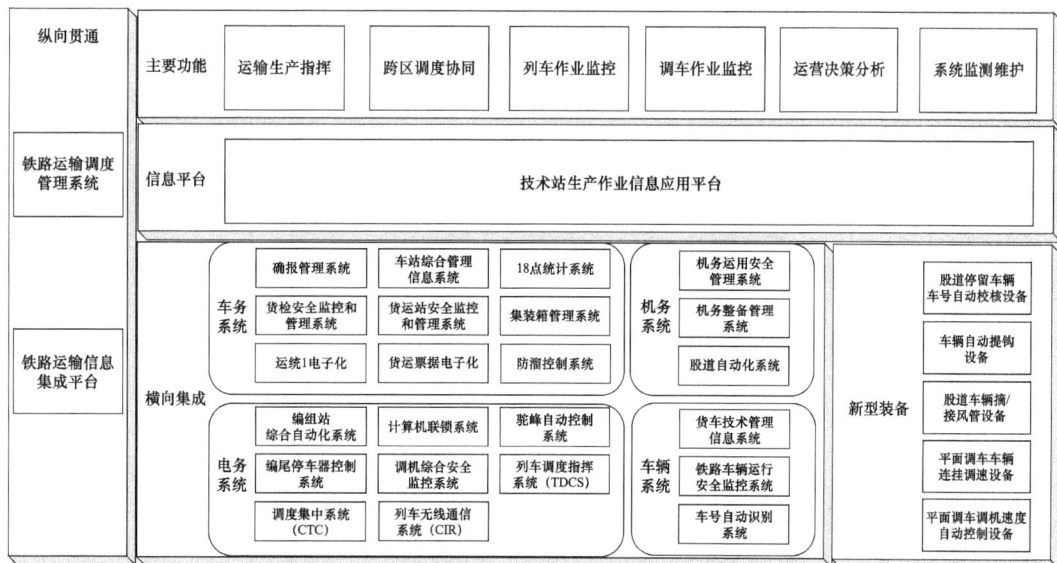

图 2.2　新一代技术站生产作业和管理系统总体方案

2.3.4 系统架构设计

1. 总体架构

新一代技术站生产作业和管理系统以贯通国铁集团、铁路局集团公司、技术站三级调度指挥管理为核心，围绕车流运用、股道运用、调机运用、本务机运用、乘务员运用，将列车和货车在技术站的生产作业过程串联起来，对技术站列车作业和调车作业进行统一闭环管理，业务覆盖调度所、技术站及其服务的周边货运场站，以及机务段、车辆段。

系统总体架构分为基础支撑、数据平台、核心服务、功能展示四层，如图 2.3 所示。

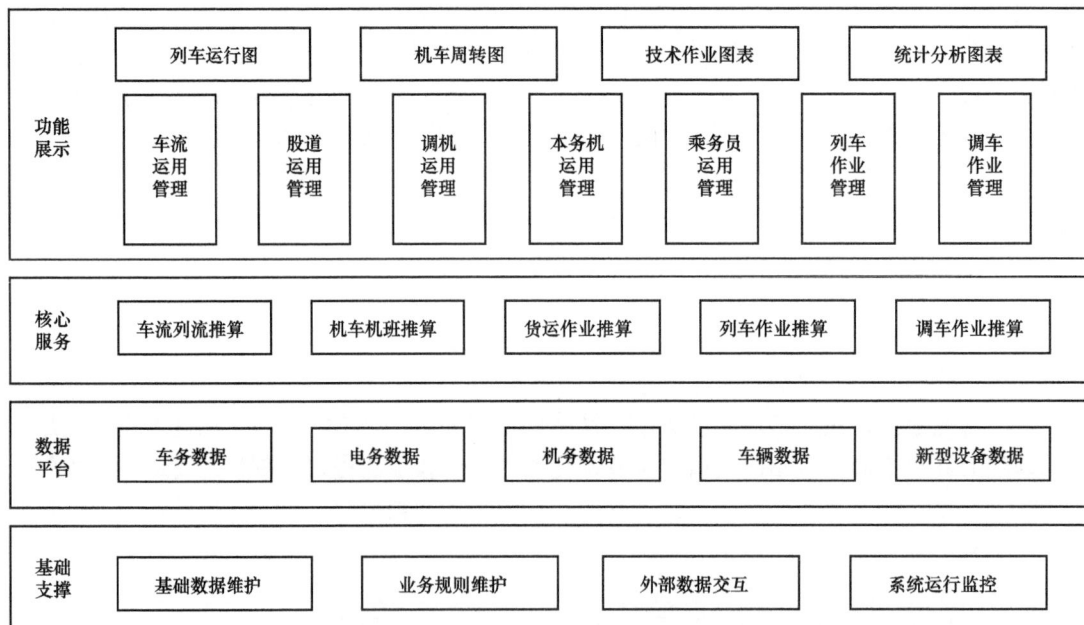

功能展示	列车运行图		机车周转图		技术作业图表		统计分析图表

功能展示：车流运用管理、股道运用管理、调机运用管理、本务机运用管理、乘务员运用管理、列车作业管理、调车作业管理

核心服务：车流列流推算、机车机班推算、货运作业推算、列车作业推算、调车作业推算

数据平台：车务数据、电务数据、机务数据、车辆数据、新型设备数据

基础支撑：基础数据维护、业务规则维护、外部数据交互、系统运行监控

图 2.3　新一代技术站生产作业和管理系统总体架构

2. 业务架构

新一代技术站生产作业和管理系统服务于列车在站作业全过程和货车在站作业全过程，为站段运输生产岗位提供先进、简便、实时、互动的生产指挥和作业盯控手段，统一指挥站内车务、机务、车辆、货运专业完成运输生产任务，实现货流、车流、列流在技术站的信息集成统一，确保技术站运输生产作业安全；为铁路局集团公司和国铁集团提供实时、准确的技术站运输生产信息，提高日（班）计划兑现率，为列车运行图和货物列车编组计划的动态调整提供服务。

3. 技术架构

系统使用 J2EE 三层架构进行设计开发，性能上满足大数据量、高并发的生产环境，具有可扩展、分布式、事务处理、数据存储、安全性等特性，满足系统数据的安全性要求。

新一代技术站生产作业和管理系统技术架构如图 2.4 所示。

用户层	Java Web Start				
	JavaFX				
	Swing	Java 2D	AWT	Accessibility	
	Drag and Drop	Input Methods	Image I/O	Print Service	Sound

应用服务层	异常处理	事务处理	作业调度	性能监控	数据容器管理
	JNDI	XML	WebService	JDBC	ORM
	OXM	JMS	线程管理	日志管理	安全性管理

| 数据持久层 | Oracle | |
| | SQL | |

| 数据接口层 | MQ | XML | HTTP |
| | RMI | Serializable | t3 |

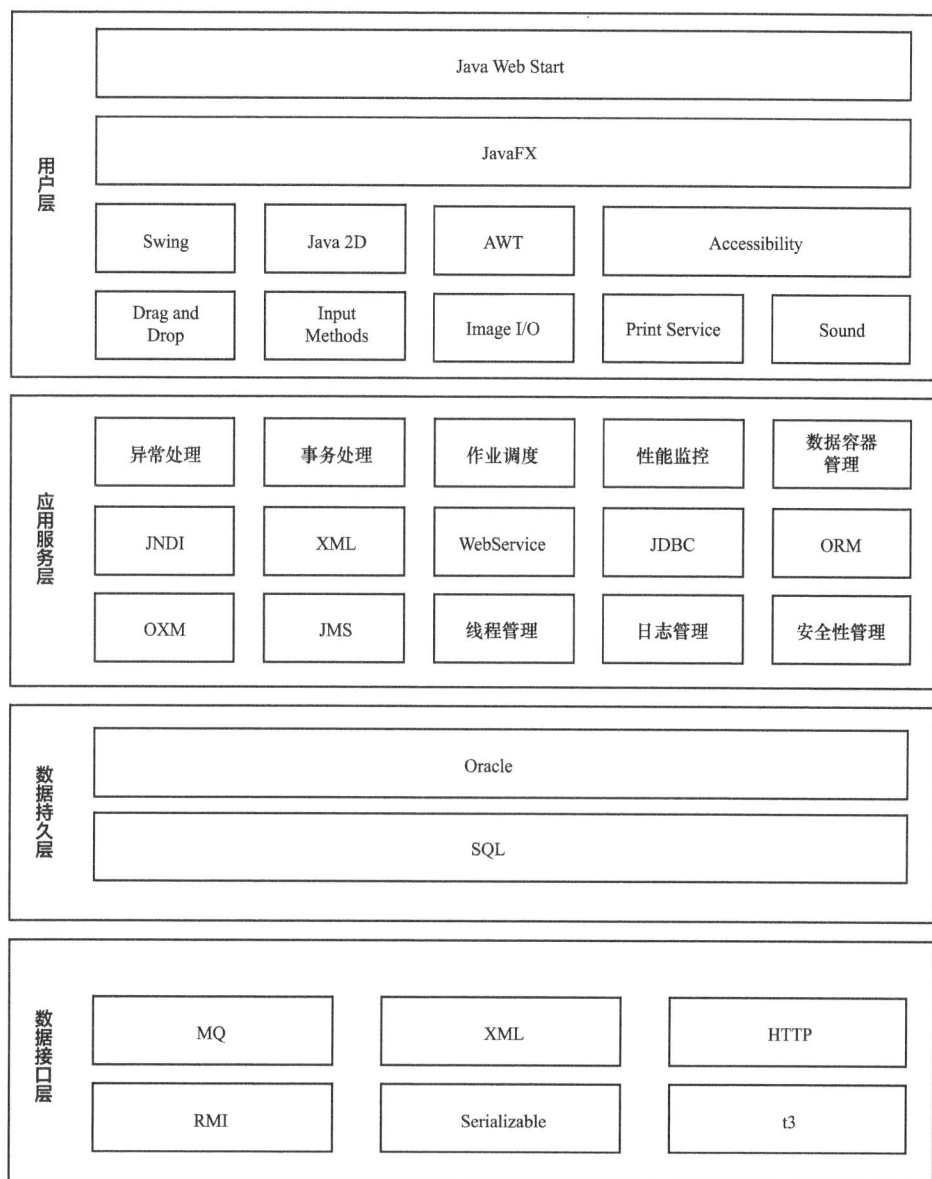

图 2.4 新一代技术站生产作业和管理系统技术架构

4. 数据架构

新一代技术站生产作业和管理系统的数据由业务规则数据、资源状态数据、生产计划数据和外部系统数据构成，如图 2.5 所示。

5. 网络架构

新一代技术站生产作业和管理系统运行在铁路综合信息网上，覆盖"国铁集团–铁路局集团公司–站段–车间–班组"五级，通过铁路综合信息网的骨干传输通道和基层传输通道组成系统网络。网络架构如图 2.6 所示。

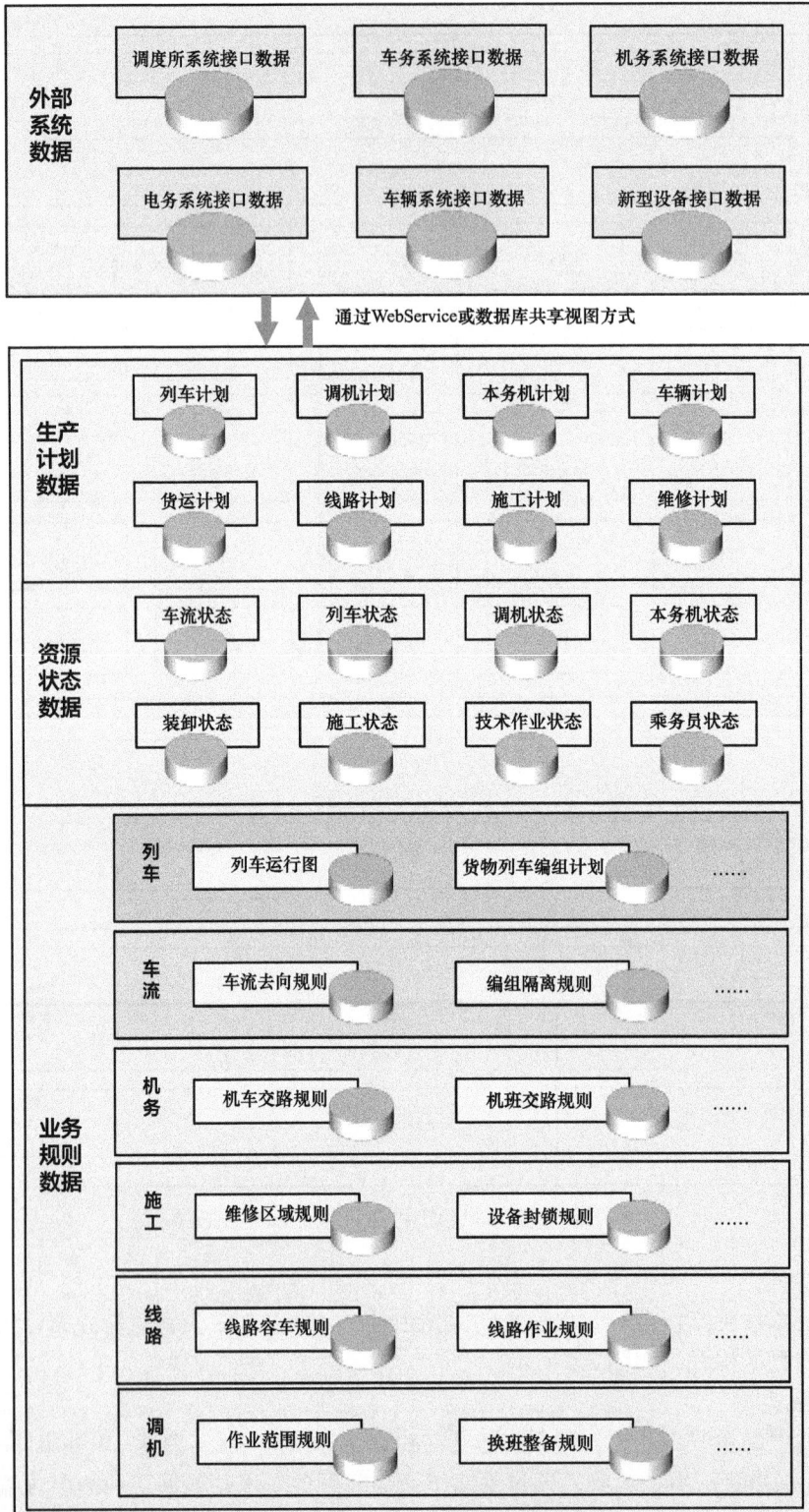

图 2.5　新一代技术站生产作业和管理系统数据架构

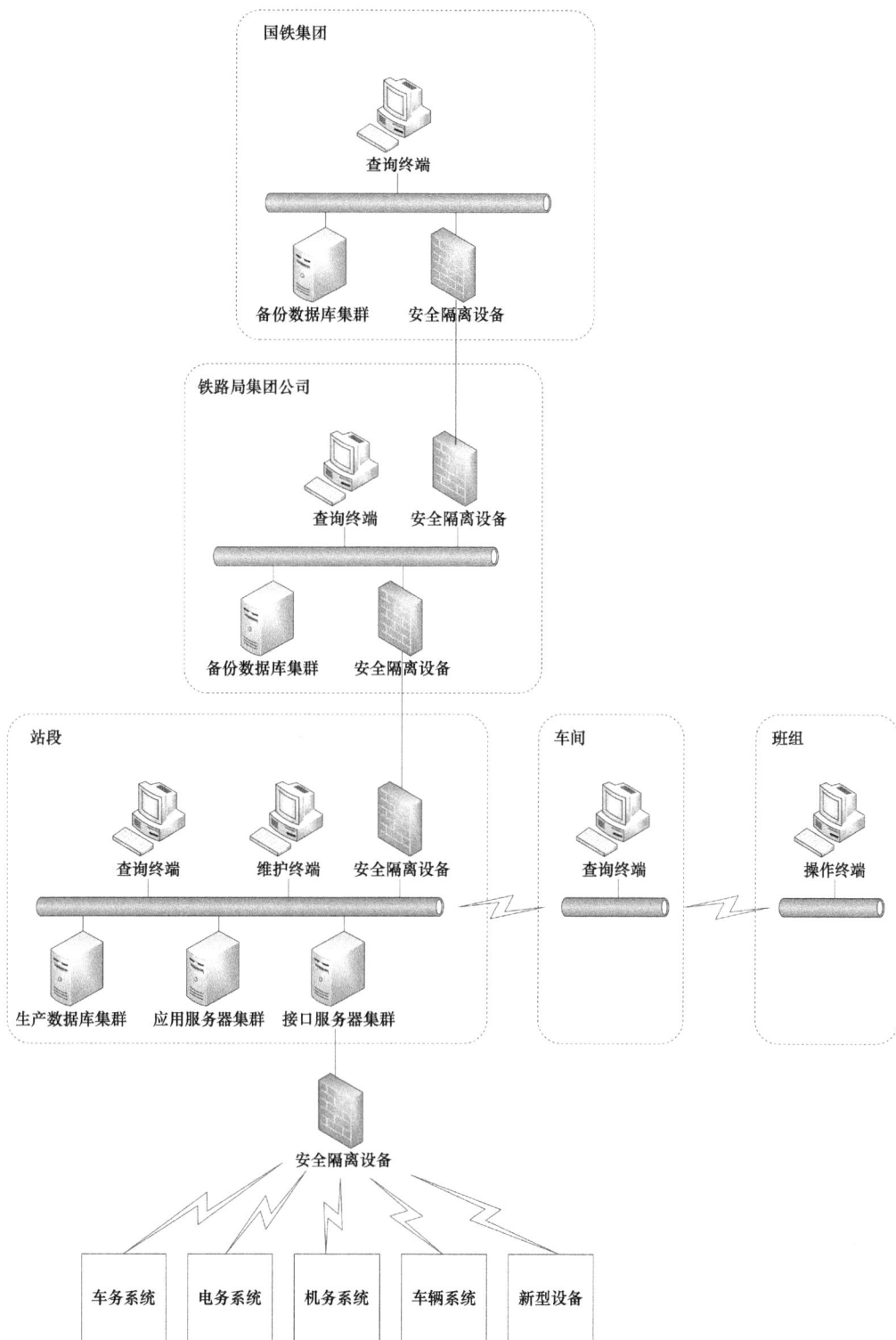

国铁集团

查询终端

备份数据库集群　安全隔离设备

铁路局集团公司

查询终端　安全隔离设备

备份数据库集群　安全隔离设备

站段

查询终端　维护终端　安全隔离设备

生产数据库集群　应用服务器集群　接口服务器集群

车间

查询终端

班组

操作终端

安全隔离设备

车务系统　电务系统　机务系统　车辆系统　新型设备

图 2.6　新一代技术站生产作业和管理系统网络架构

2.3.5　系统整体功能

1. 运输生产指挥功能

1）运输资源信息共享

获取技术站服务的枢纽、区段内的货流、车流、列流信息，获取调度所下达的日（班）计划、阶段计划和调度命令信息，获取技术站货场、专用线、机务段、车辆段的线路使用、机车车辆、作业进度信息，将数据复制保存到本地，提供可视化查询界面，为自动编制技术站作业计划提供信息支撑。获取后方编组站和区段的出发列车预报，获取前方编组站和区段站的车流结存预报、拥堵预报。

2）票据和现车自动追踪与关联

集成车站综合管理信息系统、编组站综合自动化系统的现车管理功能，获取运统1电子化平台的到达列车编组内容信息，获取货运票据电子化平台的运单、货票、车辆检修等票据信息，获取车号识别系统扫描的车号信息，提供现车毛玻璃管理界面，按照无调中转车、有调中转车、本站作业车的票据信息交换流程和票车信息绑定流程，结合接发列车实绩与调车作业实绩，自动完成取电子票据操作和票车状态转换，自动完成现车转入、现车移动、现车转出操作，提供票据和现车站内状态转变及作业轨迹查询功能，将相关信息上传给运统1电子化平台、货运票据电子化平台。

3）柔性化车流推算

可在线修改车流组号，可随时调整空车去向，根据确认后的车流组号和车流去向，自动按技术站、分界口、区段、终到局、终到站进行车流推算，提供按车流的货车集结过程和按调车场的货车集结过程两种车流推算方式，并根据日（班）计划自动生成出发列车车次并匹配运行线。

4）运站二大表自动编制

根据不同技术站的功能定位和作业特点，定制化设计运站二大表界面。自动获取调度所下达的日（班）列车工作计划，自动计算和匹配出发列车车流来源，自动生成取送轮廓计划，自动计算各阶段车流结存，自动计算班指标，提供人工补充重点事项的界面。运站二大表上的计划内容、重点事项可下达并展示给指定岗位终端，同时传送给相关控制系统。根据接发列车实绩和调车作业实绩，自动填记运站二大表实绩。

5）施工/维修停用设备管理

自动获取本班施工计划、维修计划，自动根据批准的停用范围关联停用设备，与实际给点和实际销记时间关联，自动向控制系统下达设备封锁/解封指令，以站场图形的界面形式，按照施工/维修计划的不同停用时段，将停用设备和作业内容展示给相关岗位终端。

6）运站一大表自动编制

根据不同技术站的功能定位和作业特点，定制化设计运站一大表界面。自动获取运统1电子化平台的到达列车编组信息，自动获取枢纽、区段内其他技术站和货运站的车流预报，自动获取到发线列车技检作业进度，按照车流推算的结果，自动生成到发线运用方案，自动计算出发车流来源，自动生成解编顺序，自动生成调机运用方案，提供自动生成过程中的人工干预界面，根据人工干预后的结果自动绘制运站一大表计划线。运站一大表上的计划内容、重点事项可下达并展示给指定岗位终端，同时传送给相关控制系统。根据接发列车实绩和调车作业实绩，自动绘制运站一大表实绩线，自动向调度所上报车流结存、阶段计划、列车预报。

7）调车作业计划自动编制

根据运站一大表计划线确定的列车到发时间、调车类型、调车作业顺序，以及到发线、驼峰、牵出线、分类线、存车线、调机安排，按照阶段计划确定的出发列车车流来源和取送车流来源，提供人工修改出发列车车流来源和取送车流来源的界面，根据人工确认后的结果自动生成调车作业计划；提供人工修改调车作业计划的界面，根据人工修改后的结果自动生成调车作业通知单。调车作业通知单可下达并展示给指定岗位终端，同时传送给相关控制系统。根据调车作业实绩，自动进行调车作业报点，自动绘制调机运用实绩线。

8）作业过程监控与安全生产命令发布

获取站场各处视频监控图像信息，提供全景驾驶舱式界面，人工定制界面显示项目，实时展示重点岗位的作业图像，实时展示运输生产工作量完成情况，实时展示运输生产指标完成情况，对结合部环节的资源不足、作业超时等情况进行重点提示，可直接向指定岗位终端发布安全生产命令、安全注意事项。

9）生产作业信息综合展示

为所有作业岗位提供生产作业信息综合展示界面，可自主配置展示项目，包括班计划、阶段计划、调车作业计划、本务机出入库计划、调度命令、列车实时位置、调机实时位置、调机速度、本务机实时位置、到发线占用情况、到发线列车技检作业进度、毛玻璃现车等信息。根据不同技术站的需求，定制化提供作业通知、语音提示、风险预警、消息交互、文档交互等功能。

2. 跨区调度协同功能

1）与调度所协同推算出发列流

获取调度所下发的列车运行阶段计划、机车周转图和调度命令，获取枢纽、区段内其他技术站和货运站的出发列车预报、装卸预报，结合运统 1 电子化和站内车流分布，自动推算具备开行条件的列车。按照日（班）计划确定的出发车次和编组内容，自动指定出发列车车流来源，自动安排解编顺序和取送时机，自动计算出发机车交路并匹配待班乘务员，自动匹配出发列车运行线，自动生成出发列车预报并上报调度所，经调度所审批后形成阶段计划。向调度所开放列流推算服务接口，可远程调用列流推算服务，在调度所自动推算技术站出发列流和出发列车预报。

2）与货场、专用线协同安排取送作业

获取货场、专用线的装车计划、卸车计划和卸车进度、装车安排，自动推算不同货位的装车完成时间和卸车完成时间，提供车站与货场、专用线交互取送需求、对位需求的界面，自动生成取送调机运用计划和取送调车作业计划，自动下达并展示给货运相关岗位。

3）与车辆段协同安排取送作业

提前获取未到站车辆的检修计划，自动标记为不参与车流推算的无效车流。获取站修所、车辆段的检修进度和预计作业完成时间，提供车站与车辆段、站修所交互取送需求、对位需求的界面，自动生成取送调机运用计划和取送调车作业计划，自动下达并展示给车辆相关岗位。

4）与机务段协同安排本务机和机班运用

提前获取未到站本务机的检修计划，自动标记为不参与出发运用的本务机。获取机务段的运用本务机分布、整备进度、待班人员安排，自动计算能否满足出发列车需求并提示。向机务段、折返段预告入库机车型号、入库线路和入库时间，接收机务段预告的出库机车型号、出库线路和出库时间。针对部分由车站负责出发机车乘务员叫班的技术站，自动向机务段推送计划出发列车的车次、场别、股道和交路需求，自动接收机务段反馈的出发机车型号和机车乘务员出勤时间。

3. 运营决策分析功能

1）车流拥堵预警

根据到达列车预确报和站内车流保有量及去向，结合调机工作情况、本务机周转情况、乘务员待班情况、站内施工情况、车站作业能力、区间通过能力，计算各种可能的列车出发方案，自动推算不同列车出发方案下未来各时段不同去向的车流结存，对存在车流拥堵的去向、场别进行预警。

2）作业过程推演

提供站场设备、列车、机车、车辆、技术作业过程的计算机模拟仿真环境，与当前的列车数据、车流数据、机车数据、设备状态数据、作业过程数据、人工操作数据进行结合，按照当前的阶段计划和调车作业计划方案，采用与生产作业岗位终端完全相同的界面进行推演，对推演过程中的资源短缺、作业冲突、安全风险进行动态提示，推演可以在计划下达前进行，也可以在计划下达后进行，推演速率可以人工选择。

3）统计报表和分析报表自动生成

自动提供 18 点统计系统所需的各类原始数据，自动生成机统 4 等结合部统计报表，自动生成标准格式的车站日、旬、季、半年、年分析报表，可根据不同技术站的需求，定制化生成其他统计分析报表。

4）作业过程回放

自动记录和保存各时段的列车数据、车流数据、机车数据、设备状态数据、作业计划数据、作业过程数据、人工操作数据，提供与生产作业岗位终端完全相同的界面进行作业过程回放，回放时不同岗位终端的界面可以进行全景组合、同步展示，回放起止时间和回放速率可以人工选择。

2.3.6　CIPS 与 SAM 系统功能对比

1. 功能比较分析

传统意义上的编组站自动化是在车站建设配套行车调度系统（CTC、TDCS）、信息管理系统（确报、现车、钩计划、统计）、车号自动识别系统、ATIS 车辆管理信息、驼峰自动化等主要系统，各系统相对独立，安装和使用通常分散在不同作业地点，信息化程度相对较低，并未构成统一集中的系统。SAM（synthetic automation of marshalling yard）系统与 CIPS（computer integrated process system）将编组站作为一个整体系统进行统一规划、设计和研究，通过系统整合或集成，进一步提高了编组站信息化和自动化程度。SAM 系统由中国铁道科学研究院和原铁道部信息技术中心（以下简称部信息中心）共同研发，CIPS 系统由北京全路通信信号研究设计院研发，两个系统架构、设计理念和设计思路不尽相同，采用的原理和方法也不同，实际运用效果和特点也存在差异，但各自都取得了进展。

1）计划处理

CIPS 系统与 SAM 系统涉及编组站核心业务的功能覆盖面大致相同，均包括车站调度、行车、机车交路、现车/调车、货运等生产计划的管理，运营管理与统计分析，生产监控与过程管理。但从实现的角度，两者的理念、风格和手法不同。

CIPS 系统基于同一个平台，按照生产流水线原理，以到、解、集、编、发生产流程为整体处理对象，统管各环节的计划和执行信息，统一的业务处理服务以数据的唯一性为基础，排除信息跨平台共享可能存在的不同步、不完整、不及时、不确切、不一致或不可用等非安全因素，保证横向间业务逻辑始终贯通与联动。由于统一平台直接实时驱动过程控制系统，"管"和"控"计划与执行之间的联系与结合更加紧密。系统特点是利用统一平台，用技术手段约束编组站各个生产环节的计划与执行操控在单一指挥框架内，并引入信息联锁机制强制计划不得脱离可兑现的轨道，强化计划的执行力度，在技术上保障计划与执行之间不脱节，使编组站生产受控于一个大集中联动机制，为计划直接驱动执行的功能提供安全和技术保障。为了降低统一平台和管控一体的风险，CIPS 系统考虑管控可脱离，管理层设独立后备系统等降级模式和措施。

SAM 系统的功能按"行车"和"调车"两条主线，分散在 2.0 系统和集中控制系统两个不同的平台上分别处理，通过系统间的数据交换，用信息充分流畅共享实现功能关联和生产协作。系统计划处理的特点是成熟度和现场熟知度较高。在新丰镇编组站试点站部信息中心充分发挥行业优势，密切联系铁路调度系统 4.0 与车站 2.0 系统之间的关系，强化路局计划调度对编组站调度的指挥关系。此外，"分而治之"的天然优势也可分散风险。

2）执行控制

CIPS 和 SAM 系统配套的过程控制系统均包括联锁系统、驼峰自动化系统、机车遥控系统和停车器控制系统，均采用已经应用多年的成熟技术装备，其水平、档次和功能虽然差别不大，但两个综合自动化系统的自动控制功能和应用效果还存在差异，其技术关键点在上层而不是下层过程控制系统。

CIPS 系统立足于机器代替人工作，未采纳典型的 CTC 方案，而是将区域联锁技术的控显终端在调度大厅摆放在一起作为应急干预手段。CIPS 系统的自动模式效果使所有进路均按计划自动办理，其办理时机、执行顺序甚至走行经由方案均由计算机控制，无需行车人员同意和确认。自动模式下，生产工序链接、生产顺序与节奏符合计划和安全的要求，进路交叉干扰的优先选择等问题由计算机逻辑运算和智能化解决。自动模式下的手动干预，需事先阻止自动选路或先取消已自动办出的进路再人工重办，与半自动模式下手动集中控制的概念不同。CIPS 系统用技术手段防止人为错办、误办进路的措施更加完备，实现进路自动执行的目标，计算机代替人工的效果更加显著，如成都北和武汉北编组站成功地取消了信号员岗位。

SAM 系统首先采用 CTC 原理，基于站场控制网络，实现调度中心对各信号楼过程控制系统"遥控"或"远动"意义上的集中控制，即中央手动监控功能。其次，列车信息来源于TDCS，调车信息来源于 2.0 共享，列车和调车部分实现逐列或逐钩人工确认同意情况下进路自动办理功能，即半自动模式。本务机出入库因缺乏信息来源而采用始终端方式的手动集中控制。半自动模式下具有自动决策给定的默认进路走行经由方案，同时备有其他可选方案，供人工把关确定前挑选。驼峰头部联锁区的控制暂时未纳入集中，仍由驼峰信号楼作业员操纵。SAM 系统在执行层的特点是具有完备的集中控制功能，其独创的半自动功能已在现场实用化，设备保障结合人为保障的安全模式，相对容易被接受，这也为进一步推广使用创造了条件。

3）调机系统

CIPS 和 SAM 系统配套的调机系统与整体的结合均较好，在功能和技术上都有突破，其基本功能是推峰遥控和调车安全防护，深受现场使用和维护人员欢迎。

CIPS 系统配套调机自动化系统的无线传输采用无线局域网（802.11b），采用 GPS 定位，站场内无须安装传感装置。CIPS 系统独到之处是调机自动化系统与平调灯显系统通过车载通信接口结合，拓展了大量调车组手持电台发信令无线遥控机车的功能，较为实用。

SAM 系统配套调机安全监控系统的无线传输通道采用符合铁路技术发展方向的 GSM-R 技术，地面安装有应答器辅助调机定位。新丰镇站现场调车组与司机之间的联系采用我国已经普及的平调灯显系统。

2. CIPS 与 SAM 系统的比选

目前，全路运用 CIPS 系统的编组站相对较多，有武汉北（新建）、成都北（新建）、贵阳南（新建）和苏家屯（既有）4 个车站，其中，苏家屯站为既有车站改造。运用 SAM 系统的有新丰镇站（既有）和兰州北站（新建）。

1）系统的技术性

两套系统接发列车系统均纳入调度大楼集中办公，便于计划系统、机调、辆调等沟通，利于运输组织；但是远离现场，应急处理难度大。新丰镇站在实施 SAM 系统时，现场行车室仍有原有接发列车系统，保留应急功能（如系统故障、事故等）。武汉北站由于是新建编组站，在建设 CIPS 系统时未在现场预留接发列车系统，CIPS 系统的信息系统与控制系统共网共设备，所有系统在同一平台上进行数据处理。如果某个子系统发生故障，可能导致整个系统故障。

2）系统的适用性

CIPS 和 SAM 系统分别由通号所和铁科院研制开发。其中，CIPS 系统强调集成、对现有体系的突破、进行流程再造，比较注重对设备的控制，人工操作界面不太灵活。在系统高度自动化、智能化的同时，伴随有安全保障要求高、不易功能扩充等问题，如果将系统模块适度分离，问题随之解决，则其优点将更为突出，适应性更高。SAM 系统相对而言，只是现有编组站综合信息系统体系的延伸或功能扩充，实现手段温和，改动量小，其独创的半自动化功能既基本满足了自动化的需求，又控制了安全系数，容易被操作人员接受，但其在集中自动模式下的自动化作业仍需向 CIPS 系统借鉴学习。

3）系统的自动化程度

自动化主要体现在自动择机、自动择路两个方面。自动择机是指在下达执行计划后，由控制系统根据设备状态自动选择执行时机，启动任务执行；自动择路是指自动安排进路。CIPS 系统在自动化方面具有先发优势，成都北站、武汉北站均已实现了自动择机和自动择路。SAM 系统自动择路功能不理想。根据现场调研情况，武汉北站在自动择路方面到达场人工干预率为 10% 左右，编组场尾部为 50% 左右。新丰镇站只使用了外包正线的列车自动排路功能。同时 CIPS 系统较好兼容了驼峰调车集中控制系统；SAM 系统的驼峰调车控制系统需独立设置，仍在驼峰楼人工控制。

4）系统的经济性

从运营成本看，CIPS 系统减员较多，人工成本较 SAM 系统优势明显。但是 CIPS 系统实施理念为管控一体化，信息处理与集中控制融合成一个平台，一次设计、一次成型，后期扩展的工程量较大，成本较高。SAM 系统的信息系统与控制系统相对独立，各自有完整的网络和硬件体系。每个系统（包含子系统）均可独立演进和发展，对以后发展现车系统、电子货票等系统具有优势，系统的扩展成本较低。

5）系统的实施

CIPS 系统实施需要整体推进，一次性施工到位，施工过渡期较短，对现有的运输生产干扰少，并且具有在既有站成功实施的经验。SAM 系统可将系统分离分步实施，过渡期可调节，界面操作变化小，人员操作过渡平滑性较好。CIPS 系统操作界面变化较大，培训工作量大，对人员素质要求较高。SAM 系统与现有的编组站综合信息管理系统操作界面类似，计划系统人员培训工作量相对减小，上手较简单，但是接发列车系统培训工作量与 CIPS 系统相当。

2.3.7　基于 SAM 的铁路区域中心综合自动化系统

1. 概述

我国普速铁路营业里程超过 11 万 km，在整个铁路营业里程中占比巨大。普速铁路路网密集，站间距较小，沿途小站较多，地理位置较为偏僻，部分线路设站较为稀疏，作业和维护较为分散，人员往来十分不便，生产生活配套设备短缺，已经难以适应铁路生产集约化的要求。随着列车速度的不断提升，行车密度的加大，对既有线的调度指挥、接发列车、中间站及切割正线调车等作业，都提出了新的更高的要求。其中，改进运输作业综合管控水平，加强调度与运转协调能力，建立优质、高效、安全的运输生产秩序变得尤为迫切。

目前既有线路车站使用的主要作业设备是 TDCS 3.0 系统，虽然具备一定的列车作业安全防护功能，但缺乏更先进、更综合、更统一的技术支撑。在列车作业安全防护等功能上，更高级的 CTC 系统则主要适用于高铁线路，对有技术作业的客货运车站而言仍缺乏成熟可行的使用经验。

另外，既有线路车站主要作业设备功能较为单一，除了行车调度指挥功能外，缺乏对既有信号、信息系统的全面整合，缺乏对车站整体业务功能的开拓与延展，例如：车站设备与作业信息的综合展示技术与设备、车站现车精细化跟踪与管理的技术与设备、车站行车/调车作业设备智能运维与管理的技术与设备、车站运输作业指标与能力自动化的智能分析/评价/预测/预警的技术与设备，等等。

将编组站管理信息系统和信号控制系统综合集成的编组站管理与控制技术，包括综合管理、作业计划自动执行和集中控制、计算机联锁、驼峰自动化、尾部停车器控制、全站机车综合安全控制等子系统，在编组站范围内全面实现计算机化管理和作业过程自动控制。中国铁道科学研究院集团有限公司通号所 SAM 专题组研发了针对上述需要的铁路区域中心综合自动化系统。该系统以成熟的 SAM 技术为依托，采用"信息共享、管控融合"的设计理念，以信息化、自动化、智能化的先进技术建立起区域级管控集成平台。在此基础上整合辖区内运输生产资源与能力，优化生产调度指挥与组织流程，通过对辖区内运输生产的"统筹调度、协调组织、综合管理、自动控制"，建成技术先进、功能完善、架构合理、安全可靠、经济适用、具有中国特色的集调度与控制于一体的作业自动化系统。铁路区域中心综合自动化系统在确保行车安全的基础上可大幅降低劳动强度、提高工作效率、减少作业人员，真正达到减员、增效、保安全的实施效果。

SAM 系统改造工程是一项全新的工作，科技含量高，技术难度大，涉及运输组织、行车指挥、工作流程、劳动组织、信号控制和安全管理等方面的知识。SAM 系统的全面开通使用实现了集约化调度指挥，取消了车站到发场及峰尾信号楼，采用集中指挥模式，使解编发作业实现了集中办理，行车作业的组织流程也得到了优化。过去信号楼的作业流程是车站值班员向信号员布置作业，信号员建立作业进路后，车站值班员需再次确认进路。SAM 系统的全面应用可将传统的车站值班员同信号员间反复的布置、确认进路优化为车站值班员单独选排进路，有效地节省人力。接发列车过程中，车站值班员电话通知货检、列检等人员出场作业，也变成 SAM 系统在各岗位终端自动触发提示信息。同时，人工录入出发列车编组信息也由 SAM 系统自动完成，打破了站内调车机固定作业区域限制。过去因调车机电台频点等设备限制，每个场调车机不能越出固定区域作业。随着 SAM 系统的全面应用，全站调车机可在任一作业区域办理调车作业，缓解了运能紧张的情况，实现了兼职并岗，减少了结合部。

哈尔滨南站 SAM 系统全面应用后，将车站原来 4 个到发场信号楼 14 人作业的模式，整合为车站值班员+辅助值班员共 8 人集中在调度指挥中心办理行车作业的模式。驼峰信号楼作业人员也由 5 人优化为 2 人。取消了峰尾信号楼向出发场的作业联系环节，将列尾作业员同助理值班员岗位进行整合，省去了先前之间的作业联系。取消了车号员室外抄车的环节，过去对于车站到达和出发的列车，车号员需要在室外进行车号的抄写核对。SAM 系统应用后，可实现高清识别及 AEI 设备功能，车号员只需在室内通过视频监控就能完成现车的核对，大大减轻了职工的作业强度，提高了现车核对的准确率，缩短了作业时间。

合肥东站新建 SAM 系统是在结合合肥东站改扩建工程总体设计以及 SAM 系统特点提出的，计划将作业计划与驼峰自动控制、计算机联锁、推峰及调车机车控制、尾部停车器控制等系统相关信息整合集中，取消分场设置传统模式，实现全场到、解、集、编、发作业的集中指挥，逐步开通 SAM 集控系统自控模式。

铁路区域中心综合自动化系统与常规 CTC、TDCS 3.0 系统的主要功能比较如表 2.1 所示。

表 2.1 主要功能比较

功能项目	区域中心综合自动化系统	CTC 系统	TDCS 3.0 系统
整合车站管理信息系统	√	×	×
整合计算机信号联锁系统	√	√	×
整合防溜器控制系统	√	×	×
整合调机 STP 系统	√	×	×
整合车站技术作业岗位	√	×	×
列车进路自动排列	√	√	×
调车进路自动排列	√	×	×
进路指令图形化预览与展示	√	×	×
列车作业实绩采集与反馈	√	√	√

功能项目	区域中心综合 自动化系统	CTC 系统	TDCS 3.0 系统
调车作业实绩采集与反馈	√	×	×
人工操作安全综合防护（事前防护）	√	×	×
自动控制安全综合防护	√	√	×
站场设备与作业信息综合展示	√	×	×
车站现车精细化跟踪管理	√	×	×
车站作业设备智能运维与管理	√	×	×
车站运输能力智能查定	√	×	×
车站作业智能评价与辅助决策	√	×	×

2. 系统特点

铁路区域中心综合自动化系统基于编组站 SAM 技术，具备列车作业、调车作业等复杂作业的集中统一调度指挥的成功经验。该系统能够无缝整合计算机信号联锁系统、防溜器控制系统、机车 STP 系统、车站管理信息系统等功能，增添集中控制系统、车站作业设备智能运维与管理系统、车站能力智能查定系统、车站作业智能评价与辅助决策系统等功能，将区域内的接发车作业、调车作业、车站技术作业等全部作业环节纳入控制范围，实现生产作业事前、事中、事后的全程监督与管理，最大限度发挥区域运输作业综合化、集约化优势。系统主要特点如下。

1）区域作业人员与设备双集中

构建区域调度指挥中心，设置调度大厅和中心机房，把区域各站调度员、值班员和其他人员集中到调度中心办公，把区域各站设备通过光纤网络远程连接到调度中心机房进行集中维管，实现作业人员与设备双集中，精简合并部分岗位职能，压缩作业流程与环节，从根本上提高作业调度质量和执行效率，改善设备综合运维能力。区域调度指挥中心大厅效果如图 2.7 所示。

图 2.7　区域调度指挥中心大厅效果

借助广布的通信网络，建立区域内统一的基础数据维护平台、计算机病毒防护平台、网络信息安全平台、设备故障应急处置平台，提供从上层信息系统到下层控制系统所有作业相关设备实时状态展示、运行数据记录、查询、历史数据回放、设备故障预警与远程诊断等功能，满足保障系统平稳运行、故障预防与快速处置、系统升级、数据变更、故障事故分析等需要。集中运维保障平台软件建构与界面示例如图 2.8 所示。

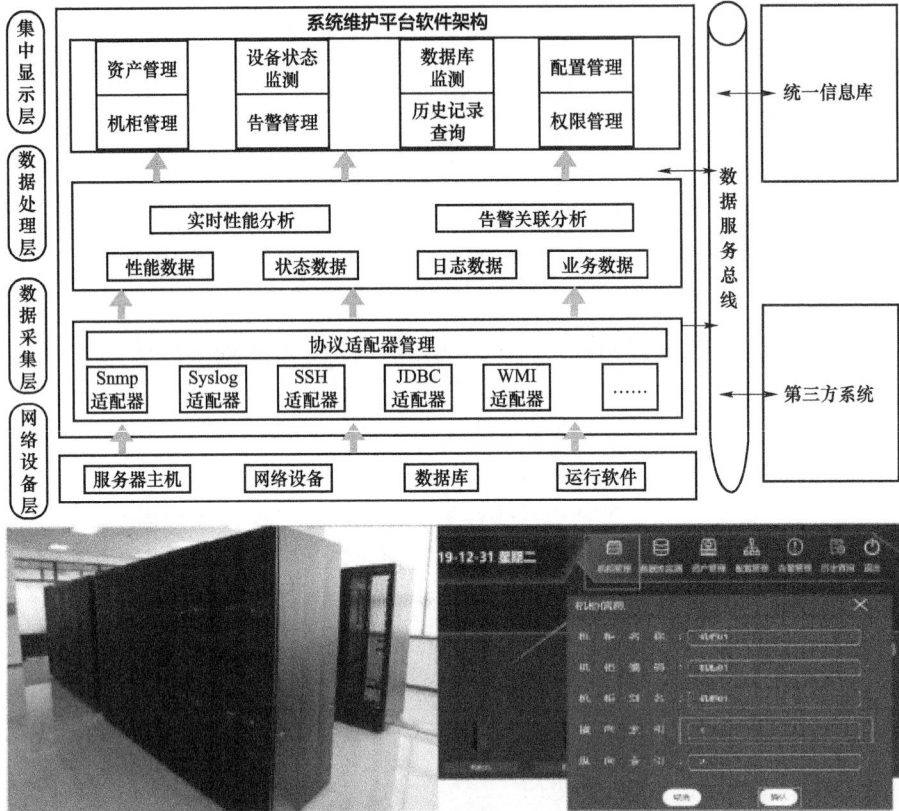

图 2.8　集中运维保障平台软件建构与界面示例

系统实现调度管理与设备控制信息综合集成，一方面通过 TMIS、TDCS/CTC 接口与路局及协作单位进行信息联通与共享；另一方面通过集中控制系统与底层控制系统建立联系通道，将各类信息汇聚集中后形成调度计划，调度计划确定后转换为控制指令，控制指令择机下达到底层控制系统控制其作业，作业过程中进行实时跟踪与自动报点。系统通过管控信息综合集成平台全方位信息通畅流转，实现管辖范围内车流组织、行车组织及实施过程的统一协调管理与控制，从而提升总体运输效益。区域中心管控信息综合集成平台主要信息流如图 2.9 所示。

系统基于"集成-融合"的理念，通过与各作业系统进行接口与信息交互，对核心功能进行整合与自动化、智能化升级，对现场亟需的其他功能进行开拓与延展，从而提供贯穿整个生产作业流程的功能服务。

系统以作业计划自动编制与调整、作业计划自动执行、作业实绩自动反馈、作业事前自动预警与事后自动分析评价等功能为主线，辅以上级调度系统接口、下层设备控制系统接口、

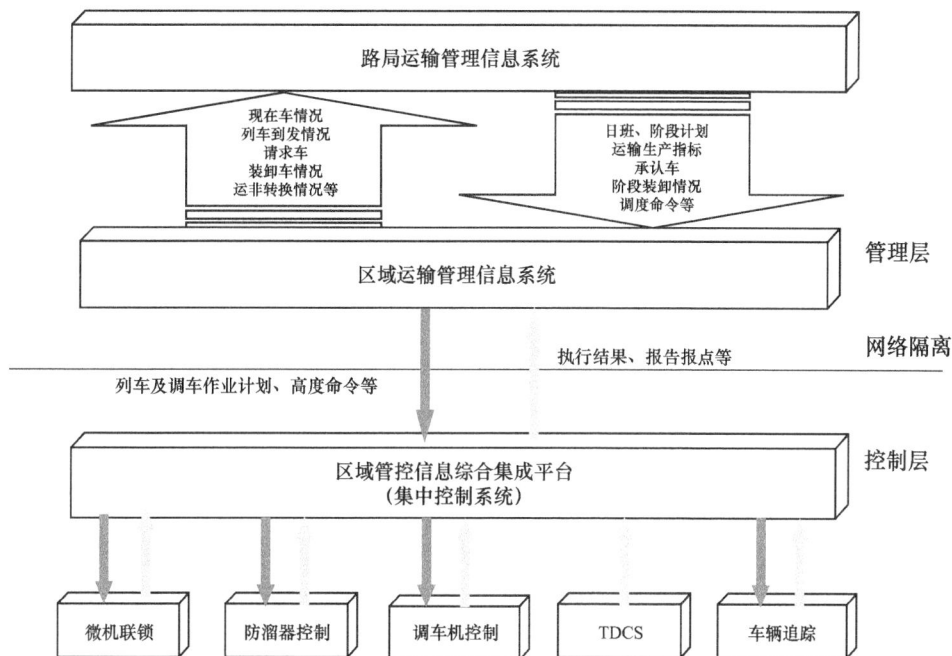

图 2.9　区域中心管控信息综合集成平台主要信息流

线路/机车/车辆/工器具等作业资源使用自动跟踪管理、技检/防溜/施工封锁等作业环节主动卡控、站场信息综合展示等功能，实现对生产作业系统的功能全面覆盖、信息自主流通、人机交互便利，为运输生产提质增效保安全提供技术与设备支撑。全流程的功能服务如图 2.10 所示。

全流程的功能服务

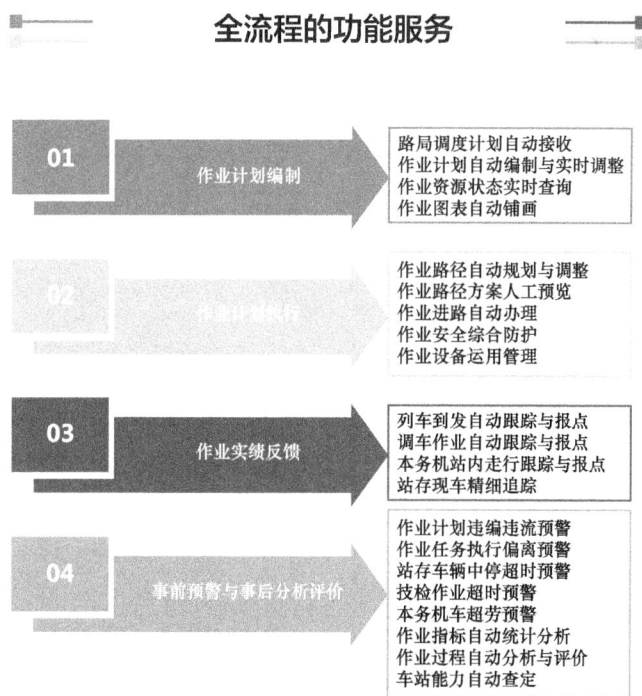

| 01 | 作业计划编制 | 路局调度计划自动接收
作业计划自动编制与实时调整
作业资源状态实时查询
作业图表自动铺画 |

| 02 | 作业计划执行 | 作业路径自动规划与调整
作业路径方案人工预览
作业进路自动办理
作业安全综合防护
作业设备运用管理 |

| 03 | 作业实绩反馈 | 列车到发自动跟踪与报点
调车作业自动跟踪与报点
本务机站内走行跟踪与报点
站存现车精细追踪 |

| 04 | 事前预警与事后分析评价 | 作业计划违编流预警
作业任务执行偏离预警
站存车辆中停超时预警
技检作业超时预警
本务机车超劳预警
作业指标自动统计分析
作业过程自动分析与评价
车站能力自动查定 |

图 2.10　全流程的功能服务

系统采用先进的智能算法及思想，结合作业设备资源运用状态与作业进展情况，实现作业计划的自动生成与调整，实现按计划自动择机、择路，协调作业冲突；通过运用各种智能化和自动化的技术设备，结合信息自动、自主流动，减轻作业人员劳动强度，压缩冗余的作业环节与流程，最终实现整体劳动生产率的提升。

2）完善的作业安全综合防护机制

系统破除管理系统与控制系统、作业系统与维护保障系统分立形成的"信息孤岛"效应，通过作业、设备、施工、维护等信息的联动互控，建立起完善的、综合的作业安全防护机制，实现全程全域安全防护与风险预警。

系统基于作业人员行为监测、设备运行状态监测、事件监测、重点监测等技术，覆盖作业事前风控、事中预警、事后分析整个安全控制流程，通过立体防卫、前后呼应的技术框架来减低安全事件发生概率，压缩安全事件影响范围与程度，实现作业安全防护措施的迭代升级。作业安全综合防护如图2.11所示。

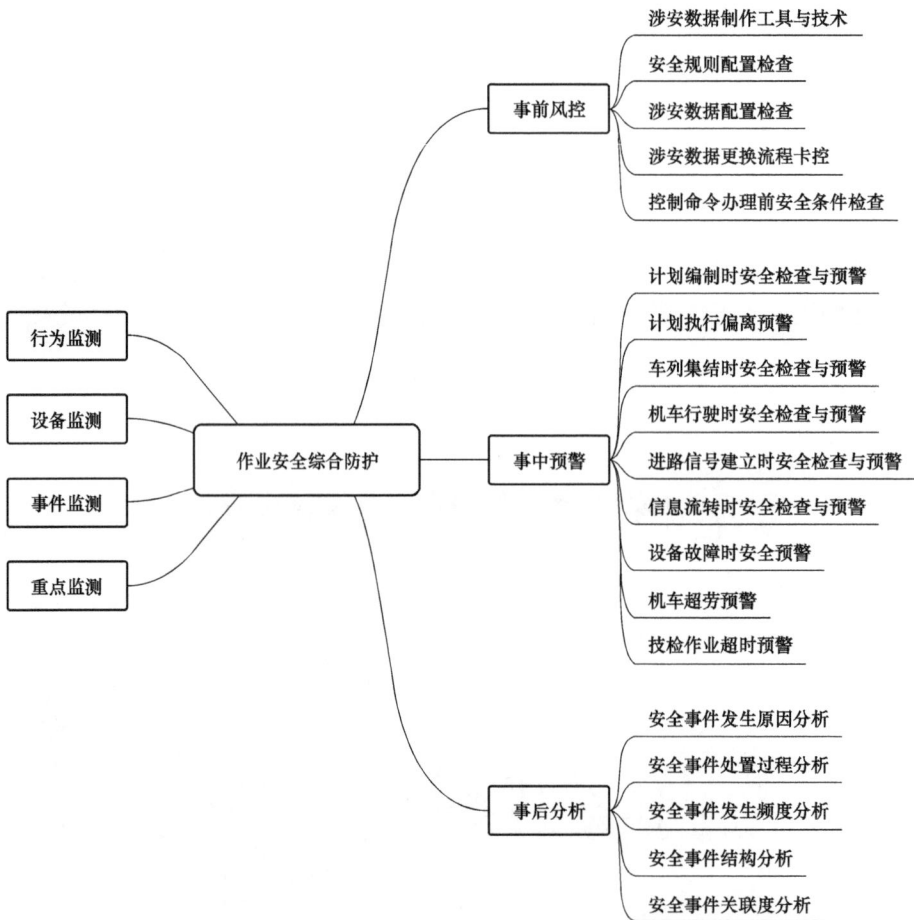

图 2.11　作业安全综合防护

系统通过调车计划的自动编制，有效防止违编、违流及乱道情况；通过进路的集中自动控制，实现按运行图卡控列车作业，有效防止列车误接、误发和错漏办；通过对作业流程、信息流转的自动卡控，防止作业环节错漏造成事故；通过现场机车、车辆、设备状态的实时跟踪和综合展示，对施工维护、设备故障、重点事件、紧急事件的综合监控，有效应对各种可能危及作业安全的情景状况。

3）先进合理的系统技术架构

系统总体上适应铁路现有运输生产体系，建立以分层实现、管控结合、局站一体为特征的系统技术架构，由上到下形成综合管理层、管控结合层和过程控制层。系统采用管控数据独立存储、信息分网传输，通过结合层实现信息联通与共享，既保证管控信息交互的实时和流畅，又使得管控适度分离，防止相互干扰，保障了系统的安全性、稳定性和灵活性；系统各子系统或采用成熟可靠的设备，或在既有技术基础上进一步开发而成，保证了系统的可靠性、可用性；系统在运用和维护上结合既有专业分工，车机供电辆各司其职，具有职责明确、界限清晰的特点。

4）支持多种生产组织模式的适应性设计

为了适应路局直管站段、站段级集中管控的需求，系统支持多种组织管理模式，例如区域集中模式、多站集中模式、一站管多站模式等，来满足枢纽内一主多辅、多主多辅等复杂情况下集中管控的需要。

系统通过可配置、可扩展设计，满足各种生产组织模式对设备、人员集中或分散部署的要求；满足中心集中自控、中心远程人工操控、现地应急人工操控等多种控制方式需求；满足站场设备新建或利旧需求；满足现场运输组织、车流特点、设备工况、人员岗位等差异化需要。

3. 系统结构及功能

铁路区域中心综合自动化系统主要有两大子系统构成：综合信息子系统和集中控制子系统。各系统由独立的计算机网络、数据库服务器、接口机群组、应用服务器集群、作业岗位终端等构成。特别对于集中控制子系统，须采用双机热备、双通道网络确保系统可靠、安全运行，对外接口必须符合安全规范与机制。系统设备主要分布于三个地方：综合信息子系统后台设备部署于区域中心信息机房，集中控制子系统后台设备部署于区域中心信号机房，所有人机交互终端部署于区域中心调度大厅。系统人机交互终端按岗位设置需求配置，系统结构如图 2.12 所示。

现将系统功能按子系统作如下分述。

1）综合信息子系统

路局调度计划自动接收与管理：接入路局调度的计划、行车、机车等方面的调度班计划、阶段计划和实时调整计划，存入系统数据库，在调度终端上可视化展示，并作为区域作业计划编制与计算的依据与前提。

作业计划自动编制与调整：基于路局调度计划，按列车编组计划、列车运行图和重点要求的规定，结合区域内作业实际进程和资源占用情况，对区域内车站的列车、车辆、本务机、调机、到发线、出发运行线等运输资源进行集中统一调配，对区域内后续作业进行推演，自动生成区域班计划，自动生成与动态调整区域列车到开阶段计划，自动生成与动态调整区域调车阶段计划。

作业图表自动铺画：系统具备自动铺画车站班计划表（运站 2）功能，包括确定列车接入场别、推算阶段各场车流、确定出发车流来源、确定出发列车计划等。系统具备自动铺画

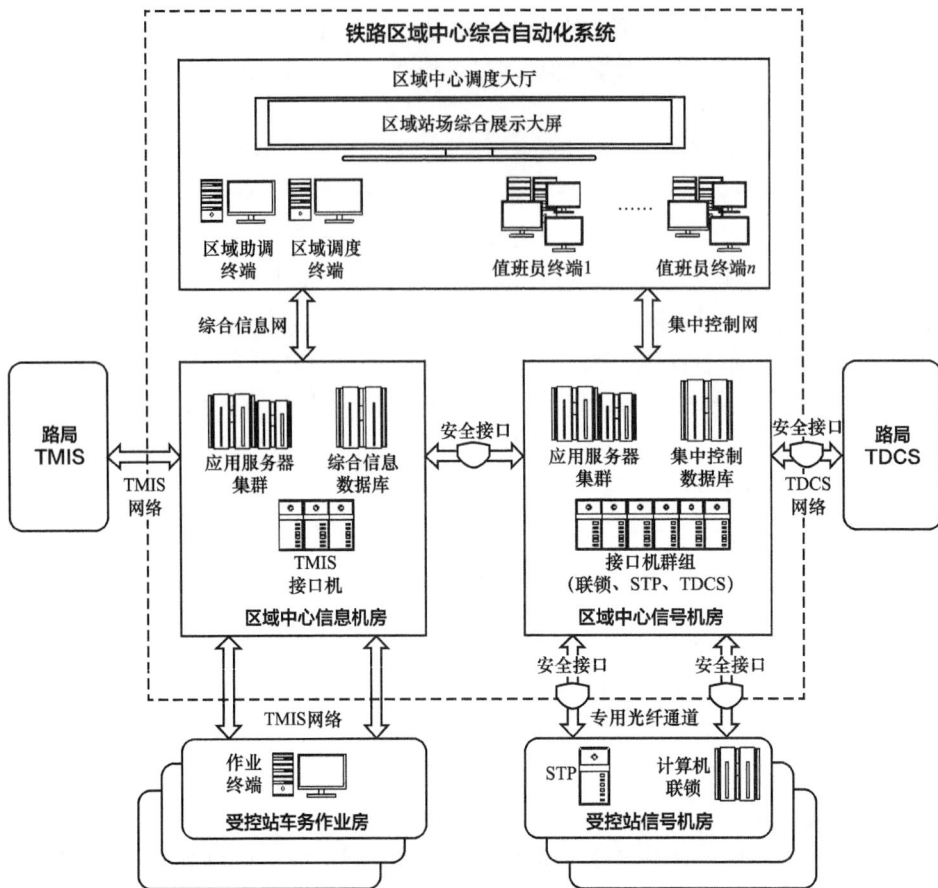

图 2.12 系统结构

车站技术作业表（运站 1）功能，包括列车到达、出发、调机作业的计划线，根据实绩反馈自动绘制列车到达、出发、调机作业（解体、编组、取送、站整、摘挂、交换等）、调机非作业（交接班、待命、吃饭、加油等）的实绩线，并能显示班计划重要事项。

站场信息综合展示与查询：通过部署的作业综合信息展示终端，实现车站作业计划线与实绩线显示（计划大表），实现站场内列车、调车作业信息动态显示（电子占线板），实现信号、道岔、线路等设备状态实时动态展示（综合站场图），实现历史作业计划、作业轨迹、作业事件查询，实现站场历史回放。

调车作业计划违编违流预警：系统在编制调车作业计划时，能对计划开行车次、方向结合车列编组内容进行违编违流预警提示，保障作业计划编制合规安全。

作业任务执行偏离预警：系统能根据阶段作业计划内容和要求，结合对作业推进情况对后续作业能否如期兑现，执行内容、进度相对计划偏差度等进行推算，并给出预警提示。

站存车辆中停超时预警：系统自动记录停留车辆的到站时间，计算目标在站停留时间，并根据中停时超时标准、在站停留时间和预计出发时间，对车辆中停超时进行预警提示。

列车技检作业超时预警：系统自动记录列车技检通知下发时间、技检通知回执时间、技检作业进度报告时间，并对照各项技检作业的技术标准进行超时预警提示和复检提示。

本务机车超劳预警：系统根据本务机追踪记录计算本务机车在站停留时间，并对照相关技术标准进行超劳预警提示。

作业指标自动统计分析：系统根据自动采集的作业过程数据，自动统计或者为其他铁路规定统计分析系统提供源数据，实现表 2.2 所列项目。

表 2.2　作业自动统计分析

代码	名称
运统 1	列车编组顺序表
运统 1 甲	列车编组顺序表（确报）
运统 3	编组（区段）站行车日志
运统 4	货车出入登记簿
运统 4-1	货车加入、剔除资料
运统 5	检修车登记簿
运统 6	运用车转变记录
运统 6-1	货车运非转变记录
运统 7	非运用车登记簿
运统 7-A	国铁备用货车登记簿
运统 8	号码制货车停留时间登记簿
运统 8-A	专业运输租用车登记簿
运统 8-B	不良货车登记簿
运统 9	非号码制货车停留时间登记簿
运统 10	列车运行分析表
运统 11	货车动态表
运统 25	不良货车通知单
货统 2	装卸车清单
货统 3	新线货物交接记录单
货统 46	货车调送单
车统 3	货车报废记录单
车统 13	新造车辆移交记录单
车统 23	车辆检修通知单
车统 24	车辆装备单
车统 25	车辆破损技术记录
车统 26	检修车回送单

代码	名称
车统 36	车辆修竣通知单
车统 70	车辆资产移交记录
车统 89	罐车洗刷交接记录单
运报 1	分界站货车出入报表
运报 2	现在车报表
运报 2ZY	专业运输租用货车报表
运报 2LR	现在车车辆日统计表
运报 3	18 点现在重车去向报表
运报 4	货车停留时间报表
运报 5	货车运用成绩报表
运报 6	货物列车正晚点报表
运报 9	货车车辆公里报表
运报 9A	联合运输车辆公里报表
运报 9B	不良货车车辆公里报表
运报 10	货物列车公里报表
运报 11	编组站（区段站）办理货车辆数报表
运报 11A	联合运输车辆中转辆数报表
运报 11JA	编组站（区段站）集装箱中转车作业日报统计表
运报 11J	编组站（区段站）集装箱中转车作业月报统计表
运报 11B	编组站（区段站）分线别办理货车统计表
运报 12	货车办理辆数统计表
货报 1	装卸车报表
货报 2	货物分类装车报表
运技报 10	车流汇总报告
运技报 11	重车车流表
运站报 12	车站工作报告

　　车站运输能力综合评价：车站运输能力综合评价（SE）旨在提供车站各项作业的可视化展示与综合评价功能。SE 的数据源自自动采集的车站历史作业过程数据，根据数据的关联关系自动链接形成基于对象的数据链条、数据网络，在此基础上自动计算生成可视化作业指标，进行综合分析、评价、预警，为车站提高生产指挥效率提供决策依据。SE 系统架

构如图 2.13 所示。

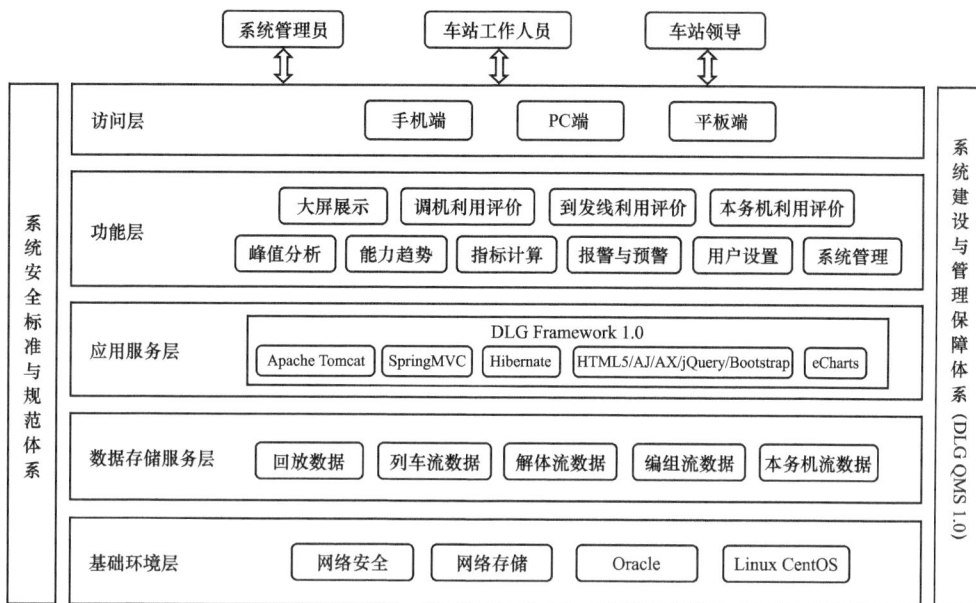

图 2.13 SE 系统架构

SE 功能如表 2.3 所示。

表 2.3 SE 功能

评价大类	详细项目
调机利用评价	调机利用评价
到发线利用评价	到发线利用评价
本务机利用评价	本务机利用评价
峰值分析	接发列车分析
	解体编组分析
	接发单机分析
	终到始发分析
	接发停站到发及直通车分析
能力趋势	咽喉通过能力趋势分析
	到发线能力趋势分析
	驼峰及编尾能力趋势分析
指标计算	计划兑现率自动化计算
	列车准点率自动化计算
	股道利用率自动化计算
	调机利用率自动化计算

续表

评价大类	详细项目
报警与预警	本务机作业时间标准评价
	技术作业时间标准评价
	接发列车作业时间标准评价

SE 用户界面如图 2.14 所示。

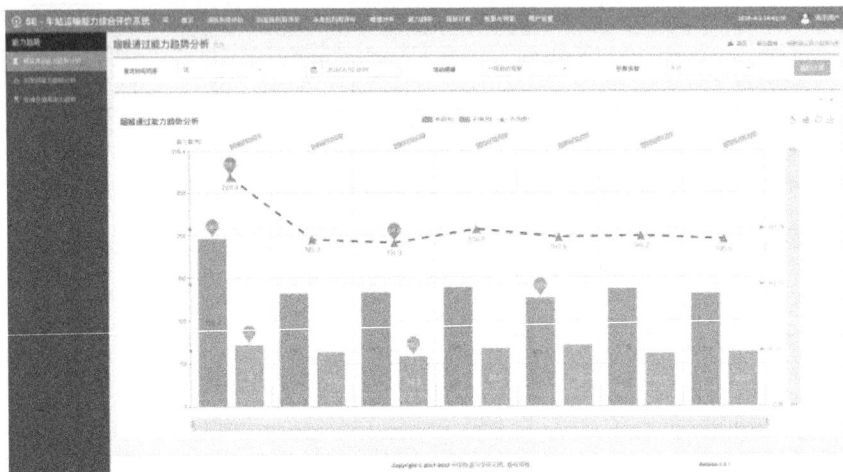

图 2.14　SE 用户界面

车站运输能力查定（CASE）是顺应铁路信息化、智能化建设的产物，旨在改变传统人工能力查定的烦琐和高成本投入。CASE 在 SAM 综合信息平台技术基础上，根据自动采集与计算的写实数据对车站日常作业进行大数据统计、分析，为车站提高生产指挥效率提供决策依据。CASE 数据来源准确、全面，计算高效，展示清晰。对不同车站关注的不同指标具有良好的适应性和个性化设计。基于庞大的写实数据，系统能够全面从时间、空间对数据进行多维度分析，分析结果可靠、可追溯、可预测。CASE 运算原理如图 2.15 所示。

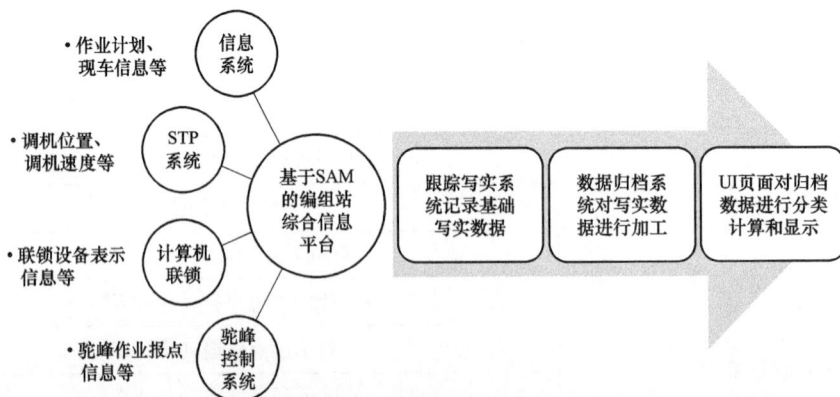

图 2.15　CASE 运算原理

CASE 功能如表 2.4 所示。

表 2.4 CASE 功能

查定大类	详细项目
咽喉通过能力查定	列车接发作业
	调车作业
	接发旅客列车
	到发线固定使用方案
	咽喉区各道岔组占用时间计算表
	咽喉区通过能力
	咽喉区通过能力汇总
到发线通过能力查定	无调中转货物列车占用到发线时间
	解体货物列车占用到发线时间
	始发货物列车占用到发线时间
	到达单机占用到发线时间
	出发单机占用到发线时间
	到发线占用时间
	分方向按列车种类通过能力
	接发各方向货物列车能力
改编能力查定	改编能力的确定
	驼峰解体能力
	调车场尾部编组能力
	既担当解体又担当编组作业的驼峰或牵出线的改编能力
	调车线能力利用率
车站最终能力查定	车站通过能力汇总
	车站改编能力汇总
	车站最终能力
	车站通过能力分析
	车站改编能力分析

CASE 用户界面如图 2.16 所示。

数据参数维护管理：包括车站基础数据维护、线路字典维护、方向号字典维护、运行图数据同步、编组计划数据同步、机车数据同步、机车交路数据同步、调度规则维护、统计规则维护，等等。

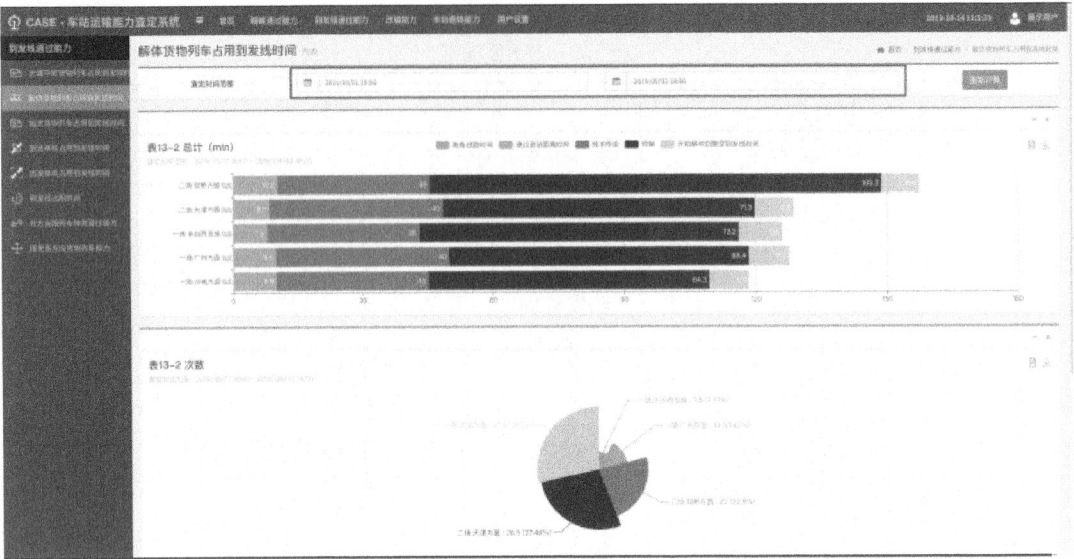

图 2.16　CASE 用户界面

作业设备运用维护管理：为满足区域内车站作业过程中使用的设备及相关配件的管理、日常巡检和维护需要，可部署一套作业设备运维管理系统，通过对作业涉及设备如外勤使用的电台、防溜铁鞋、减速顶、列尾装置等设备的入库、出库、领用、归还、送修、报废、使用巡检等过程的电子化、轨迹化、规范化、便捷化，达到设备精确定位、设备状态精准掌握、设备管理报表报告自动生成、设备维修维护自动提示预警等目标。作业设备运维管理系统运用场景如图 2.17 所示。

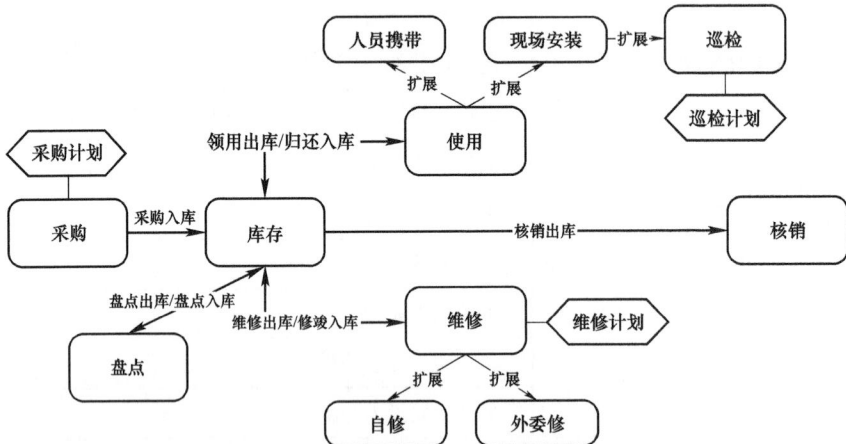

图 2.17　作业设备运维管理系统运用场景

作业设备运维管理系统部署如图 2.18 所示。

图 2.18　作业设备运维管理系统部署

作业设备运维管理系统用户界面如图 2.19 所示。

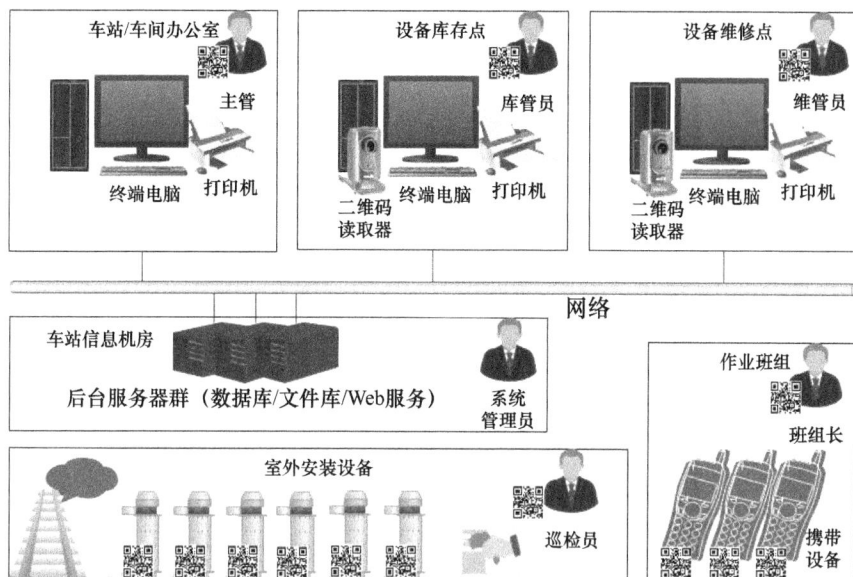

图 2.19　作业设备运维管理系统用户界面

系统运行状态监控与故障预警：主要包括综合信息子系统的硬件运行监控、虚拟资源平台运行监控、数据库监测、网络质量与安全监控、运行日志管理、维护知识库管理等。

2）集中控制子系统

作业计划、调度命令自动接收与管理：自动接收路局下达的列车作业计划，根据控制区域内各站之间关系，生成系统专用的从控制区域外车站至控制区域内作业目标站的计划，同时整合控制区域内所有通过站的通过计划。有调车作业的车站能自动接收区域调度下达的调车作业计划。自动接收调度命令，提供调度命令签收、查询、打印、中转、提示等功能。系统可根据接收到的各类作业计划结合运行图、调度命令、作业区域标记、现场设备状态自动调整作业计划线路运用等部分内容。

作业路径方案自动规划与调整：在接收作业计划任务和调度命令后，根据任务和命令的具体内容、执行顺序、重点事项及要求等信息，对计划任务自动规划其作业路径，分解并形成对应的进路指令序列。在进路指令形成后，系统可根据现场实际情况，按照平行作业、避让冲突、就近折返等原则对进路经由线路、迂回路径、折返路径等进行实时调整。

作业路径方案人工预览：系统提供作业计划对应作业路径方案的图形化预览功能，作业人员可随时进入作业任务路径方案预览窗口浏览每一作业项系统使用的方案，并提供变更路径经由点、固定路径方案、修改触发方式等人工干预、调整路径方案的手段。

作业进路自动办理：在自动控制模式下，系统按照进路指令顺序、作业优先级规则、进路办理前须卡控条件等适时自动触发进路控制命令，在自动办理进路过程中确保人工干预优先。在人工控制模式下，值班员需按传统的作业方式办理进路，同时具备进路条件提示与报警功能。

作业安全综合防护：系统基于"事前卡控"的原则，在办理作业进路前，对作业安全要素进行必要检查，防止进路命令误触导致作业安全事故。主要防护功能包括：

① 计划信息一致性卡控与报警：系统自动办理作业进路时，检查要排列进路的指向与作业计划要求（如方向、股道、经由等）不一致时，不予自动办理进路。手动办理作业进路时，系统如果发现要排列进路的指向与作业计划要求不一致时，在人工监控界面上予以提示报警。

② 作业顺序卡控与报警：系统自动办理列车进路时，要求同一接车方向的列车进路办理顺序与列车预告同意顺序一致，同一发车方向的列车进路办理顺序与列车预告请求顺序一致。系统自动办理调车进路时，要求调车进路办理顺序与调车作业计划的排序一致。手动办理作业进路时，系统如果发现要排列进路的作业任务与要求的顺序不一致，在人工监控界面上予以提示报警。

③ 分路不良区段卡控与报警：系统自动办理作业进路时，检查进路经由标记为分路不良的区段时，须在人工确认空闲后，自动对分路不良道岔进行单锁，之后方可下达排列进路命令。手动办理作业进路时，系统如果发现进路经由标记为分路不良的区段，并且人工未确认空闲或确认空闲后未对分路不良道岔进行单封，在人工监控界面上予以提示报警。

④ 施工封锁区域卡控与报警：系统自动办理作业进路时，检查进路途经施工封锁区段时，不予自动办理进路。手动办理作业进路时，系统如果发现进路途经施工封锁区段，在人工监控界面上予以提示报警。

⑤ 列车固定路径卡控与报警：首先需根据列车运行图、《站细》的要求编制列车固定路径表数据。客车接发股道的要求也纳入固定路径数据体现。系统自动办理列车进路时须检查固定路径表是否对该列车的路径有约束，如果有约束，则检查要办理的列车进路是否与固定路径数据一致。出现列车计划路径与固定路径表数据不一致的情况时，系统不予自动办理进路。手动办理列车进路时，系统如果发现该列车进路与固定路径表数据不一致，在人工监控界面上予以提示报警。

⑥ 通过列车的进路连通性卡控与报警：系统自动排列到开、通过列车进路时，检查作业计划中的接车方向、股道、发车方向的连通性，发现无法连通时，接发进路均不予自动办理。

手动办理接车进路时，系统如果发现与发车进路无法连通，在人工监控界面上予以提示报警。

⑦ 电力牵引机车进路卡控与报警：系统自动排列电力机车或电力牵引列车的进路时，检查进路途经区段无电网覆盖或标记为停电时，不予自动办理进路。手动办理电力机车或电力牵引列车的进路时，系统如果发现进路途经区段无电网覆盖或标记为停电，在人工监控界面上予以提示报警。

⑧ 超限列车卡控与报警：系统自动排列标记为超限列车的接车进路时，检查进路指向的接车股道不能接入超限列车时，不予自动办理进路。手动办理标记为超限列车的接车进路时，系统如果发现进路指向的接车股道不能接入超限列车，在人工监控界面上予以提示报警。

⑨ 股道有效长度卡控与报警：系统自动排列非通过列车的接车进路时，检查进路指向接入股道长度不足时（与列车编组信息比对），不予自动办理进路。手动办理非通过列车的接车进路时，系统如果发现指向接入股道长度不足时，在人工监控界面上予以提示报警。

⑩ 技检作业进度卡控与报警：系统自动办理发车进路时，检查到必要的列车技检作业未完成时，不予自动办理进路。手动办理发车进路时，系统如果发现必要的列车技检作业未完成，在人工监控界面上予以提示报警。

⑪ 列车进路未及时办理报警：列车运行到区间，在自动闭塞条件下占用一接近、半自动闭塞占用接近区段时，系统如果发现前方进站信号机未及时开放信号，在人工监控界面上予以提示报警。

⑫ 调机折返进路加锁防护：系统自动办理调车机折返进路前，检查调车机停稳条件，当调机停稳而折返信号机前方有未锁闭道岔时，系统自动加锁道岔后，方可下达排列折返进路的命令。

⑬ 调机停留股道防误排列车出发进路：系统自动办理发车进路时，检查到发车股道有调车机停留时，不予自动办理进路。

⑭ 机车车辆精细跟踪：实现列车、调车、机车标识跟随区段占用与出清自动移动，即时查询列车、机车、车辆在站内的位置，即时查询调车、本务机在站内的运行速度、运行质量、是否需要入库整备信息。提供列车、机车、车辆的历史轨迹数据流，作为作业技术图表自动铺画、作业指标自动化统计分析、作业过程自动分析评价、运输能力自动查定等功能的基础。

⑮ 作业实绩自动反馈：系统自动监督作业计划执行进度，采集并发送报点信息，形成车站作业"计划编制—计划执行—实绩采集—实绩反馈—计划调整"的信息闭环和流程闭环。

⑯ 列车到发技检作业管理：系统可根据车站作业情况自动下达车号、货检、列检等技术作业通知。技检作业通知下达后，在人工监控界面可显示通知的回执情况，可查看技检作业完成报告情况，可查阅历史技检通知。

⑰ 数据与参数维护管理：集中控制子系统主要提供以下数据的在线维护功能，即列车固定路径数据维护、施工区域数据维护、电力接触网区域数据维护。

⑱ 系统运行状态监控与故障预警：鉴于集中控制子系统的重要性，部署专用设备运行状态监控系统十分必要。其监控的内容主要包括：业务软件监控、资产硬件监控、资产管理、机柜管理、数据库监测、网络质量与安全监控、配置管理、告警管理、历史查询、系统后台管理等。

2.3.8 基于 CIPS 系统的编组站改造案例

1. 顶层设计方案

（1）局站一体化设计，发挥信息化整体效益。系统自动接收集团公司各种作业计划，自动上报站存车及车站作业报告，自动进行车站保有量超限预报。集团公司与车站信息充分交互，局站调度协同工作。车站作业后，列车、车辆的状态信息自动上报，实现货车、集装箱、货物的实时追踪和车流自动推算。

（2）信息综合表示，为调度指挥人员提供"管理者驾驶舱"。系统集中显示各场线进路准备、占用、空闲及信号开放状态，以及各岗位的工作进度。调度人员通过调度信息集中表示、视频监控图像、技术作业图表等，掌控列车、车辆、调机、本务机在站内的动态。

（3）充分利用运输安全检测设备，缩短作业时间，提高作业质量。系统通过 AEI 车号与确报自动匹配，根据车辆运行状态检测设备（5T）及车辆运用信息对问题车辆进行重点检修、扣修等处理。

（4）作业计划优化编制，实现指挥决策智能化。系统实时收集准确、完整的调度信息，利用现代数学方法辅助编制最优的作业计划，有效地组织协调车站各种作业；作业信息实时反馈；计划动态调整，指标实时分析。

（5）作业计划自动执行与集中控制，提高作业安全。全站进路集中控制，实现调机、联锁、峰尾停车器、驼峰作业的自动控制。系统自动分解计划，避免进路冲突，优化执行顺序，选择最佳的执行时机。计算机按运行图和车次卡控，防止误接、误发，有效地防止错漏办；严格违编检查、车辆物理实时跟踪，有效地防止违编违流及混线情况。

（6）实现车站各岗位控制各系统的全面信息化，实现信息共享。信息系统和控制系统信息共享，实现作业紧接续、作业结果立即反馈，不仅节约人力，而且保证每步工作时间最短；运转与货运、安全等信息共享，保证计划编制准确和计划最优。

（7）现车实时管理，方便作业组织。通过和 HMIS 系统、货运系统、特种车作业管理系统及实时追踪系统的联网，准确地掌握站内车辆运用情况。

（8）统计分析计算机化，支持运营辅助决策。统计报表、分析采用计算机化管理，记录完整的现车、作业实绩、设备使用信息，准确地统计和分析各类运输指标，自动生成各种报表。

2. 智能指挥体系建成成效

（1）实现了现场多岗位、作业地点的整合集中，即现场信号楼的集中管理，节约了运输成本支出，便于现场作业和应急处置，带来了明显的运输效率和安全效益。

（2）优化整合了作业岗位设置。新建调度大厅、应急指挥中心、施工监控室主要功能区域的划分。根据建成后的管理构架和岗位设置方案，优化后的岗位布局更加合理，人员作业分工更加明晰得当，在保证作业合理衔接的同时，最大限度地检查了干扰。

（3）优化后的运输组织流程和岗位作业流程可以达到人员结构优化和减员增效的效果。

3. 功能与特征

编组站综合自动化系统智能指挥体系是将作业计划与驼峰自动控制、计算机联锁、推峰及调车机车控制、尾部停车器控制等系统相关信息整合集中，取消分场设置传统模式，实现全场到、解、集、编、发作业的集中指挥。

编组站综合自动化系统综合自动化改造与以往的技术改造有着本质性的区别，它以信息集成为核心，将零散割裂的单元设备整合为统一的集成系统，采用了信息集成、技术集成、功能集成、管控集成、网络集成和系统集成手段，实现整个编组站包括运营决策、生产管理、生产调度、监督控制和直接控制在内的全部生产活动的综合自动化。CIPS 系统由管理信息系统和集中控制系统两大部分组成，同时与 TMIS 信息系统、TDCS 调度指挥系统、计算机联锁系统、驼峰控制系统、停车器控制系统、STP/调机自动化系统、AEI 车号识别系统、TDMS 等系统接口，进行数据交互和数据共享，为 CIPS 系统的管控一体化功能提供数据支撑和保证。

CIPS 系统以信息集成为核心，综合管理技术、运输生产技术、信息技术、自动化技术、系统工程技术，将零散割裂的单元设备整合为统一的集成系统，达到决策智能化、指挥数字化、执行自动化和管理现代化，实现编组站大幅度减员增效，推动运营组织流程再造，提高生产的整体效率和效益，创建新一代编组站现代化模式，贵阳北、武汉北和兴隆场站等均在使用。CIPS 系统将调度计划中与径路有关的部分直接下达给控制系统自动执行，亦即以 CIPS 系统所编制的接发车计划、调车计划本务机折返计划、调车机工作计划为依据，产生并向联锁、停车器自动化系统实时下达调度指令，操控进路自动办理，使所有的列车接发车进路、调车进路、机车走行进路自动执行，实现作业过程控制全面自动化。采用优化决策、人工智能等方法，提供调车机运用、接发车场线、驼峰峰位、牵出线与走行经路等资源的智能化决策方案，实现班计划、阶段计划、车流推算、调车计划、本务机折返和调车机调动等计划的自动编制和执行。同时，随着执行过程的自动反馈，动态优化调整各计划以适应当前情形，从而真正实现调度决策指挥智能化。此外，将调度计划信息交付实施，并在执行过程管理中贯穿了自动化的理念。CIPS 系统提供统一的集控操作界面，取代联锁系统、停车器系统操作界面，统一在 CIPS 集控界面上操作，形成统一的操作风格，方便值班员操作。

从编组站运输组织看，CIPS 系统推行统一数据平台的理念，紧紧抓住编组站生产组织和作业流程的特性，按照连续生产流水线原理，打破行车、计划、运转和货运等分类处理信息的套路，重点突破行车与调车分而治之的障碍，为车、机、工、电、辆生产第一线的各个岗位提供基于统一生产信息平台的信息服务。在生产计划管理和生产执行过程管理方面，基于统一信息平台，用总体计划下挂各个生产环节子计划的组合体构成单一指挥体系。CIPS 系统基于唯一平台，按照生产流水线原理，以到、解、集、编、发生产流程为整体处理对象，统管各环节的计划和执行信息，统一的业务处理服务以数据的唯一性为基础，排除信息跨平台共享可能存在的不同步、不完整、不及时、不确切、不一致或不可用的非安全因素，保证横向间业务逻辑始终贯通与联动。由于统一平台直接实时驱动过程控制系统，管与控、计划与执行之间的联系与结合更加紧密。CIPS 系统的特点是利用统一平台，用技术手段约束编组站各个生产环节的计划与控制操控在单一指挥框架内，并引入信息联锁机制，强制计划不得脱离可兑现的轨道，强化计划的执行力度，在技术上保障计划与执行之间不脱节，使编组站生产受控于一个大集中联动机制，为计划直接驱动执行的功能提供安全和技术保障。

（1）开通后调度、计划、行车、货运等要统一作业方式，包括接发车计划、解体计划、编组/取送车计划、调机工作计划、本务机交路计划、列检计划、货检计划、拉风计划、分票计划等。这些子计划间的内在数据关联与不同工种间的工序链接完全对应，能客观反映各个生产环节的因果次序和逻辑关系，保证不同工种间计划和执行过程始终保持协调一致与同步。

任何一个单项作业改变后必将引起连锁反应，影响其他环节的作业而随之改变。这个统一体能够保障编组站行车、调度与运转的逻辑统一。不仅如此，通过管控集成，信息平台上被集成和汇总的信息还包括来自过程控制系统和专项探测系统（例如车号识别、超偏载、行车调车检测等）自动反馈的执行信息，详细、准确、真实且及时，实现高度集成的统一，形成计划与执行的闭环和互动。所有生产岗位围绕同一个信息平台工作，事实上也构成了调度中心与各作业点人员之间的生产数字化指挥与响应平台。

（2）各项作业紧密相扣，但又分级控制，通过不同的数据接口，实现集中统一，又和车务平台、TMIS 系统实现无缝对接，车站的运输组织一系列作业实现监控控制，改变了过去的延时监控控制。

（3）最终实现管控一体化。编组站 CIPS 系统的首要目标是通过管控集成，将计划转换为指令直接驱动过程控制系统，用指令自动办理进路代替信号员人工始终端办理进路，使编组站所有的列车进路、调车进路、机车走行进路、推峰进路、溜放进路、调车线股道封锁/解锁、停车器制动/缓解均按照计划自动执行。建立双向交流机制，管与控之间构成互动互锁的智能闭环关系。

4. CIPS 系统开通后带来的运输组织变化

（1）计划与行车的高度统一。以往计划和行车分而治之，靠两套系统实现计划与行车的作业指挥控制。现在则是合署办公，实现一条龙流水作业，各环节高度集中，计划的好坏与及时与否将直接影响调车与行车的效率。因此要求计划要精准及时，尽量一次编制成功，一旦反复修改计划，将导致整个链条的卡壳。

（2）管理和集控的密切衔接。以往的管理仅限制在车站计划层面，计划人员可以不去过多关注集控，集控指令全靠电务部门的设备进行转发执行。现在的管理是综合集成，一旦计划执行将形成一系列指令，触发各环节自动执行，无需过多的干预。各环节紧密相扣，作业人员各取所需，提前掌握各自的计划或预计工作，了解整体生产进度或上游生产环节的工作进展，结合多媒体技术取代相互间电话口头联系，取消中间联系环节，更重要的是调度中心可以随时掌握所有工种的执行反馈和生产进度。

（3）统计分析更便捷及时。统计是车站作业的重要组成部分，CIPS 系统开通后，统计流程也进行了调整，许多数据实时方便地就可取得，通过大平台的共享可随时交换所需数据，许多上报数据可及时准确地进行掌握。

（4）岗位及人员的优化。过去岗位及人员较为分散独立，在不同的场所进行各工种作业。CIPS 系统开通后全部集中到综合大楼，协作更加方便，加上该系统的自动化程度较高，能很好地实现岗位及人员的优化，提供高效智能的生产管理方式。实施作业岗位、作业工种乃至作业内容的合并之后，可以实现减员增效。再者，作业区域的集中使得车站管理人员、设备维护人员等可以集中到一个区域，人员也可相应减少。实施综合自动化后，站区各单位同一列车相关的作业工作可以考虑进行合并。根据车站调度员下达的阶段计划，车辆检查人员与车务拉风制动人员岗位可合并；车站车号和货检作业岗位可合并；衔接区域的信号操纵或控制人员可以扩大控制范围进而进行工种岗位的合并等。以徐州北站为例，调度指挥由车站调度员-助理调度员-区长三个指挥层次，减少为车站调度员-助理调度员两个指挥层次；原有 9个楼（信号楼 6 个、编尾楼 2 个、调度楼 1 个）的功能全部集中在调度大厅实现，工序岗位由 36 个减少到 26 个，压缩 27.7%。

CIPS 系统最终实现自控后，必将大大促进运输效率的提高，加快车辆周转速度，压缩在站停留时间，为铁路的整体运输高效提供可靠保障。同时，高度集成的 CIPS 系统设计原则是设备、系统绝对导向安全，能有效防范人为的失误操作带来的隐患。

5. CIPS 系统开通后运营组织面临的问题

CIPS 是一个系统工程，也是一个全新的模式，各车站的场形、场况不近相同，需求也不近相同，面对这些变化，如何快速适应、快速为我所用，需要琢磨研究的问题还很多。最终实现作业自控后，会给车站的生产组织带来什么样的变化，有哪些行为及风险可能会带来意想不到的隐患，究竟如何自控，自控到什么程度，需要作业人员干预哪些内容，干预到什么程度，自控异常如何应急处置，这些应该是今后重点思考的问题。车站业务部门应当着手研究，对自控模式的作业方式，要进行预先把控，再造作业新方法、新模式。

（1）使运输组织更高效稳健。新系统、新作业模式必将带来新的问题，变化就是风险，面对高度集成的管理一体化模式，如何更好更快地适应，如何更好地使用新系统的智能模式，这是应该首先考虑的问题。对此可提前成立专业团队，实行专门研究、论证并进行实地测试，提供可靠准确的现场实际依据。

（2）非正常情况的管理一体化使用问题。车站作业千变万化，纵使计划得再好、组织得再到位，不可能万无一失。面对这些非正常情况的作业组织，如何更好地进行应急处置，杜绝造成更大范围的影响，这是相关部门须要提前思考的问题。务必加强业务技术学习，并注重实训演练，积累应急处置经验。

（3）新系统带来岗位及人员的变化。新系统带来岗位及人员的变化较大，如何快速消化安置以形成最优的岗位及人员，也是保证 CIPS 系统顺利开通的先决条件，做到岗为必需而设、人尽其才、最大限度发挥人的主观能动性、人的创造性。各工种、各作业必须紧紧围绕"安全高效、畅通和谐"这一主题开展工作。由于信息共享的应用，减少了现场作业人员的作业量和劳动强度，特别是实现了部分信息的自动化处理，减少了作业定员；由于信息设备的大量投入使用，增加了更多的维护人员，特别是对设备的稳定性要求提高后，针对不同的设备，也要求有更多更高技能的值班人员来应付突发的故障。

（4）作业方式方法的变化。信息共享的实现，计算机替代了某些岗位的作业职能，作业方式方法随之发生变化，例如：人员自身参与作业变化为监控替代设备的运行，并随时准备在出错情况下恢复正常作业等。

（5）作业安全性分析。采用 CIPS 系统后，全部作业都由智能化系统控制，所有的敌对作业将不可能被办理。调车作业全部实现自动控制，从根本上消除了以往人员伤亡率很高的调车作业发生事故的可能性。对车辆速度的检测也可以避免车辆超速连挂，减少车辆及其装运的货物和减速器的损坏率。另外在调车过程中，系统会自动监控调机的运行过程，一旦有危及安全的进路安排出来，系统会自动剔除该命令，还会报警提示。这样就避免了敌对进路作业和挤岔等现象的发生。同时，对信息的连锁也是保障安全的一个有效途径。信息的修改需要上级部门的批准，可以对计划进行语言输出，便于工作人员进行核对，减少了错误的发生。

（6）提高车站作业能力。实际作业中可以避免很多人为的干扰因素，系统提供的辅助决策功能可提供细化的调整方案供选择和实施，优于人工干预的调整。系统可以使得过去编组站相互独立控制的设备实现统一、智能的控制，将各个接续的工种有机适时地结合在一起，真正实现了对列车工厂化流水线式的加工。

（7）作业及区域作业的合并。实施综合自动化后，监控和被系统取代后的作业岗位或功能即可实施合并，一方面达到减员增效的目的，另一方面因设备的稳定性强、无疲劳周期，能够大幅改善人员作业的疲劳周期、减少错误率。

（8）传统模式的区域计划指挥与现场指挥直接合并。自动产生计划，车站调度员修改并确认计划，同时可适时地监督计划的实施，实现了指挥人员按计划远程控制到达场、驼峰、调车场、出发场的进路。调度员直接参加到解、编发系统的生产实践，还可根据实际作业情况及时调整计划，使得编解作业更加具备实效性，有利于及时地组织发出列车。

6. CIPS 系统实现后的效果

CIPS 系统在成都北、苏家屯等编组站投入运用，标志着编组站进入了综合自动化时代。CIPS 系统改造是一项全新的工作，科技含量高，技术难度大，涉及运输组织、行车指挥、工作流程、劳动组织、信号控制和安全管理等各个方面，实行管控一体的运输指挥模式，再造运输流程，对传统的运输组织带来革命性变化。系统的目标定位为：提高车站作业的安全性，提高车站作业能力，减少定员，降低运营成本和工程造价。编组站通过自动化程度的加强将得到很大程度的提高，而且列车的信息也更加准确，流向更加合理，从而使整个枢纽及干线更加畅通，使货物更快到达目的地、运输时间大大缩短。

徐州北站作为上海局集团公司最大、最繁忙的编组站之一，承担着为全局编组站"先行先试、示范引领"的光荣使命，必须要在 CIPS 系统的建设、运营、管理、革新等方面探索出一套成功经验，为全局乃至全路编组站提供借鉴，发挥示范引领的作用。徐州北站自 2016 年底开通启用 CIPS 系统以来，通过构建互联互通、共享共用的信息数据平台，集成货物信息流、车辆信息流、机车信息流、作业过程信息流，将零散割裂的单元设备整合为统一的集成系统，如图 2.20 所示，实现站内生产计划的自动生成、自动执行、闭环互控，打破了编组站长期以来条块分割、管控脱节、各系统间信息封闭的格局，实现了决策智能化、指挥数字化、执行自动化、管控一体化。

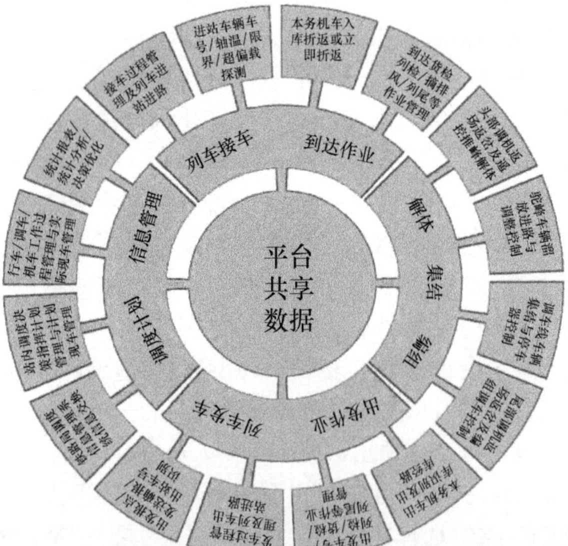

图 2.20　生产计划信息采集示意图

依托 CIPS 系统"数据集成、计划引领"的技术优势，徐州北站坚持深入发掘安全生产实际需求，大力推进"智慧北站"建设，先后成功研发了"CIPS 编组站岗位实务操作系统""CIPS 应急演练平台""CIPS 环境下接发列车、调车、施工安全风险智能分析预警系统""CIPS 接发列车 13 项安全技防功能"等课题并投入运用，有效丰富完善了 CIPS 系统开通以来车站安全生产组织、培训及技防体系。

徐州北站 CIPS 系统开通过程分为三个阶段：

第一阶段开通 CIPS 管理系统、TMIS 接口、TDCS 接口。开通特点：CIPS 系统替换 SMIS 系统，所有调度、区长、车号、货检、货运在 CIPS 系统操作；CIPS 系统替换 TDCS 车务终端功能，调度命令签收、列车预告、报点等在 CIPS 系统操作。系统开通时集控图无法看见本站表示。

第二阶段开通 CIPS 集控系统。开通特点：所有值班员上楼，在 CIPS 系统集控界面进行进路排列、信号操作，所有进路人工排列。系统开通后一个星期左右开设追踪报点功能。

第三阶段开通 CIPS 系统自控功能。开通特点：系统根据接发车计划、调车计划自动排列进路，值班员盯控指令执行，人工排列本务机进路。停车器系统自动控制，驼峰系统是否自动控制需要讨论。

CIPS 系统包括中心集中控制环境及下层分散控制单元。下层控制单元由联锁自动化子系统、驼峰自动化子系统、停车器控制子系统及调机自动化子系统组成。所有子系统均要求工作在 CIPS 集控环境下，完全接受 CIPS 集控引擎的控制，提供与共享公共平台上的数据，并提供执行结果反馈。

CIPS 系统作为编组站的信息中心，经数据通信接口与其他各个独立建设的探测系统和单元信息系统交换信息。同时，该平台具备后台监管分析功能，为车站管理者实时掌握各环节的生产情况创造了条件。

徐州北站 CIPS 系统实现了整个编组站包括运营决策、信息管理、生产调度、监督控制和直接控制在内的全部生产活动，已实现的主要功能包括：车站调度计划与过程自动管理、车站调度计划管理自动决策、接发列车自动管理、本务机出入段自动管理、车站技术检查作业自动管理、车辆与现车管理、车辆自动追踪、调机自动管理、调车作业计划自动管理、调度自动决策支持、历史数据与基础字典维护管理、管理枢纽中间站应用、统计报表自动生成等。

1）CIPS 系统改造后在岗位、人员、系统功能等方面的主要变化

（1）岗位集中。徐州北站为正线外包双向三级六场路网性编组站，另配有子场、交换场、辅助场、地区场四个辅助性车场共 10 个车场，10 个车场接发列车、调车作业分别有上行到达信号楼、上行出发信号楼、下行到达信号楼、下行出发信号楼、交换楼、上行编尾楼、下行编尾楼、辅助场楼、上行驼楼、下行驼楼、子场楼 11 个信号楼控制。CIPS 系统改造后除上行驼楼、下行驼楼、子场楼 3 个驼峰楼外，其余岗位与原调度楼一起集中到新调度大厅，人员得到精简，如图 2.21 所示。

（2）设立施工监控室，增加施工值班员新岗位。编组站综合自动化改造完成后，车站新设施工监控室，并按上、下系统分别设置施工值班员岗位，实行四班制。上行施工值班员负责上到场、上发场、上编尾、辅助场的施工登销记有关工作；下行施工值班员负责下到场、下发场、下编尾（含地区车场）、交换场的施工登销记有关工作。

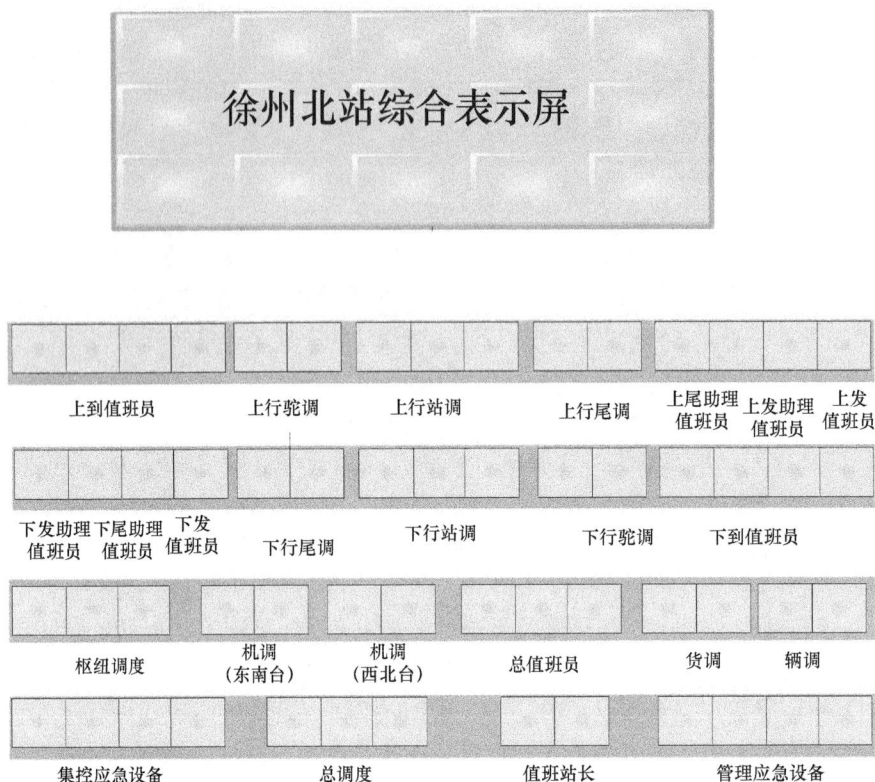

图 2.21　徐州北站调度大厅岗位设置示意图

（3）CIPS 系统增加管理功能。主要包括：实现了计划指挥行车、调车功能；通过列车调度员下达的到达列车阶段计划、车站调度员下达的出发列车阶段计划，自动办理接发车进路；通过驼峰、编尾助理调度员下达的调车计划，自动办理调车进路；行车人员通过行车平台和指令集办理进路；实现了列车到达自动通知列检值班员、车号货检长（员）、列尾作业员功能；对于到达列车，列检值班员、车号货检长（员）、列尾作业员根据 CIPS 系统的图形显示和语音提示出场接车，不再由车站值班员通知；实现了技术作业开始和结束自动提报功能；列检值班员、车号货检长（员）、列尾作业员在 CIPS 系统平台上提报列检、货检、列尾作业开始和结束信息；实现了到达确报与 AEI 数据匹配功能；通过到达确报与 AEI 数据匹配，自动核对到达列车编组顺序。

2）适应 CIPS 系统改造后的车务技术规章探讨

针对岗位集中、人员精简的车务技术规章方面，一是电务机械室在原信号楼，建议车站值班员不再填写《机械室钥匙使用登记簿》，不再执行《信号机械室钥匙管理办法》。二是电务机械室在原信号楼，新调度大厅距离下行到达场、上行出发场 3 km 以上，如电动道岔手摇把搬到新调度大厅存放，电务使用将很不方便，建议电动道岔手摇把存放原信号楼，车站值班员不再签认、加锁。三是各车场无专门操纵信号的人员，以及 CIPS 系统操作方式与原计算机联锁、TDCS、TMIS 系统有所不同，建议车站先制订《CIPS 系统行车作业补充办法》和《CIPS 系统计划作业补充办法》，待运行稳定后修改车站《站细》。四是调车机车具有 STP 系统，STP 系统设备正常时，司机在机车室可以看到信号开放情况，另外，取消信号员后车站值班员一人作业过于繁忙，建议 STP 设备正常时，调车机不执行指路式调车规定。

针对 CIPS 系统增加管理功能的车务技术规章方面，一是针对 CIPS 系统实现了计划指挥行车、调车功能，建议修订《接发列车作业标准》和《铁路调车作业标准》。二是针对 CIPS 系统实现了列车到达自动通知和技术作业开始和结束自动提报功能，建议车站制订以下规定并纳入《站细》：正常情况下，由列检值班员、车号货检长（员）、列尾作业员根据 CIPS 系统语音提示和图形显示终端掌握列车到达情况，车站值班员负责掌握列检、车号货检、列尾作业结束时间；列检作业结束后，列检值班员要及时在 CIPS 系统行车平台上操作，提交列检作业结束时间；车号货检作业结束后，车号货检长（员）要及时在 CIPS 系统行车平台上操作，提交车号货检作业结束时间；列尾作业结束后，列尾作业员要及时在 CIPS 系统行车平台上操作，提交列尾作业结束时间；车站值班员根据 CIPS 系统行车平台上的信息掌握列检、车号货检、列尾作业结束时间。三是针对 CIPS 系统实现到达确报与 AEI 数据匹配功能，建议修改《铁路车号员作业标准》，规定 CIPS 系统核对到达确报与 AEI 数据完全匹配，即 AEI 车号与确报车号全部匹配后，不再由人工核对到达列车编组顺序。

3）CIPS 系统开通后编组站实施天窗集中修

CIPS 系统实施管控一体化作业模式，对车站作业组织流程再造，不仅提高了车站自动化水平，而且也为车站天窗作业组织的优化提供了契机。为此，结合 CIPS 系统开通后车站生产作业流程实际，围绕既有维修作业模式问题克服，重新划分维修区域，调整维修作业范围、维修作业时间及作业次数等，突破既有维修作业模式的弊端，实施天窗集中修，进一步释放车站运输生产能力，有力提升车站运输组织水平。

明确天窗集中修实施原则。以集中维修力量、提高维修效率、压缩维修频次、减少运输干扰为总体原则，协调、平衡天窗修周计划，做到总量可控、合理安排。重新划分联锁区域，重新划分上到场、上发场、下到场、下发场、交换场、上行编尾、下行编尾联锁区域，对既有的岔区维修作业区域进行整合、优化，充分发挥集中维修的优势。原则上正线为一个单独联锁区，每个行车场的每端咽喉划分为两个维修区域，调整后维修区域为 53 个，较调整前减少 56 个。

实施天窗集中修的优势。一是减少维修作业次数，实施天窗集中修后，周一至周四上、下行系统每日只安排一个车场进行维修作业，与之前每个车场都安排维修作业相比，维修作业次数得到大大减少。二是有效提高设备质量，每日只安排一个车场进行维修作业，可以使设备管理单位克服"小兵团"作战的劣势，集中有效力量采取"兵团"作战的方式对设备统一集中整治，从而大大提高设备质量，减少设备故障发生率。三是促进车站运输效率提高，维修作业次数大幅减少，每天一个系统只影响一个车场行车作业，同时实施天窗集中修也促进了设备质量的提高，车站运输效率随之得到极大提高，阶段性堵塞、等线接车等问题将得到大幅减少。四是提高车站安全系数，设备质量的提高，也使得设备管理单位可以减少点外作业次数，有效降低劳动安全风险，而且设备故障率的降低，也减少了车站设备故障情况的应急处置次数，间接促进了车站安全生产的稳定。

最后，通过 SAM 与 CIPS 系统实施后，运输整体效能提升总结与思考如下：

SAM 系统在信息系统方面与车站 2.0 系统进行了信息交换，与路局集团公司 TDCS 系统进行整合，实现包含驼峰自动化系统、计算机联锁系统、调机安全监控系统等在内的作业计划自动执行和集中控制功能。SAM 系统按照"行车"和"调车"两条主线，通过车站 2.0 系统和集中控制系统的数据交换，用信息的充分流畅共享实现功能关联和生产协作。各系统相对独立，安装和使用通常分散在不同作业地点，信息化程度相对较低，并未构成统一集中的系统。

CIPS 系统是在国铁集团主导下，由北京全路通信信号研究设计院有限公司负责设计，现已应用于徐州北、武汉北等多个编组站。当前铁路编组站采用的综合自动化系统有铁科院研发的 SAM 系统和通号公司研发的 CIPS 系统两类。CIPS 系统基于同一个平台，根据铁路编组站到、解、编、发作业流程，管控系统对信息系统反馈的信息进行判定，根据系统内部设定的条件，自行判断并下达相关的作业指令。CIPS 系统强调集成，通过信息集成，在技术集成、控制集成、功能集成方面，构建数据集成平台，提高了编组站作业的信息化和自动化水平。CIPS 系统不仅管理了编组站内决策层、管理层、调度层、执行层等各个岗位的所有专业信息，而且针对调度层的管理特点，自动决策安排调度计划；与控制系统相连接，给联锁系统发送始终端命令并接收处理反馈信息，根据反馈信息自动调整决策，从而实现了编组站内的全面信息化与自动化。CIPS 系统具有设备集中控制、分散布置的特点，影响整个编组站的作业效率。CIPS 系统主要由两部分构成——编组站综合管理系统和编组站综合控制系统，通过统一的高速数据网络平台将两者融合为完整的一体化系统，核心业务是车站调度计划的管理。

2.4 区域运输组织集中管理优化

2.4.1 车务段管内区域集中管控案例

车务系统部分站段受管辖范围点多线长、设施设备差异大等客观因素影响，存在运输生产调度难以集中、生产过程管控方式单一、调车机车综合运用效率不高、岗位冗余劳效较低等问题，制约着车务系统运输组织和劳动生产的进一步发展。上海局集团公司合肥车务段率先试行区域运输组织集中管理模式，探索扁平化、集约化管理架构，搭建集中信息平台，打通指挥层与作业层沟通渠道，形成一整套安全可靠、合理高效的管理制度和作业标准，实现运输效率、人员劳效、安全质量等关键指标的大幅度提升，是实现站段高质量发展的有效手段，为持续深化铁路运输生产和劳动组织改革探索了新路径。

合肥车务段管辖宁西、淮南、合九、庐铜铁路共 55 个站（所），总运营里程 913 km，涉及调车作业站 25 个，配属调小机车 13 台，接轨专用线铁路企业有自备机车 9 台，日均调车作业 1 359 钩，总体行车方式复杂，调车作业量较大，运输组织调整优化需求突出。

1. 运输组织主要问题分析

（1）功能职责不明晰。安全生产指挥中心仅限于站段日常运输安全监督检查和应急处置指导层面，对现场情况和作业进度掌握不够，指挥中心运输组织指挥功能停留在表面。

（2）联动协作不紧密。"前店"与"后厂"联系不够紧密，车务段不能及时了解各站装卸车进度和装车配空需求，不能实时掌控技术站及其相邻服务区段内摘挂、小运转列车编组计划执行和车流组织情况；同时车务和机务作业人员配合衔接不畅，直接降低了整体运输组织生产效率。

（3）组织协调不顺畅。一是指挥与生产协调不顺畅。车站日常运输生产由路局调度所负责直接指挥，车站被动参与，并且相互信息沟通反馈不及时，影响调机的统筹利用。二是计划编制环节不顺畅。由于技术业务水平、作业标准执行、站场情况掌握因素差异，调车作业计划质量参差不齐，无效作业和重复作业等问题时有发生，降低了车站运输组织和作业效率。

（4）管理存在真空。受制于作业距离、检查方法、考核权限等多方面因素，中间站调车长期处于"管的到、看不到"的被动局面，专业管理人员往往偏重于行车室把关，疏于现场检查盯控，除抽听调车录音外，缺乏足够手段监控现场作业执标情况，容易导致调车人员劳动纪律涣散、作业陋习滋生。

（5）岗位冗余老化。由于货运量差别，段管内调车作业站工作量差异较大，部分车站常年处于不饱和状态，岗位配员冗余，劳动效率低下，人力资源浪费；同时调车组普遍年龄较大，某一时期各中间站尚有 15 名 55 岁以上职工从事调车工作，人员结构老化严重。

2. 区域运输组织集中管理平台建设的必要性

"点线一体化运输组织方案优化与车务区域调度生产集中平台研究及融合应用"领域适用于铁路区域调度生产集中指挥体系。在车站调车作业中，目前传统的车务系统管理模式仍然是以人工抄写线路本和电话通信为主，存在信息传递单向、调车和取送车作业效率低、车站车流推算工作烦琐、人为失误隐患大等缺点。因此，在铁路信息化建设发展的背景下，利用现有调度系统、现车系统、货运系统和站场实时信息，构建车务系统调车作业计划平台，有助于打破传统车务管理模式，全面跟踪作业过程，充分发挥数据整合与共享的优势，提高工作效率、强化管理质量，促进车务区域调车作业计划向信息化、智能化、效率化转型。以合肥车务段为例，总结影响运输效率、安全生产等存在问题，研究车务段调车作业计划集中管理方案，分析开发车务区域调度生产集中平台的现实需求，提出运输组织优化方案，合理调配机车运用方案，对提升挖掘枢纽运输网络潜能及铁路运输组织效率、精简作业岗位设置、降低运输成本、实现减员增效具有重要的现实意义，并可推广应用于其他点多线长的铁路线路车务管理主体单位的运输组织优化，有助于提升铁路整体运输管理水平。

3. 技术关键

主要包括：小运转列车的运输组织现状研究方法；调车作业管理现状研究方法；运输组织方法；调车作业集中管理策略研究方法；运输组织区域划分方案研究方法；流动调车组方案研究方法。

（1）车务段运输组织现状及存在问题分析。分析合肥车务段宁西线、合九线的线路技术条件、沿线车站分布情况和小运转列车开行情况，研究合肥车务段的集中管理现状，总结当前合肥车务段在运输组织、劳动生产和运营管理方面的存在问题。

（2）车务段调车作业计划集中管理研究。针对合肥车务段运输组织管理的存在问题，以调车作业集中管理模式为导向，提出运输组织区域划分和流动调车组的设置方案，研究合肥车务段调车作业计划集中管理的方法。在此基础上，提出应用车务区域调度生产集中平台的必要性，并具体研究该平台的内容和功能。

（3）车务段小运转列车交路优化方案研究。针对合肥车务段宁西线、合九线实施流动调车组的背景，对小运转列车的机车交路和编组计划进行优化研究，提出小运转列车优化开行方案。

（4）车务段小运转列车运行调整研究。结合合肥车务段宁西线、合九线的小运转列车交路优化方案，根据作业站的实际情况，重新铺画小运转列车开行运行线。

4. 搭建"运输生产集中管控平台"

（1）主要模块：① 车流信息模块。以数据图表形式直观展示车务段运行线列表、车站场别股道、股道实时车辆等运输重要信息。② 施工天窗修模块。动态显示当日和次日施工天窗修计划内容、起止时间、作业范围及兑现情况。③ 日（班）计划模块。动态显示日（班）计划、阶段计划车次时间、安全预想、风险研判、调机作业情况、股道现车、列车编组信息等内容。④ 调机信息模块。实时显示现场调机和调车组基本信息、钩计划作业状态、流动调车完成情况等动态信息。⑤ 列车运行图模块。实时获取 TDCS、列车调度系统中的运行线数据，显示当前阶段各车次站点信息。⑥ 作业预警模块。分各站点和股道显示各运行线的作业预警信息，包含预警停留时间（到达）预警、入线停留时间预警和装卸停留预警。⑦ 违章问题库模块。动态展示各区域流动调车组各时间段发生的两违问题情况。

（2）平台关键技术：① 日（班）计划自动编制技术。实现阶段计划自动接收、日（班）计划自动编制、调机动态自动生成、现在车自动统计和上报、货运装卸自动预警等功能。② 区域车流自动推算技术。分阶段推算各站车流、重空转换等情况，辅助车站调度员和调车区长科学决策，统筹安排车务段流动调机和调车组作业。③ 货运作业自动预警技术。根据历史货运作业时间数据和科学模型推算装卸作业结束时间，辅助调度员和车站值班员预判作业进度，合理组织接发列车和调车作业。④ 智能化生产指挥技术。根据现场作业人员实时反馈情况，平台灵活判断调整变更调车作业计划，实现调车作业智能化管理。⑤ 运输信息实时交互技术。建立岗位间信息交互平台，打通信息沟通渠道，实现运输和安全信息相互传递。⑥ 作业违章问题分析技术。自动建立问题库，梳理归纳问题的时间分布、岗位分布、作业环节分布，为车务段加强管理提供有力抓手和决策依据。

（3）实现功能："运输生产集中管控平台"以路局集团公司调度系统、SMIS 2.9 现车系统、货运系统和站场实时信息为基础，以数据共享为手段，实现了日（班）计划自动编制管理、区域车流推算、货运作业预警、运输信息实时反馈、违章问题分析等功能，并且实现了货运行车调车结合部数据无缝对接，消除了结合部问题，切实促进了车务段区域运输组织集中管理向信息化、智能化、效率化转型。运输生产平台与系统整合后，平台各操作人员组织架构及系统实现功能、调车计划管理界面分别如图 2.22、图 2.23 所示。

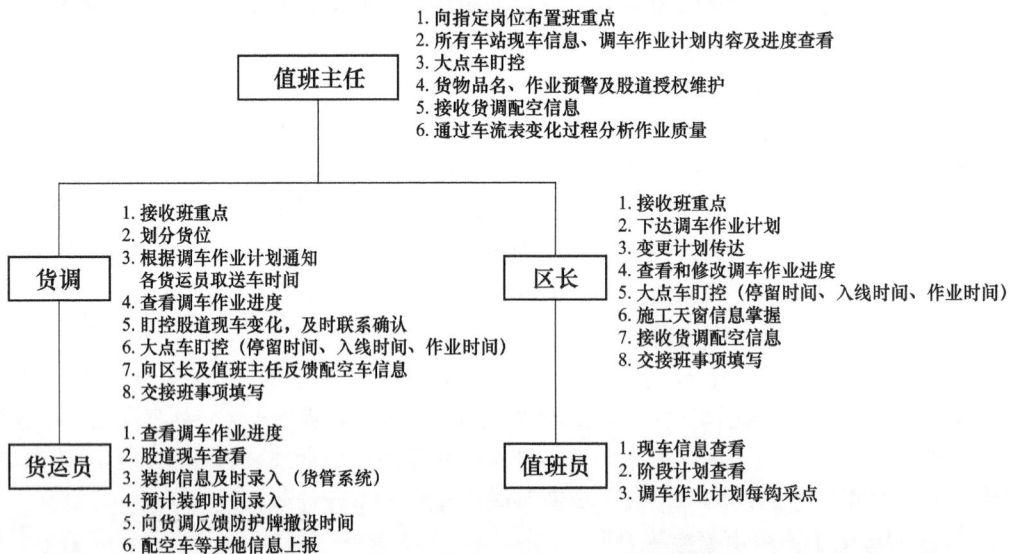

图 2.22 平台各操作人员组织架构及系统实现功能

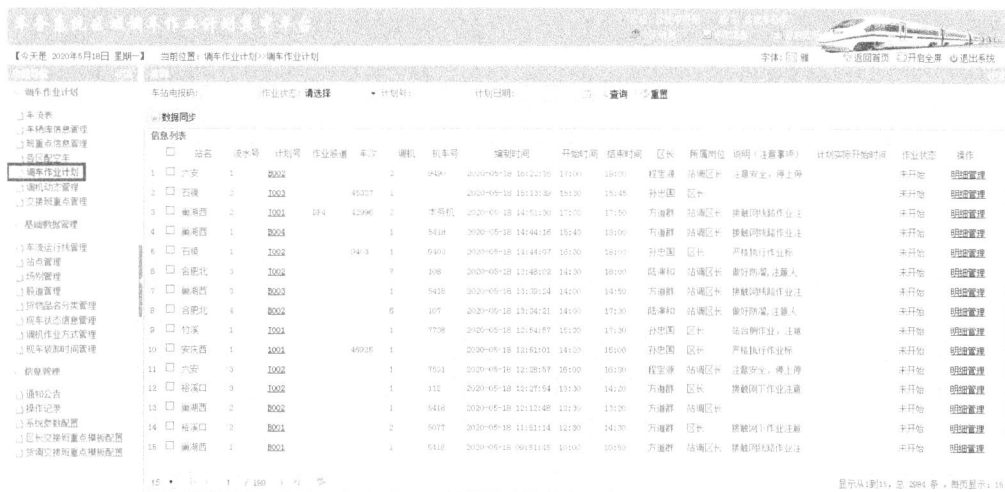

图 2.23　系统整合后调车计划管理界面

5. 实施方案

（1）构建扁平集约化组织架构。一是厘清管理界面。按照"一个机构、两块牌子"原则，增设运输集中管控中心，与安全生产指挥中心合并挂牌办公，每班配备专职值班主任，统筹协调指挥车务段运输组织工作，实现对全段的车流组织、计划编制、动力运用、货运组织等运输组织环节集中管理。撤销安全生产指挥中心运输调度员岗位，设置运输分析员和安全分析员岗位，负责对每班运输安全情况进行事前预判、过程管控、事后分析及问题核查定性。二是精简组织架构。全面撤销裕溪口、巢湖西、合肥北、六安等 5 站车站调度员和调车区长岗位，在车务段运输集中管控中心设立宁庐区、合九区、淮南一区、淮南二区 4 区专职调车区长，集中负责合肥北、裕溪口、六安、叶集等站，以及合九线各站固定调小机车、货运作业站本务机车调车作业计划编制工作。三是整合调车队伍。全面撤销叶集、庐江、双刘等 12 站的固定调车组，重新以六安、舒城、安庆西、安庆北、巢湖西站为支点，设立 5 个流动调车组，分区域实行流动调车，辐射覆盖车务段管内各调车作业站。四是消除管理结合部。与合肥货运中心建立合署办公新模式，建立每班分阶段定时联系制度，打通信息沟通渠道；同时与合肥机务段建立联劳机制，加强人员衔接配合，实现车、机、货联动协作，信息联通共享。

（2）优化调车作业组织方式。一是划定运输组织区域。按线别划分为宁西线、合九北线、合九南线、安庆线、巢湖西 5 个运输组织区域，每个区域覆盖 4～6 个货运站，并将原有固定调车模式改为流动调车模式，取消中间站本务机车调车作业，流动调车组及支点站调机定点、定线、定时对各站进行取送调车作业，形成区域运输生产管理一体化格局。二是加强计划质量分析。以六大类调车作业风险为重点，严把调车作业计划源头关，高质量做好调车作业计划安全性和合理性的审核工作；同时每班对阶段计划和调车作业计划兑现情况进行跟班写实、分析，查找原因，落实整改，改进方式。三是优化列车编组计划。优化小运转列车开行方案，将合肥东—叶集间小运转列车换长由原来的 70.0 增加为 84.0；优化合肥东站对服务区段内的摘挂列车、小运转列车的编组顺序，对中间站车流编挂位置做出限制，按站顺、专用线、货场选编成组，减少中间站翻钩和调车作业量。四是动态调整列车运行图。按照现场需求，动态调整小运转列车运行线，最大限度满足作业站配空、取重需求。五是优化机车运行交路。取消宁西线小运转列车本务机在中间站的调车作业，运用六安站的调小机车辐射叶集、分路口站，解决机车机班超劳问题；取消合九线合肥东—安庆西间摘挂列车，增加合肥东—安庆西间小运转列车，调机作业范围辐射至相应作业站。六是挖掘现有运输潜力。制定企业自备机车进行站内取送车作业方案，扩大电厂自备机车作业范围，弥补车站固定调机流动调车时动力不足的问题。

（3）强化现场安全盯控检查。一是加强"技防"投入。研发横越线路安全控制警示系统，利用远程视频监控、语音报警提示等方式，有效消除流动调车作业人员在繁忙中间站横越线路车辆伤害隐患。二是加强"物防"投入。在各调车作业站内新增 79 个球形高清摄像头，将监控画面接入车务段安全生产指挥中心，实现作业动态远程监控功能，形成对违章违纪问题的震慑力。三是实现 STP 计划传输管控功能。通过技术攻关研发全路首套 STP 钩传系统软件，实现现车系统与 STP 车务终端的连通，有效提高了调车作业计划传输效率和准确性，调车作业实现精准管控。

6. 具体应用

（1）优化机制，构筑融合创建体系。合肥车务段以"保达标、争入围、创标杆"为动力源，与对标找差创优争先指标体系和各项管理要求有机融合，构筑"五位一体"标准体系。通过制定任务清单和检查手册、动态完善"两书一图一表"、搭建双重预防机制管理平台、强化应急处置能力、推行全员岗位星级管理，同步落实专业干部包站及"双休日检查"、月度专业科室包线机制，每季度段领导带队进行"一体化考评"，实现多维度评价，并将考评结果与职工收入挂钩、叠加奖惩、综合激励，实现管理规范、作业执标双促进、双提升。该段率先提出站区"一体化""一盘棋"标准化理念，按照"因地制宜、元素融合、特色鲜明、创管并重"原则，先后打造了合肥东、裕溪口、六安等标准化站区。

（2）创新管理，提升运输效益效率。坚持以改革增活力，以创新促发展，向管理要效益。该段率先实施区域运输组织集中管理，强化顶层设计，实施流程再造，建立完善运输组织扁平化、集约化管理新模式，将全段 23 个调车作业站划分为 3 个运输组织区域，对全段的车流组织、计划编制、动力运用等实行集中管理，并通过货运中心调度与调车区长合署办公，让车务货运信息共享无缝衔接。同时，实施调机区域化作业，优化调车作业班次，调整调机作业范围，分线设置 5 个流动调车组，实施区域流动调车，精简调车人员 21 人。该段以编组站服务中间站，围绕运输生产优化作业流程，细化标准，持续抓好合肥东站服务枢纽、区段内各货运站的能力，优化枢纽内各站小运转开行、管内作业车挂运方案，积极组织高质量小运转（摘挂）列车开行。

（3）科技支撑，加速组织模式升级。依托科技支撑，该段积极打造集安全生产指挥中心、调车作业计划集中管理、CTC 区域集中管控、客运综控中心"四位一体"的安全生产指挥中心。该段在全路率先采用普速干线 CTC 行车区域集中管理，将淮南线原有 15 个车站划分为 2 个区域调度台，实现了接发列车集中管控，杜绝了多点、多方向接发列车作业安全隐患。通过将高铁站旅服业务管理纳入调度中心进行集中管控，该段融合了高铁站综控管理、客调命令管理、12306 客服信息处理、客运设备监控、客运应急指挥等职能。通过不断的技术改造，该段运输组织模式大大优化，仅 2022 年就撤销、合并、优化岗位 57 人，挖潜 131 人，极大地提高了劳动作业效率。

7. 实施效果

（1）运输组织更加高效。以宁西线为例，在六安站站改的困难条件下，2019 年宁西线三站日均出车 178 车，同比增加 8 车；停时 13.6 h，同比压缩 1.4 h；阶段计划兑现率 90.3%，较试运行前提高 6.4%；调车作业计划兑现率达 89.7%，较试运行前提高 17.3%；宁西线本务机车中停指标同比压缩 0.25 h，日车走行 559 km/台，同比增加 17 km/台，机车运用效率有所提高，本务机车超劳现象大大减少。

（2）运输体系更加健全。一是管理界面更加明晰。运输分析员、安全分析员、值班主任等运输关键管理岗位作用得到彻底发挥，部门运输组织指挥功能得到进一步加强，真正实现了对运输生产全过程的精准盯控和协调。二是生产条理更加清晰。运输指挥架构由"一点对多点"的联系布置方式转变为"点到点"的生产组织模式，调车区长、车站值班员等重点指挥岗位各司其职，工作职责合理优化，工作量充分平衡，有效减轻了计划、行车岗位作业人员劳动强度。

（3）系统衔接更加紧密。依靠车务段、机务段、货运中心三方协作机制和"运输生产集中管控平台"车流信息传输功能，快速高效传递现车情况和调车计划，最大限度实现了跨系统、跨专业的运输信息共享，尤其是在货运装卸作业进度与车务调机动态掌握方面，打破了以往信息单向传递的局面，解决了信息不畅等结合部问题，实现了真正意义上的"无缝对接"。

（4）减员增效效果明显。宁西线、合九北线、合九南线、安庆线、巢湖西 5 个运输组织区域实施集中管理后，共撤销调车组 5 个，精简计划和调车专业 25 个岗位。其中，裕溪口等 5 个车站调车区长、车站调度员岗位全部撤销，通过优化调整实现减员 4 人；宁西、合九、淮南线通过实施区域流动调车，实现减员 21 人，大幅度提高调车组人员素质及劳动生产率。

（5）安全管控得到加强。综合运用新型调车音视频监控设备，2020 年内共计发现各类隐患问题 34 个，查处违章违纪 461 件，建立流动调车专业问题库，落实追踪整改销号，切实有效整治了一批流动调车顽疾顽症。

2.4.2　干支线铁路区域中心集中控制系统

干支线铁路区域中心集中控制系统以成熟的综合自动化技术为依托，采用"信息共享、管控融合"的设计理念，以信息化、自动化、智能化的先进技术建立起区域级的管控集成平台。在此基础上整合辖区内运输生产资源与能力，优化生产调度指挥与组织流程，通过对辖区内运输生产的"统筹调度、协调组织、综合管理、自动控制"，在确保行车安全的基础上，大幅降低劳动强度、提高工作效率、减少作业人员，真正达到减员增效保安全的实施效果。

系统主要功能具体如下。

（1）信号设备集中操控、远程操控。

（2）作业过程综合管理。包括列车运行计划、调度命令的获取，邻站预告办理，接发车计划人工调整等；根据指令集，可以自动办理接发列车进路，监控进路的执行过程；实现无线车次号接入与核对、接发车自动报点；依据接发列车实际执行信息，自动得到接发列车在站内的报点，并根据需要向上级调度系统报告；提供人工补报功能；自动填写到达行车日志；自动填写出发行车日志；行车日志查询、编辑、打印等，调度命令的查询、打印等；根据场调指挥，人工调整作业计划中的调车机、推送线、牵出线等信息，以自动分解进路；根据指令集监控进路的自动执行过程，人工干预优先；根据调车作业实际情况，自动得到调车作业的报点，提供人工补报功能；系统在下达作业指令时，适时向调机下达作业通知单，指挥调机进行作业。

（3）作业计划自动执行。包括作业计划的接收处理；作业计划的分解；进路指令选优与执行；进路冲突处理；进路的取消。

（4）作业安全综合防护。包括信号联锁关系检查；根据列车运行图、《站细》的要求对固定车次进行防护。排列通过列车进路时，确保进路与计划中的接车方向、股道、发车方向一致并连通。在有列车车次处于接车的接近区段或发车的股道时，须检查要办理接发车进路的列车车次与该车次是否一致。在有列车车次处于接车的接近区段或发车的股道时，须检查要办理接发车进路的列车车次与该车次是否一致。同一接车方向的进路办理顺序与列车预告同意顺序一致，同一发车方向的进路办理顺序与列车预告请求顺序一致。进路经由标记为分路不良的区段时，须在人工确认空闲的条件下方可下达排列进路命令。不自动排列途经无网区段或标记为停电区段的列车或电力机车进路。不自动排列经由处于封锁状态的道岔、区段的进路。办理发车进路时，进行必要的（根据车站要求）列车技检作业进度检查，防止未完成技检作业的列车误解、误发。办理标记为超限列车的接车进路时，检查接车股道是否允接超限列车。自动排列进路的延时保护功能，即自动排列进路时，会检查进路沿途无岔区段和需要换向的道岔是否已出清占用 5 s 以上，以防由于路基不良、车列跳动等因素造成区段瞬时失去占用表示而引发事故。自动排列进路沿途信号按钮钮封检查，即自动排列进路时，会检查进路沿途正反向信号按钮是否钮封，防止进路进入钮封保护区域。

（5）作业自动跟踪报点。包括列车作业跟踪报点；调车作业跟踪报点；本务机跟踪。

（6）站场信息综合表示。包括列车运行动态监控；信号设备的实时状态；调车机车的运行状态；邻站设备表示信息显示；机车与现车实时显示；作业计划与执行进度表示；外勤作业进度显示；重要作业信息语音提示。设备部署方案如图 2.24 所示。

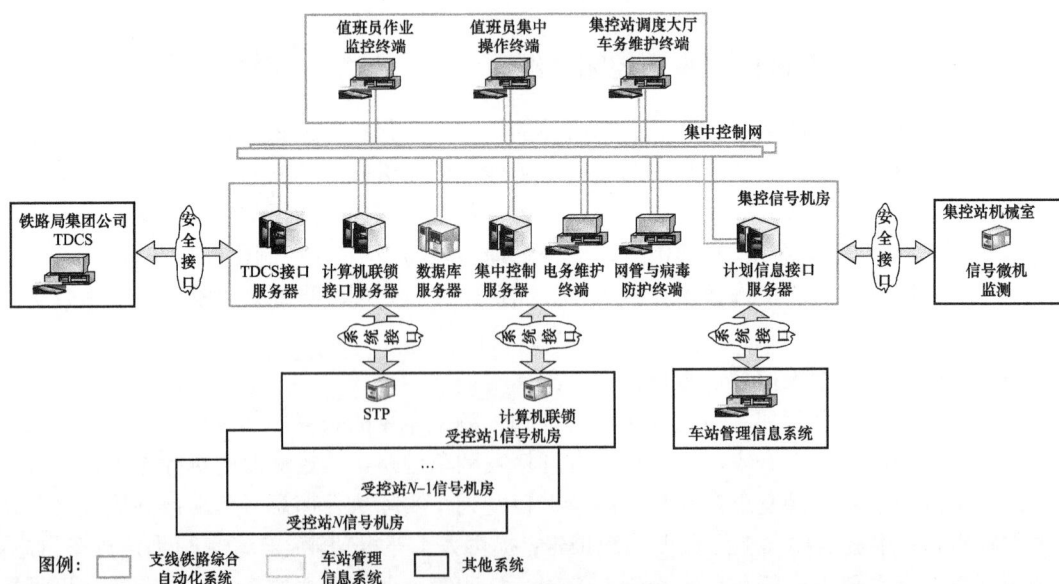

图 2.24　设备部署方案

干支线铁路区域控制中心系统机房内安装实时跟踪服务器、集中控制数据库服务器、计划信息接口服务器、TDCS 接口服务器、过程控制接口服务器、集中控制中心服务器、集中控制维护服务器、集中控制维护终端、集中操作终端、作业监控终端等。

集中控制设备（除电务维护设备、网络管理/病毒防护终端设备）均双机热备，当主用设备出现故障时，自动切换至备用设备。维护人员可以利用电务维护终端实时查看集中控制设备的工作状态。集中控制维护终端软件与集中控制数据回放软件安装在集中控制维护终端上，使用时，需分别启动集中控制维护终端软件和集中控制数据回放软件。集中控制维护客户端软件布置在所有集中控制子系统设备上（集中控制维护终端、集中控制数据库、大屏幕控制器、大屏幕图形工作站除外）。集中控制维护服务器软件布置在集中控制维护服务器上。

2.5　CTC 3.0 综合控制系统

2.5.1　普速铁路 CTC 应用分析

分散自律调度集中（CTC）系统自 2004 年在西宁—哈尔盖段应用以来，实现了高速铁路的全覆盖，但在普速铁路的应用明显不足。造成这种现状的主要原因一方面在于普速铁路相关设备不尽完善；另一方面在于铁路货运复杂的生产组织方式，使得以确定性的客车进路控制为核心功能的 CTC 系统较难完全匹配。

1. CTC 3.0 既有功能概况

CTC 系统在 2.0 版本中实现了列车运行计划管理、调度命令管理、列车进路控制、无线进路预告、临时限速命令管理、列车运行状态查询等功能，很好地满足了行车控制的需要。为了适应普速铁路复杂的作业场景，CTC 3.0 版本根据实际作业需求主要提供了以下几个方面的功能改进。

（1）为车站值班员提供车站级计划管理功能。车站值班员可通过该功能获取调度所列车调度员的日（班）计划或阶段计划，在对计划进行修改细化的基础上，形成车站的列车计划，之后再下达到自律机中。

（2）提供作业流程卡控功能。通过占线板模块，车站值班员可安排作业流程，随后作业流程对应按钮在占线板界面显示，以按钮颜色表示作业状态，相应的作业信息也可显示在各岗位占线板界面上，实现各岗位作业信息实时共享，外勤人员可通过占线板系统接收作业指令以及实现作业状态的反馈。通过占线板提供的作业流程卡控功能，可以保证在不满足作业流程的条件下，列车的发车进路无法触发。

（3）增加对调车作业计划的进路解析和调车进路一键触发功能。

2. 普速铁路 CTC 应用现状

由于普速铁路运输组织复杂且配套设备不完善，目前 CTC 系统在普速铁路的运营使用仍处于推广阶段。但随着 CTC 系统的改进和普速铁路设备的升级，CTC 系统在我国普速铁路中的应用呈上升趋势，应用现状如下。

（1）CTC 系统在普速铁路运用里程情况。为提高普速铁路的运营智能化和安全性，各铁路局集团公司根据线路运营需求和设备技术条件，先后开展了 CTC 系统在部分普速铁路的应用。截至 2021 年底，我国普速铁路运用里程约为 10.9 万 km，其中应用 CTC 系统的车站数为 2 107 个、里程为 3.7 万 km，分别占普速铁路车站和线路里程总数的 24%、34%。

（2）CTC 系统在普速铁路操作方式占比情况。根据列车调度员和车站作业人员对接发车作业及调车作业进路操作权限的不同，CTC 分散自律控制模式分为中心操作方式、车站调车操作方式和车站操作方式。CTC 的操作方式取决于车站设备情况、车站作业特殊情况、车站接发车和调车作业量等方面。例如，中心操作方式大多应用于列车密度低、条件艰苦、作业相对简单的车站，车站操作方式适合作业复杂的大站。据统计，目前普速铁路三种操作方式占比各自约为三分之一。

3. 普速铁路 CTC 存在的问题

在 CTC 系统提高普速铁路作业效率和安全的同时，仍存在系统功能与运输组织模式不匹配之处。除相关配套设施不完善等问题外，CTC 系统在普速铁路的应用中主要还存在以下两方面问题。

（1）运输调度管理模式与系统功能匹配性问题。普速铁路调度台的管辖范围大、管辖里程长、复杂枢纽较多、作业量繁杂，容易出现作业偏差，这对作业安全来说是一大隐患。因此，在实际作业中，需要研究调整调度员作业量，同时研究管理模式与系统功能的相关匹配性。

（2）CTC 系统缺乏计划间的互馈机制。在列车运行计划和车站作业计划及进路控制三者之间缺乏动态反馈机制的条件下，难以实现铁路局集团公司调度所和车站值班员之间的信息动态传递和作业协同，导致计划调整欠缺即时性和可预测性。

基于以上分析，有必要在对普速铁路货物列车运行组织深层分析的基础上，对 CTC 系统的发展方向进行规划。

4. 管控一体化下普速铁路 CTC 业务场景分析

货物列车的开行是以车流组织为基础，以调车车列和列车车列为形式，在由货运调度员、计划调度员、机车调度员、列车调度员、车站调度员等工种构成的多级体系下完成的一个过程。整个过程是以货车的有序移动为目标，以计划—指挥—操作—反馈等为手段构成的人-机复合控制系统。经典反馈控制系统结构示意图如图 2.25 所示。

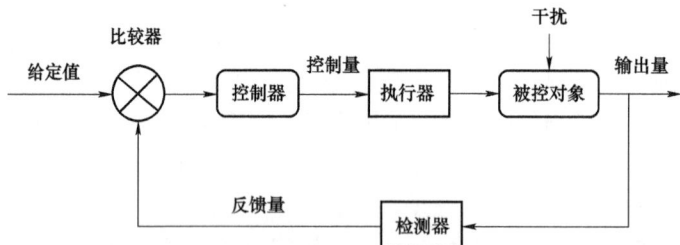

图 2.25　经典反馈控制系统结构示意图

作为控制系统，货物列车组织中的各工种和作业人员也承担了不同的角色，如从整个枢纽行车组织的角度而言，车站调度员是被控对象，接收作为控制器的列车调度员和计划调度员的控制指令；而若从车站的角度出发，车站调度员又是控制器，控制调车区长等人完成车站的调车作业。货物列车开行组织过程可抽象为一个多层耦合的控制系统，货物列车开行多级耦合控制结构示意图如图 2.26 所示。

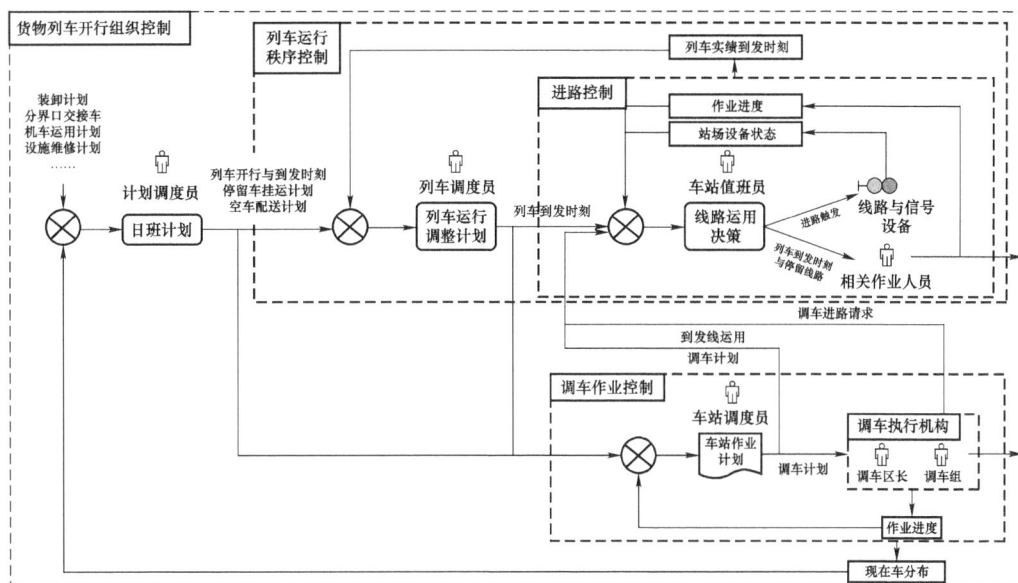

图 2.26　货物列车开行多级耦合控制结构示意图

需要说明的是，图 2.26 只是货物列车开行过程中的一些关键环节的抽象，对于货场、机车和车辆运用等作业没有展开。可以看出，整个系统是由进路、调车作业、列车运行秩序及列车开行组织等控制系统嵌套构成，内层的控制系统在外层系统中体现为执行器和检测器的角色。

进路控制系统的地位比较特殊，其既是列车运行执行控制系统的执行机构，同时也接收调车作业控制系统发出的指令，即以两个系统的指令为输入。为此就需要车站值班员对这两种输入进行合并，排定其顺序后形成控制指令，以完成进路的办理。对比高速铁路基本以列车到发为主，且到发线和到发时刻均比较明确的情况，这种复杂的系统之间的嵌套和串并联关系是现有 CTC 系统在普速铁路运用效果不显著的一个原因。

5. 普速铁路车站作业控制特点分析

相比于作业种类简单、参数标定准确并严格按计划执行的高速铁路车站作业，普速铁路货物列车相关作业具有种类繁杂、关联部门和因素众多、作业时长多变、不确定性高等特点。总体而言，普速铁路车站的作业种类比较多。大型技术站除客货列车到发外，其主要作业可用"到、解、集、编、发"来概括，需要与周边车站、货运、机务、车辆部门紧密配合，在工务、电务等部门的支撑下完成。对于一般中间站，其作业的复杂性一方面来源于不同种类货物列车的到发和停留要求，另一方面小运转和摘挂列车的甩挂、取送车以及整理编组等作业是造成其复杂性的主要原因。

作业的多样性不仅使得一个车站的作业规划和控制变得复杂，同时由于列车的运行，会将问题通过路网传导到其他车站。货物列车的始发和终到都伴随着不同类型的调车作业，并且其编组内容在途中也可能会发生变化，即调车作业和列车作业会因车流的关系交织在一起，形成一个相互作用的网络。因此从提高控制的精准度出发，就不能忽视调车作业与列车作业紧密耦合的特点。

普速铁路车站除了在作业计划上比较复杂外，在作业的执行层面同样也比高速铁路要繁杂。为了保证安全生产，各级部门制定了大量的规章和作业办法，显然 CTC 系统的发展需要依据这些规章为普速铁路量身定制技术防护手段。

6. 货物列车运行组织的管控一体

在铁路运输中，管控一体简单而言就是信息的传递、计划的编制与计划的实施集成在一个系统中，使用信息化和自动化的设备代替或部分代替人工。管控一体在编组站作业自动化方面有非常好的实践。

管控一体从本质上是经典控制系统的实现。从编组站综合自动化系统的应用效果可以看出，管控一体是实现作业安全性和效率提升的重要途径。推而广之，在货物列车开行组织的全过程中，将影响机车车辆状态和作业条件的相关计划和设备控制系统进行集成，形成集现车信息、货工计划、列工计划、配空计划、机工计划、编组站作业计划、中间站调车计划、货车扣修计划、施工计划，以及进路控制于一体的综合自动化系统，将会有效地提高货物列车的运行组织效率。

货物列车运行组织管控一体的核心就是围绕车辆状态，以及由车辆形成的调车车列或列车车列的状态进行感知、决策、执行的闭环控制系统。管控一体涉及计划的一体化和控制的集成化等问题，虽然目前还存在铁路局集团公司、站段及各业务系统之间的信息孤岛和壁垒，以及计划的一体化和协同程度较弱等问题，但铁路车流管理系统的建设会极大程度地促进计划一体化目标的实现。在设备控制层面也需要以 CTC 为核心，在普速铁路适用性改进的基础上，与信息系统和计划系统进行集成。

CTC 是以进路控制为核心功能的系统。在高速铁路列车作业简单、计划精度高且准确的条件下，发生小规模的扰动时，列车调度员可通过实绩运行图和调度监督系统获取当前的运行秩序，并按照一定的规则对运行线进行简单调整。无论是调度所，还是车站层面，都是以操作进路为主要作业。只有非正常或发生大规模扰动时，才需要进行计划层面的调整，而此时调整往往是由应急中心来制定，列车调度员的任务是实施应急中心下达的调整意图或计划。由此可看出 CTC 系统在高速铁路行车控制系统中主要体现的是检测器和执行器的角色，相对稳定的计划使其控制器的角色并不突出。

在普速铁路上，由于货物列车的开行组织是以调度为核心，网络性层次化的计划编制需要复杂的信息系统去沟通调度所、车站、货运、机务和车辆等多个部门，其本身就是一个非常复杂的多层次、多粒度分布协同作业系统。因而在整个体系中，CTC 系统定位于计划的执行及作业状态检测的层面是一个比较现实的选择。同时，为了适应货物列车的作业特点，CTC 系统的功能需要向以下几个方面发展。

1）实现计划对作业状态的实时采集功能

目前 CTC 只采集列车到发的时刻，显然用来应对调车作业与列车运行作业紧密关联的货物列车运行组织是存在欠缺的。有必要建立 CTC 与车站作业计划系统（SMIS 等现车系统）之间的接口，接收其调车作业计划，并如同列车在车站的到发时刻采集和报点一样，CTC 在普速铁路上也需要将调车作业计划的执行进度实时报告给车站作业计划系统，才能建立起计划与控制之间的闭环，保证计划对作业进度的掌控，实现对车辆位置的跟踪，呈现实时的现车分布，从而为后续准确地编制计划和准确地实施控制奠定基础。

2）提供车站进路计划编制和调整的功能

虽然目前 CTC 已经实现了车站计划管理的功能，但主要是面向列车进路的管理。车站值班员的核心工作是对线路资源运用进行决策，考虑到列车和调车只是车辆不同的移动形式，有必要在普速铁路 CTC 中综合列车进路管理和调车进路管理，在车站或站区层面为车站值班员提供一种新形式的计划——车站进路计划。

（1）车站进路计划是列车运行阶段计划和车站作业阶段计划的下层计划，其主要目的是将各类作业解析为进路，并对进路在时空维度上进行预见性的疏解。

（2）设置车站进路计划将使车站值班员对线路的使用更具有规划性，增强作业进度的可视性和可控性。为车站值班员提供集成的系统，在进路级别上规划各项作业的起止时间和走行路径，建立车站作业执行、调度所及站调计划制定之间的信息通道，可提高作业协同的效率及列车和调车作业计划的可行性。在进路计划制定合理的情况下，按照进路计划执行作业，可降低作业时长的不确定性，进而可促进提升车流推算的准确度。

（3）车站作业计划制定的难点在于各类作业时间标准的确定。类似列车运行图中的区间运行时间、站停作业时间标准等，车站作业计划也需要针对不同作业种类、作业对象特点以及作业方式等制定时间标准。这个时间标准并非历史作业时长的均值，而是需要在大数据的支撑下纳入各种因素的影响，并考虑一定的冗余时间后确定。通过合理地选择时间标准可保障计划的可行性及准确性，但同时也会出现作业条件均已满足、规划的进路开放时刻还未到、作业需要等进路的情况。虽然这会降低车站的作业效率，即消耗一定的车站能力，但良好的进路计划及按照计划执行各项作业会在整体上提高车流推算的准确度，有助于货物运输组织的整体可控性。

3）建立调度所列车运行、车站作业计划和车站进路计划之间的互馈功能

在为车站值班员提供车站进路计划后，就需要解决技术站的车站作业计划与进路计划，以及中间站的进路计划与列车调度员的列车运行计划之间的协同调整问题。总体而言，列车运行计划和车站作业计划是进路计划的上层计划，这些计划可按照统计的作业时间进行编制，必要时可为某项作业设置强弱不同的起止时间限制，进路计划在上层计划规定的作业内容和时间框架内进行进路的时空解析和冲突疏解，并将结果反馈给上层计划，由上层计划根据进路的冲突概率进行调整，如此迭代，形成列车调度员、车站调度员及车站值班员计划之间的互馈。同时，进路计划的执行进度应向车站调度员和列车调度员透明，以供上层计划人员随时发现计划执行的偏差，从而能够进行有预见性的调整，进一步提高计划的准确性。

4）构建完善的作业联锁功能

作为作业执行层面的系统，CTC 已成功实现了许多作业安全卡控功能，但目前主要是针对部分高风险的进路触发进行阻止，存在对规章的普适性不强，且没有风险分级的问题。为了适应普速铁路种类多样和繁杂的作业流程，需建立规章涉及的各要素之间的制约关系，构建作业环节之间的互锁关系，进而通过风险分析明确在人员、信息系统失效或失误，以及作业失序情况下的系统风险。在此基础上以车站进路计划为载体，设定进路触发的安全等级，对于高风险的进路触发命令进行阻止，对于中风险的进路触发命令进行双人冗余确认，对于低风险的进路触发命令进行单人确认，无风险的进路触发命令则具备自动执行的条件，以此形成完善的作业联锁机制。

为了实现作业联锁功能，CTC 应在充分扩大与其他自动化和信息化系统之间的接口，在评估各类信息的安全等级、合理选择接口方式的基础上，以车站自律机为核心，将 CTC 现有分散的、条目化的安全卡控功能升级为模型化的作业联锁，构建集各类设备状态和作业状态于一体的作业卡控联锁机。

随着货运物流化的发展，社会对铁路运输服务的品质提出了更高的要求，需要铁路运输部门不断改进普速铁路 CTC 系统功能需求，通过提升信息的流通性、计划编制的集成性及计划实施的可视可控性，对货物列车运行组织给予技术支撑。鉴于货物列车运输组织的复杂性，研究仅对普速铁路 CTC 系统功能扩展及作业流程优化进行了初步的探讨，在计划的一体化编制、CTC 与其他系统的集成等方面还有大量细致的工作需要深入研究，从系统集成和作业协同的角度对生产过程进行剖析，对系统的发展方向做出规划。

2.5.2　CTC 3.0 多方向接发列车控制应用案例

以上海局集团公司上海西站为例，该站多方向接发列车作业复杂程度高，而且随着干线列车密度大幅增加，依赖现有的技术设备和传统的按钮排列进路作业模式来确保安全和畅通的难度越来越大。从事行车指挥的车站值班员、信号员在原有班次、岗位设置的情况下劳动强度大、职工精神高度紧张，亟需通过科技创新从根本上做到完全的控制，实现从人控到机控的转变，杜绝错办事故的发生，把作业人员解放出来。基于 CTC 3.0 车站接发列车综合控制系统，上海局集团公司提出了基于车站级的计划管理、后台的运行图基础数据和《站细》卡控数据，利用股道视图的列车车站作业流程控制技术，通过全方位的行车条件校验，推算作业约束条件，检验作业意图的实效性和合理性，避免错误指令发往联锁系统，使车站行车人员按规章、按流程严格执行，实现接发列车安全和合理的目标。

1. 案例背景

上海西站共有 8 条到发线，接发列车共涉及 6 个方向别、10 个接发车口，日均接发列车 148 对，是一个典型的多方向繁忙车站。上海西站站场示意图如图 2.27 所示。

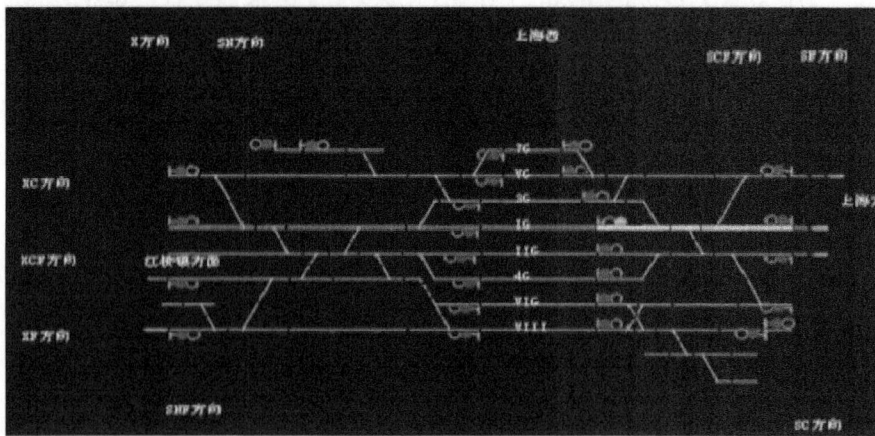

图 2.27　上海西站站场示意图

1）阶段性密度高

上海西站日班每日繁忙时段为日班、夜班的交接班时段。每日 7—9 时，平均每小时不间断接发 21 趟列车。每日 18—20 时，平均每小时不间断接发 20 趟列车。每 3 min 接发一趟列车，作业密度大，风险系数高。

2）反方向接发列车多

每日需办理反方向列车 7 列，车站值班员作业用语复杂，卡控作业程序多，与临站办理预告需要的准备措施多，且反方向列车运行间隔时间短。

3）线别分工复杂

D 字头动车组列车开行方向复杂，从京沪上行线光新路站进站的列车既有开往京沪上行线江桥站方向的，也有开往沪昆下行线翔南方向的。城际上行线上海站方向进站的列车既有开往城际上行线南翔北方向的，也有开往沪昆下行线翔南方向的。沪昆上行线翔南方向进站的列车既有开往城际下行线上海站方向的，也有开往京沪下行线上海站方向的。

4）卡控措施复杂

针对以上情况，车站制定了相应的卡控措施。卡控措施相对复杂，增加了车站值班员与信号员的工作量。沪宁城际线与既有线之间的 6 副道岔在控制台上开通直股单独锁闭，根据作业情况须扳动道岔时，必须认真核对后方可操作，防止错办列车进路。

在办理城际上行去翔南方向的回空动车时，必须将城际下行反向进站信号机按钮钮封；卡控措施用语："×次预告，计划×道通过，去×方向，单解 13/15 号道岔，城际下行反向进站信号机按钮钮封。"在一次作业完成后，方可解封，并按规定将 13/15 号道岔恢复定位并单独锁闭。

线别操作按钮距离过近，信号员点击按钮容易误操作。

2. 应用实例

为保障项目的顺利实施、车站改进目标的完全实现，车站始终贯彻全面、从严、抓大不放小的原则，从"人防、物防、技防"三个方面稳步推进项目进展。

1）人防保安全

（1）组织对 4 个作业班组进行培训。自 2016 年 8 月仿真平台搭建后，车站会同上西车间、卡斯柯公司对每个行车班组分别进行了三次培训：第一次是对作业人员进行系统介绍，并由作业人员上手操作进行界面熟悉；第二次是由作业人员对经过两次修改后的软件进行学习与验证；第三次是运输功能实车验证前，作业人员对 CTC 3.0 系统软件的最后一次学习与模拟操作。这保证了现场作业人员对于操作系统的基本掌握，做到了心中有数、使用不慌。

（2）组织对管理人员进行培训。自 2016 年 8 月仿真平台搭建后，车站会同上西车间、卡斯柯公司对安全科技管理人员和上西车间管理人员分别针对站细数据维护和列车固定径路（列车运行图）数据维护进行了两次培训。在运输功能试验（实车验证）前做到了心中有数，保障了系统推进工作的稳步进行。

2）物防保安全

自 2016 年 8 月起，为了做好 CTC 3.0 系统的学习与培训工作，方便车站管理和作业人员的使用，提前要求系统提供商在上海西站搭建 CTC 3.0 系统仿真平台，并且将仿真平台留存至系统正式实施结束，而且对仿真平台进行了多次测试与检查。

3）技防保安全

（1）细化上海西站 CTC 3.0 系统作业办法。

根据上海局集团公司《接发列车综合控制系统（CTC 3.0）使用办法（试行）》，针对上海西站独有的特点，车站专门细化制定了上海西站《接发列车综合控制系统（CTC 3.0）使用办法（试行）》。其中细化内容主要针对铁路局集团公司文件中规定的图定列车临时反方向、动车组变更股道等特殊情况进行了明确，并明确了碰到该项特殊情况时的作业注意事项。

① 图定列车、开行时间超过 10 天的长期临客，发车口方向临时反方向出站，无法修改该次列车计划，应重点核对列车车次、接发车口、股道，对信号员进行重点布置，使用 CTC 系统进行手工排路，不在车次框内添加车次。

② 图定列车、开行时间超过 10 天的长期临客，接车口方向临时反方向进站，应通过计划管理界面修改该次列车计划，重点核对列车车次、接发车口、股道，对信号员进行重点布置，使用占线板、进路序列人工触发进路。

③ 图外临客，临时反方向运行，应通过计划管理界面修改该次列车计划，重点核对列车车次、发车口、股道，对信号员进行重点布置，使用占线板、进路序列人工触发进路。

④ 动车组列车变更股道，无法修改该次列车计划，车站值班员应将该次列车车次、股道、时刻对信号员进行重点布置，使用 CTC 系统进行手工排路，不在车次框内添加车次。

⑤ 列车调度员下发的阶段计划中车次信息显示斜体的列车，应重点核对临客开行日计划表，确认该次列车接发车口、股道和属性；若临客开行日计划表内无该次列车，应根据相关日（班）计划、调度命令与列车调度员核对该次列车接发车口、股道和属性。

（2）完善"临客开行日计划表"制度。

针对上海西站开通 CTC 3.0 系统中，面临"临客开行日计划表"制度的现场不适应，在铁路局集团公司规章的基础上，要求上海西站将所有图外列车和单机纳入"临客开行日计划表管理"。

自 2017 年 6 月 10 日起，上海西站 CTC 3.0 系统正式启用，标志着上海西站接发列车作业进入全新阶段。在保障现场接发列车绝对安全的基础上，同时降低现场作业人员的劳动强度，通过技术保障现场的绝对安全与稳定。在上海西站的运用过程中，车站实现了三个结合部的消除：

第一，消除布置进路上车站值班员与信号员的结合部。只要车站值班员的计划准确、办理预告正确，信号员的错办概率大大降低，基本可以杜绝车站值班员与信号员间因沟通不顺畅导致的错办问题。车站值班员的工作重点由严格盯控信号员作业转变为严格审核列车调度员下发的车站阶段计划，对系统提示存在的不合理计划或车站计划内容缺失项进行及时修改，消除布置进路上车站值班员与信号员的结合部。

第二，消除信号员和联锁机的结合部。信号员排列进路（开放信号）的方式由传统计算机联锁界面中的始终端按钮转变为点击接发车股道栏内相应的接路（发路）按钮排列进路（开放信号），减少了信号员点错始终端按钮导致的进路错办问题。同时由于信号员排列进路的方式作业流程相对固化，都是在进路预览界面内选择固定位置的按钮，降低了信号员操作的随意性，消除了信号员和联锁机的结合部，大大提高了信号员作业的安全性。

第三，消除车站值班员与基本图的结合部。CTC 3.0 系统的稳定基础来源于车务管理终端内的运行图数据的准确性。采用 CTC 3.0 系统后，车站值班员只要根据系统内的基本运行图数据与列车调度员下达的阶段计划进行比对，不再像以往需要对所有的列车运行计划进行全盘掌握，减少了车站值班员的工作量，降低了车站值班员作业的风险系数，消除了车站值班员与基本图的结合部，极大提高了现场作业的安全与平稳。

CTC 3.0 系统采用车站计划管理，智能化占线板的车站作业流程控制，进路一键触发，卡控条件的智能分析、提取等技术，实现了计划安全卡控、进路错办卡控、设备条件卡控和作业流程条件卡控等功能。正式开通运行半年之后，系统运行稳定，降低了值班员、信号员接发车作业的工作量，增强了车站作业的安全性。该系统将以往按规章、标准、卡控措施落实的人控转化成自动逻辑检查的机控，减少甚至杜绝了车站接发列车作业事故的发生，提高了工作效率。

2.5.3　CTC 3.0 调车作业控制案例

以合肥车务段为例，该段作为上海局集团公司首批 CTC 3.0 系统试点单位之一，积极开展系统实施各项工作，从系统研发阶段即参与功能需求的研讨，并持续参与系统功能的优化改进，提出功能需求及建议，承担了运输功能（实车验证）等工作，为系统实施进行了积极有效尝试。

1. 案例背景

合肥北站等级为三等站，按技术作业划分为作业量较大的中间站，按业务性质划分为货运站。车站衔接合肥站、桃花店站、大包郢、新店线路所及电厂站，为多方向车站。车站与站内配有正线 3 条、到发线 10 条、货物线 11 条、调车线 2 条、特殊用途线 4 条，与车站接轨的专用线铁路 9 条。电气化区段，站内正线及到发线路为挂网线路。车站除办理接发列车外，主要担负合肥北铁路物流基地（铁路局集团公司货运改革后货运业务归合肥货运中心管理），以及天威保变、合肥电厂等专用铁路调车取送、中欧班列、中亚班列及小运转列车编组等业务。车站固定调车机车 2 台，每台调车机车日均调车钩数 80 余钩。合肥北站与合肥站、大包郢站间为自动闭塞、与桃花店、新店线路所间为自动站间闭塞、与电厂厂前站为半自动闭塞；联锁设备采用的是通号公司计算机联锁设备 DS6-K5B。

实施 CTC 3.0 系统前，合肥北站所有的接发列车进路和调车进路全部由信号员在计算机联锁设备上操作完成，每排列一条进路均需人工点击始、终端信号，由于站场规模大，控制台上部分按钮的显示较小，加上部分行车人员年龄偏大、视力降低，存在误操作的可能；合肥北站是多方向车站，与各邻站间的闭塞办理方式不同，存在错办列车进路方向的安全隐患；2016 年淮南线电气化改造开通后，经过合肥北站的电力机车逐渐增多，存在电力列车进入无电区的风险；合肥北站每天穿越正线的调车作业超过 8 钩，与接发列车作业相互干扰，效率不高且存在安全风险。近年来，邻近铁路营业线、地方市政建设等施工及极端恶劣天气造成的临时限速增多，如何确保限速信息及时有效传达、保障运输安全，这些方面增加了车站的安全管理压力。

2. 系统应用

针对合肥北站调车作业量大、穿越正线调车较多且与接发列车互相影响较大这一特点，有针对性解决了多方向防错办、电力防错办、长调车进路等问题。

（1）增设外勤助理值班员终端。因合肥北站外勤助理值班员与车站值班员不在一室，不能通过控制台确认列车进出站信号，只能通过值班员通知立岗出务接车，且立岗接车时机受车站值班员通知时机影响较大，遇上道作业时只能通过电台这一唯一方式与车站值班员联系、了解掌握列车车辆动态信息，存在信息不对称现象，增加了接发列车安全和劳动安全风险隐患。在车务段的建议要求下增设外勤助理值班员终端一台。终端实现两个功能：一是能实时复示 TDCS 系统站间透明多站或单站画面的全部信息，使得助理值班员立岗出务接发列车及办理试风等上道作业前可以更直观了解列车接近、车站股道运用等情况；二是终端能实现与车站值班员终端通信功能，车站值班员可以通过终端通知助理值班员，助理值班员接到信息及时签认，签认后系统返回回执。改变了以往车站值班员只能以电话布置助理值班员单一途径，克服了以往遇车站值班员繁忙等情况时通知时机滞后造成助理值班员出务不及时等不利接发列车安全卡控的弊端，从而有效解决了外勤助理值班员接发列车信息盲区的问题，促进了外勤助理值班员在接发列车作业安全卡控中的作用发挥。

（2）禁用 CTC 3.0 系统的部分"强制执行"功能。在现实的作业过程中，经常遇到接发列车进路变更和调车计划变更等特殊情况，变化就是风险，因此，系统给出的解决方法是弹出"强制执行"提示信息，改由作业人员确认后决定是否强制执行。在系统实施过程中，发现"人防"失效（思想麻痹或误操作）的情况下，"强制执行"会造成系统防错办卡控失效的情况：电力列车往无电（停电）区排进路时，系统可以通过人工"强制执行"的方式办理进路；多方向接发列车变更股道造成相关进路的路径不贯通时，系统可以通过人工"强制执行"的方式办理进路。针对这两种情况，明确了系统在此情况下必须直接卡控到位，不准强制执行，从而从源头上杜绝了安全风险。

（3）车务"管控一体"的实践。在传统的微机联锁作业方式上，管理和控制是分开的，电力防错办、多方向防错办、长调车进路排列等安全卡控条件都是通过管理制度来约束现场作业人员，无法从技术上杜绝人为误办和错办的情况。在系统实施之初，车务段就积极进行"管控一体"的尝试，从车站作业人员交接班、作业标准化、电力列车接发防错办卡控、多方向防错办卡控、调车进路触发自动化、车站停留车防溜揭示、外勤助理值班员纳入系统一体化管理等方面积极与通号院对接，希望把管理的理念和方法融入到系统运用中。CTC 3.0 系统把电力防错办、多方向卡控等以前属于管理的功能和控制功能融合到一起，从根本上杜绝了因人工操作不当引起的安全风险，对保障车站的运输作业安全具有非常重要的意义。

（4）创新安全管理方式。为配合系统做好实施，车务段从管理方式上进行了调整跟进。针对系统特点和操作需求，车务段要求《站细》卡控数据、运行图卡控数据分别由车务段技术科和车站进行及时维护，相关管理人员负责确保数据的准确性，同时车站值班员通过计划管理对系统比对后的列车及调车计划再次核对，下发给信号员占线板终端，信号员办理信号前须通过"进路预览"功能再次确认无误，最后下发自律机及联锁设备执行。整个过程体现了安全管理关口前移，有效杜绝了管理漏洞，增强了安全管理基础，达到了技防标准，提升了安全质量，提高了管理效率。

2.6　调度指挥管理系统技术发展

2.6.1　铁路运输调度指挥管理模式

铁路运输调度指挥工作是铁路运输生产的核心工作。铁路运输调度指挥工作实行分级管理、集中统一的指挥原则。铁路运输调度指挥体系是一个三级的组织结构，国铁集团设调度处，铁路局集团公司设调度所，技术站设调度室，各级调度机构分别代表各级的领导掌管各级的铁路运输指挥工作，如图 2.28 所示。

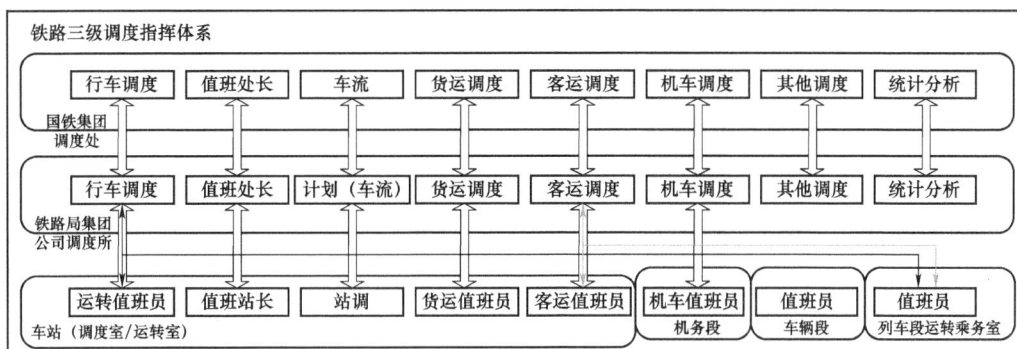

图 2.28　铁路三级调度指挥体系

从调度岗位职能分析，调度指挥工作主要集中在国铁集团、铁路局集团公司两级，站段级调度参与计划编制并主要负责计划的执行。从调度工作的整体性出发，可以归纳出调度的三类主要工作职能：一是数据的采集和报表汇总，体现调度员的统计和分析职能；二是调度命令和调度工作计划的编制和下达，体现调度员的指挥职能；三是快速查询和重点追踪，体现调度员的监督与监控职能。根据这三类工作职能，可抽象出调度人员指挥行为模型，如图 2.29 所示。

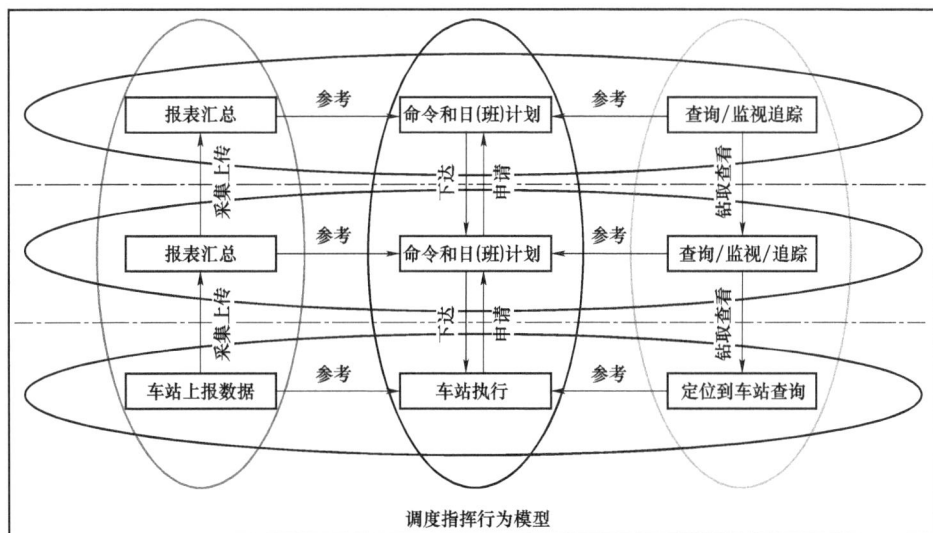

图 2.29　调度人员指挥行为模型

调度指挥行为可分为计划编制（事前）、计划执行（事中）和统计分析（事后）三个阶段，以计划为核心的调度指挥流程示意图如图 2.30 所示。

在实际工作中，由于整个运输生产 24 h 不间断滚动运行，因此计划编制、计划执行和统计分析三个阶段是同时并行存在的。因此，可以将调度指挥总体上分为计划编制、计划执行、统计分析三大应用场景。

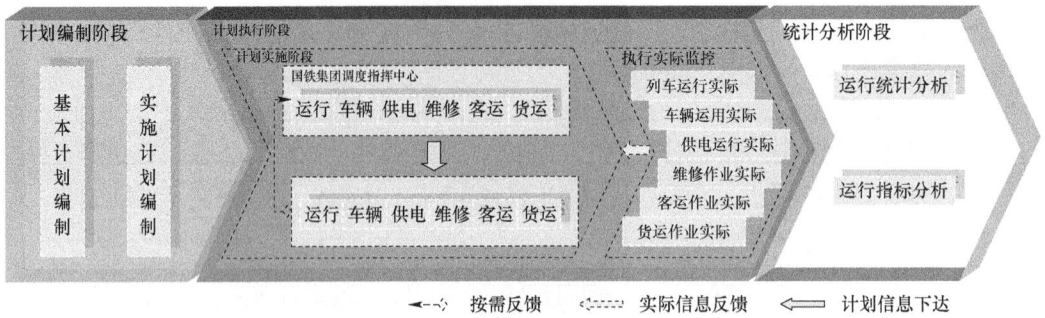

图 2.30　以计划为核心的调度指挥流程示意图

2.6.2　技术路线的回顾与发展

1. 分平台建设阶段

我国铁路调度系统数据平台发展的起步是从按工种、台别建设开始的，即以岗位个体为单位搭建平台与系统，事实上这些平台是由不同单位、不同部门在不同时期逐步建设与部署完成的。分平台建设阶段如图 2.31 所示。台间协作只能采用传统的机外交互模式，以纸条、电话和口头消息传递为主。信息共享初期的解决方案是不同系统跨台设复示终端或打印机，称之为视觉共享方式，大量的信息重复录入在所难免。

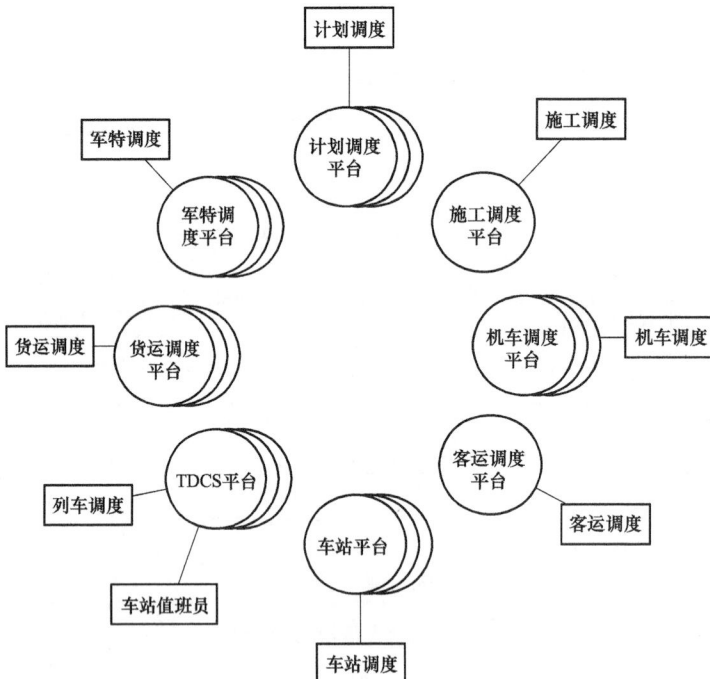

图 2.31　分平台建设阶段

2. 互联互通阶段

在针对不同个体信息系统和数据平台建设基本齐全后，系统间跨数据平台交换数据替代口头消息传递的需求提到议事日程。最初的解决方案是在网络环境下，同工种不同台间，以及不同工种间通过通信接口实现互联互通，互联互通阶段如图 2.32 所示。事实上接口数量和信息内容是在实践过程中不断完善的，其中包括"T-D 结合"。这种跨平台共享信息模式逻辑接口纵横交错多且混乱，实施过程协调、到位困难。另外，各台所新建或更新的信息内容是在各台掌握的有限和不完整信息输入状况下产生的输出，在没有相互会商的情况下送达接收台未必可用，共享效果难以保障。

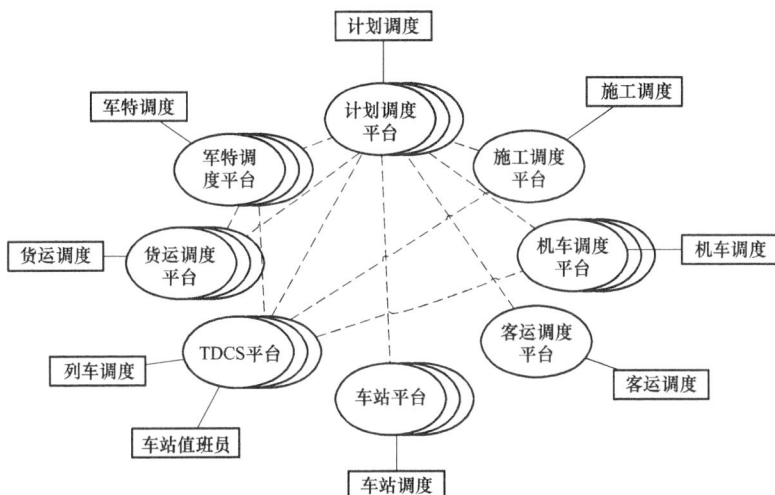

图 2.32　互联互通阶段

3. 共享平台阶段

针对上述弊端，另建共享信息平台模式取代互联互通模式被提出并得到实践，最初被广铁集团的 TDMS 4.0 所采用。该解决方案搭建的日（班）计划平台尽可能多地汇总了各分平台的信息，将分平台的互联互通改变为统一对日（班）计划平台接口。由于日（班）计划平台信息完整，不同平台所产生计划的矛盾与冲突可通过分析预警暴露出来，各分平台可从共享平台上获取尽可能多的信息，以提高各台的工作质量，之后贡献私有信息至共享平台上更准确。在重新规范接口和整合信息的同时，包括"T-D 结合"等接口得到了优化，尤其施工平台接口内容采用文本信息结构化技术，大大提高了信息质量和运营安全性。在共享平台建设和接口优化后，源自计划调度员新建的列车 ID 实现了跨台"一条线"管理。当然由于不同分平台研发单位不同，以及分平台水平参差不齐原因，个别分平台共享不到位；再者站段级平台上的基础信息共享不够充分，影响整体效果。共享平台阶段如图 2.33 所示。

4. 运输集成平台建设

2013 年始，信息化部组织建设了运输集成平台，并迅速在各铁路局建设完成，运输集成平台建设如图 2.34 所示。该平台集成了站段级（车站、机务段、车辆段、客运段）的所有现车、车辆、运行线，以及与运行线关联的确报和机车等信息，在基础信息层面斩获了基层的信息。集成平台的建设为铁路运输信息化的建设提供了强有力的基础保障。纵观信息技术的发展与应用，铁路大数据时代即将到来，集成平台为未来铁路大数据的建设奠定了扎实的基础。

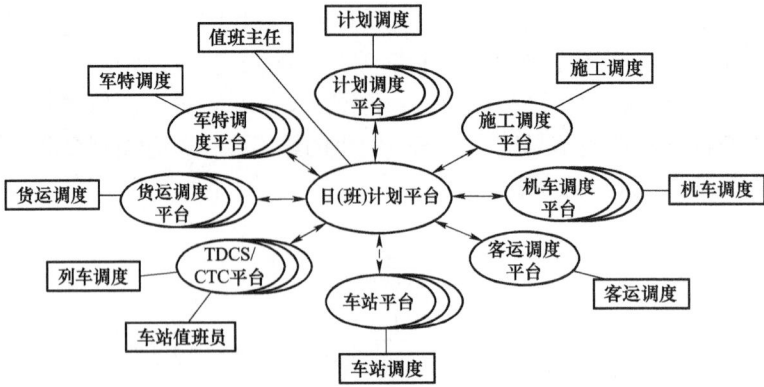

图 2.33　共享平台阶段

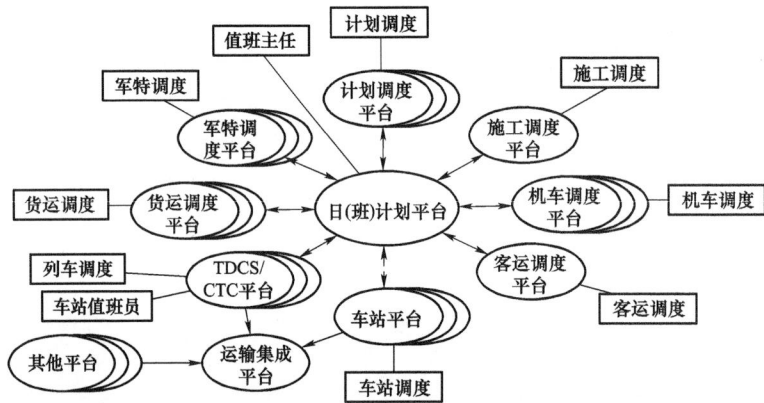

图 2.34　运输集成平台建设

5. 统一信息平台

2014 年，沈阳铁路局开创性地推出了建立以计划为主线的统一信息平台和新系统，部分取代了按岗设定的分数据平台。与此同时，广铁集团也改进自身的系统结构，两个系统的平台架构趋同，其技术路线达成了共识。该解决方案用统一平台取代了计划调度、机车调度、货运调度、军特调度等对应的独立分平台，不仅消减了同工种的不同平台，而且不同工种合用统一的数据平台。统一信息平台部署如图 2.35 所示。

该模式以统一数据平台为基础构建的新计划系统，使调度系统功能向前迈进了一大步，展露出较强的生命力：

（1）统一平台支持的所有岗位，包括不同工种的岗位，实现了相互透明、信息对称和信息一致，一个岗位操作生效引起的信息变化主动、实时地推送到其他岗位的屏幕上，各调度台可在实时观察其他台动向的情况下编制与调整本台的计划，达到最佳协作。

（2）起始计划台所创建的列车计划，一通到底，一次性同时贯穿至其他计划台，并形成终到站到达车流。

（3）事实上统一平台掌管着铁路局路网内一部完整的计划，同时包含了所有车站车流和列车运行线信息，对所支撑的岗位而言这部计划数据具有唯一性，即各调度台共同拥有和围绕同一部计划分段、分类加工。

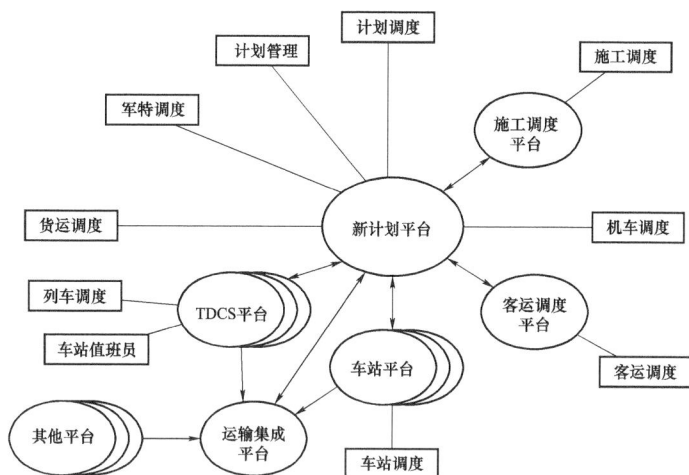

图 2.35　统一信息平台部署

（4）由于统一平台信息的完整性和各台共同拥有特点，可实现基于整体信息的动态全局整体优化，超越了单一调度台的局部智能化，更符合运输生产的客观规律，朝智能化方向迈出了可喜的一步。

除此之外，统一信息平台从运输集成平台上共享了现成的所有车站现车信息，作为计划调度员编制列车工作计划、推算车流的基础信息，充分发挥了集成平台建设的优势，而不必从数量庞大的车站平台分别共享信息。

2.6.3　技术路线的改进

1. 站段级平台并入统一信息平台

调度计划的目的是指挥执行，而执行地点在各站段。目前大多数车站平台、机务段的信息以独立平台形式存在于本地，下一步可考虑将中间站的车站平台和机务段的信息平台迁移与合并至调度所的统一信息平台上，扩展为局站一体的综合信息平台，如图 2.36 所示。

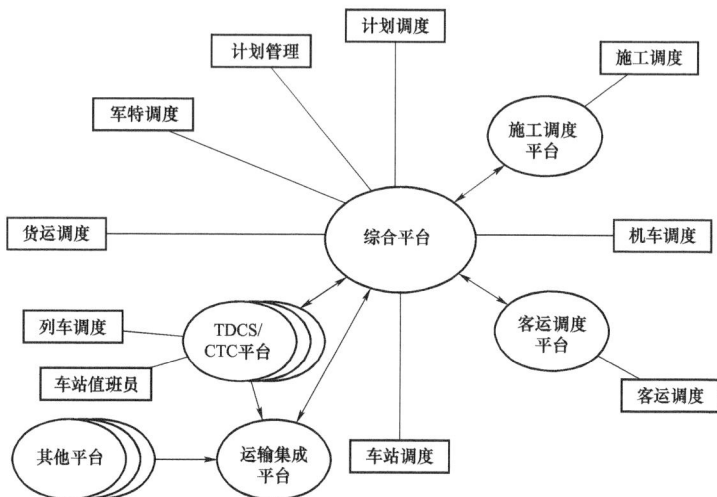

图 2.36　站段级平台并入统一信息平台

从实践经验看，沈阳铁路局已经解决了统一全局现车的平台技术，只是尚未与计划平台合并；广铁集团也已做到了统一全局机务段平台，取代机务段信息平台。

该解决方案将站段信息集成到综合平台上，其站段使用的信息与计划调度和机车调度使用相同数据源，这不仅可减少信息跨平台共享发生的延时和偏差，还能够进一步提高计划台和机调台的计划编制质量。按照分工，阶段内的计划调整可由站段级调度提供调整信息，该方案站段调度岗位与中心计划/机车调度岗位看见与操作的是同一部计划，可实现上下间相互透明、信息对称、动态更新和相同一致。走到这一步，才可能实现需求目标中"实现以日（班）计划编制与执行为核心的各类运输信息，在铁路局、站段二级调度间实时共享，实现透明指挥"的要求。这不仅可强化调度所对站段的指挥力度，而且调度所能及时掌控站段级执行前的计划微调，可真正做到计划滚动编制与动态调整，逐步精细化，与计划的最终执行平顺接轨。

站段级信息平台合并到统一计划平台后，运输集成平台的信息将由合并后的综合信息平台提供，其信息质量更有保障。

2. 列车调度运行图并入统一信息平台

最后的堡垒是列车调度运行图的管理，到此为止，"一部计划、一条运行线"并未涵盖列车调度员使用的 TDCS/CTC 系统，行车系统作为调度系统的执行层，与计划系统分属两部计划，存在以下问题。

（1）TDCS/CTC 系统停留在按台分设数据平台阶段，跨台运行的列车要在各自运行图上分段"划线"，没有实现"一条线"管理。这样与统一计划平台间的"T-D 结合"不得不按台分别接口交换数据。

（2）TDCS/CTC 系统所管理的运行线上常缺失确报、机车/机班等大量列车调度需要关注的信息。

（3）由列车调度在 TDCS/CTC 系统手工添加的运行线游离在计划系统"一条运行线"管理之外，仍不得不由其他系统将各台线段"拼接"成线。当行调跨台车次变化时，列车完整性无法保障。

（4）在 TDCS/CTC 系统掌握信息有限、各台的平台信息未集成的情况下，无法实现动态自动调整，列车调度员手工调整劳动强度大，尤其对运行线质量要求较高的 CTC 区段情况更为严重。

由于上述各种原因，在实际使用过程中，列车调度的运行线信息与计划调度掌握的列车信息在动态过程中很难保持一致，甚至无法替代计划调度与列车调度的口头信息交互。

在车站层面，计划调度下达的日（班）计划/调整计划与列车调度下达的阶段计划不一致成为常态，令车站无所适从。

鉴于上述情况，如果可能，应该在客货混跑的线路重新调整 TDCS/CTC 与其他系统间的功能分工，并出台新的"T-D 结合"方式。该解决方案的要点是将运行图信息、调度命令等功能划拨、迁移至统一计划平台，远程监督与远程遥控功能仍保留在 TDCS/CTC 系统中，如图 2.37 所示。

目前该模式计划平台已基本兼容了运行图管理，包括动态调整、功能重复，在此基础上取代 TDCS 运行图管理应没有太大难度和工作量，取代 CTC 运行图管理尚待提高信息的严谨性和安全性，增加进路触发运算逻辑等功能。

第3章 铁路运输综合管理平台

3.1 列车运行图整体效能分析平台

3.1.1 列车运行图编制管理平台优化

目前，我国铁路列车运行图的编制采用国铁集团、铁路局集团公司两级管理模式。国铁集团负责确定列车运行图的编制原则、任务及组织查定各类技术作业标准，制定直通客车方案，并领导和组织全路列车运行图的编制工作；铁路局集团公司根据国铁集团的统一部署，结合自身情况负责确定全局管内列车运行图的编制方针、原则、任务，拟定具体实施计划，综合平衡各部门间的问题，全面领导并按时完成本局的编图工作。铁路局集团公司负责有关列车运行图的技术业务问题，组织调查研究和牵引试验，查定各项技术作业标准，核定并按时上报编制资料，具体负责列车运行图的编制和实施工作。

1. 现阶段列车运行图编制管理体系存在的不足

1）列车运行图编图软件智能化程度低

（1）人工维护的数据量巨大。当前列车运行图编制系统采用点、线、图的逻辑编写程序，大量的基础参数包括道岔、股道、车站、区间、线路、技术标尺、慢行附加时分、客运（技术）停站、列车间隔、列车属性、列车进路、天窗设置、图面显示及显示分段等具体参数均需要人工维护，随着新线的不断开通、大量新设备的陆续投入使用、列车开行种类的增多，基础数据量不断增加，人工维护的风险增大，系统的可靠性降低。

（2）编图系统不能与其他数据库完全共享数据。列车运行图编制系统相对独立封闭，与其他数据平台信息共享不足。每次新图公布后，编图系统的数据不能直接全部交换到调度系统、铁路客票系统、铁路客服系统、车站股道编制系统，与其他系统间的数据交换均需由人工操作导入，未能真正实现与其他系统数据信息的全面共享，自动化作业程度低，数据交换过程中的安全风险增大。

2）技术作业标准不统一，影响枢纽车站的作业计划和高铁线路通过能力

2008 年铁道部出台了《列车运行图编制管理规则》，至今未进行过全面的更新，针对普速铁路的机车换挂、列车折角、车底折返、枢纽天窗等技术作业时分标准没有进行相关的更改，仍然执行 2008 年的技术标准，跟现场作业时分差距较大，特别是直供电机车换挂及换向，原规定为换挂 18 min、换向 23 min，但现在实际的情况是直供电机车换挂 28 min、换向 40 min。另外，对高速铁路的技术作业标准没有相关文电统一明确。各铁路局集团公司均执行各自的标准，高铁技术作业标准不一已经影响到了繁忙高铁线路的通过能力和相关枢纽车站的作业计划兑现率，造成运行图与作业实际相差较大。

3）现有列车运行图的发布过于频繁，新旧交替多，安全隐患大

近几年以来，随着铁路的深化改革和新建线路的爆发式开通运营，列车运行图的更新频率在逐年加快。上海局2015年共发布了44次相关运行图调整文电，平均每月3.6次。除上、下半年基本调整运行图和春运、暑运临客图及清明、五一、端午、中秋、国庆、元旦分号图10次外，另因新线开通、班列调整、集中修施工及其他因素发布文电34次。

列车运行图文电发布的次数多、频率高，造成新旧交替过渡期多、不规律。按照变化就是风险的安全导向原则，会给现场学习、作业增加难度，容易造成新旧交替过渡期内调度、车务、机务、车辆等行车部门运输组织混乱，安全隐患和安全风险增大。

2. 提高列车运行图编制管理水平的措施

1）加大编图软件研发力度，提高编图软件智能化水平

（1）不断提高列车运行图编制系统V4.0的数据处理能力，实现各类数据的智能化动、静态管理，减少需人工处理、维护的数据量。实现列车智能铺画，例如新增上海至乌鲁木齐的列车，只需输入始发、终到站，由系统通过数据对比后，自动优化生成可选择径路及相关办理客运的停站并安排好技术作业等，由人工选择确认后，系统自动生成列车及客运停站，可有效为领导提供决策选择，大大提高编图工作效率。

（2）完善系统线路通过能力的汇总计算。目前软件尚不能提供准确的线路通过能力计算汇总及自动生成线路通过能力效率计算等，对于各线的能力使用计算尚需人工复核计算，不仅耗时费力，而且对编图系统的自我优化计算也是障碍。后期对编图系统技术资料的计算、整理、汇总有待进一步的研发。

（3）优化系统天窗设置。目前天窗的编辑、更改指向性差，特别是枢纽地段，需要人工在整个线路区段的天窗列表里寻找，相应的操作也不能直接在图上显现，费时耗力，效率低下。建议优化相关算法设置，改变现有系统的天窗编辑逻辑，采用鼠标操作可视模式，提高鼠标所在区段的天窗指向性。

（4）加强系统的数据共享功能，建立开放系统接口，实现与调度系统、客票系统等的信息交换和数据共享，以及与12306网站、95306网站直接关联，确保信息的同步、统一。

2）规范列车运行图规章管理，每年定期公布新的技术作业标准

国铁集团应每年定期更新《列车运行图编制管理规则》等专业文电，规范列车运行图技术资料和标准的管理。优化目前的国铁集团、铁路局集团公司两级编制，明确为国铁集团、铁路局集团公司、站段三级编制，以规章形式明确站段参与到列车运行图的编制过程中来，对提高枢纽车站"点"的能力运用优化大有帮助。另外，还需要统一各高铁线路的技术作业时分标准，制定列车运行图技术资料及标准的综合管理制度，明确各相关部门的职责，为实现列车运行图技术资料及标准管理的信息化提供技术支撑。根据各铁路局集团公司实际情况，由国铁集团明确各线路的客运、技术作业标准，实现跨局、跨线列车的技术标准连贯、统一。这样可有效提高线路的通过能力，合理分配各区段的作业量。

3）提高客货列车开行方案编制质量

铁路运输主要产品是实现旅客和货物的位移，客流和货流是铁路运输组织的源头，因此需要准确掌握客货流的结构和需求，做到有流开车、引流上线，并编制相应的客货列车开行方案，满足市场需求。

货运方面：一是强化特快、快速货物班列客车化开行的品牌效应，优化开行方案，合理

确定各个节点的装卸、甩挂方案，保证班列列车全程运行的兑现率和正点率；二是编制好中欧、快速集装箱、货物快运等高速度等级班列列车的开行方案，逐步树立品牌效应，打造精品列车；三是综合制定中亚、铁水连运、普快班列的集结、挂运、开行方案，抓住零散白货货源，努力提高运到时效性；四是统筹布局煤炭、矿石等大宗直达列车的始发开行方案，做好煤矿发运、港口疏运工作，保证主要货源的持续稳定。

4）合理制定货物列车车流径路、编组计划

铁路货物运输的对象是货物，大量的货物向某一个方向移动便形成了货流，而货物必须借助于货车才能实现位移，车流是铁路运送的具有一定去向的车辆集合。由于车流是以列车的形式在线路上运行的，所以车流必须转变成列车流，并通过各种列车运行，实现车流的移动，从而实现货流的移动。就货物运输而言，从货流到车流，再到列车流，最后到列车运行，实现货物的位移，是一种层层递进的关系，中间需要进行大量的组织工作。

由于全国铁路网四通八达，存在各种环状运行径路，货物列车车流径路就是规定车流在全国铁路网上的运行径路。目前车流运行径路规定原则上以最短运行径路为车流的运行径路，在某些特定情况下车流可以进行绕行（例如某些区段能力紧张无法满足车流的通过量或者为加快班列车流运行速度等），因此产生了特定车流径路，即特殊规定了某些车流的运行径路但其违反了最短径路原则。制定车流运行径路文件以后，车流的组织是以货物列车编组计划的规定具体实施。

货物列车编组计划是全路的车流组织计划，统一安排全路的车流组织方案，具体规定货运站、编组站、区段站等编组货物列车的要求、方法和内容，是编制列车运行图、运输方案、日（班）计划及改善站场布局的依据，是加强货运营销工作的重要手段。

由于各方向车流均汇集至技术站集结编组始发，为了减少车流集结时间、加快车辆中转，首先需要从装车站源头组织整列直达列车，经编组站无调中转，减少编组站的作业，压缩车流中转时间。根据货流结构情况，编组计划首先规定了特快、快速、中欧、中亚、大宗班列等各种直达货运班列的列车编组要求。其次各技术站除编组相互间的区段、摘挂列车外，还要根据各技术站产生至其他技术站的车流结构和强度，编组越过相邻一至两个技术站的直通、技术直达、空车直达等列车，目的是加速车流移动，减少全程运行时间。编组计划一旦确定，不会经常发生较大变更，但是需要根据货运班列开行、局部车流变化和设备变化不断优化调整。

3.1.2　列车运行图编制质量评价指标

列车运行图的评价指标有很多种，但基本上分为三个大类，即生产效率、开行质量和动态性能。其中，生产效率指标是运行图编制过程中需要直接面对的最直观的技术指标，即在既有的线路技术装备水平条件下，投入的生产设备和人员与产出的比例。

1. 生产效率指标

主要指标具体包括：旅客运输能力；旅客列车对数；旅客列车走行公里；旅客列车技术速度；旅客列车旅行速度；客车底在配属站和折返站停留时间、车底运用组数；跨局旅客快车停站站名、平均停站时分；客运机车全周转时间；客运机车日车公里；客运机车在自外段停留时间；客运机车使用台数；行邮、班列运输能力；货运班列对数；货运班列走行公里；货运班列技术速度；货运班列旅行速度；货运班列在配属站和各折返站停留时间；货运班列停站次数、平均停站时分；货物列车对数和货物列车输送能力；货物列车走行公里；货物列车技术速度；货物列车旅行速度；货物列车旅行速度系数；直通和直达货物列车在技术站的接续时间；货运机车在自外段所在站停留时间；货运机车全周转时间；货运机车日车公里；货运机车使用台数；客运乘务交路；货运乘务交路。

旅客列车、货运班列各项指标，按照列车运行区段分别按跨局、管内列车进行计算。货物列车各项指标，按照列车运行区段分别按直达、直通、区段、摘挂、小运转进行计算。上述指标，在每次编制运行图结束后，通过既有列车运行图编制系统，均可由专业人员通过系统数据采集统计完成。这些技术指标，通过计算每次调图投入的机车、车辆、乘务员人数等，能比较直观地反映本次列车运行图的投入产出。

2. 开行质量指标

以车站（客运站）为主体的列车开行质量主要指标（旅客列车包括普速旅客列车及动车组列车）具体包括：旅客列车的停站办客数；有效时段旅客列车的办客率；旅客列车的开行办客率；旅客列车的开行办客均衡性；旅客列车的开行通达性。

以车站（编组站、区段站）为主体的货物列车开行质量主要指标具体包括：作业量（办理辆数）；保有量（辆数）；组号（支点车流吸引范围）；停时（货物作业停留时间）；中时（中转停留时间）；调机作业量分布；驼峰作业量；分类线应用。

以铁路局集团公司为主体的货物列车开行质量主要指标具体包括：通道运能匹配；技术作业站能力综合利用率；各线路与编组站运能衔接；货物班列开行合理性（径路、货物集结难易程度、始发终到时刻）；主要货运节点（港口、煤矿、物流中心）货物发送的时效；周时；调机作业范围及作业量的合理匹配；机车交路的分配；乘务担当交路；空车走行率；单机走行率。

3. 动态性能指标

主要指标具体包括：旅客列车始发正点率；旅客列车终到正点率；旅客列车运行正点率；旅客列车晚点恢复率；旅客列车周末、高峰线比例；货物列车高峰线比例；线路通过能力冗余率。

3.1.3 列车运行图整体效能评价

1. 建立列车运行图质量评价指标体系

基于编制完成的列车运行图，在现有指标的基础上，根据列车运行图自身结构和元素，梳理各运输专业部门，从其自身专业出发，评价列车运行图的相关指标；以运输经营和部门协同为基础，研究基于运输整体效能的列车运行图综合性指标体系和不同列车运行图之间的关联性指标；从运输能力、运营效率、服务质量三个维度，以及数量与质量两种类型进一步分类研究评价指标所代表的实际指导意义。

2. 列车运行图评价分析方法

对于同一时期的列车运行图，采用运筹学等数学分析方法，实现对给定版本的列车运行图质量评价；对于不同版本的列车运行图，采用基于统计学的对比分析方法，进行不同版本列车运行图的差异性评价分析，评价分析列车运行图质量变化，辅助编图人员进行新图编制及列车运行图调整。

3. 基于实际运行效果的列车运行图适应性评价方法

基于新图实施后一个月内调度所及各站、段上报的新图实施实际情况及客货流数据，分

析新图执行过程中的按图行车兑现情况和对客货流的适应性；分别构建普速和高铁两种铁路类型运行图的适应性指标，实现运行图稳定性、可靠性及对客流的适应性评价。

4. 面向开行效果预测的新编列车运行图评价方法

基于现图的图定指标及实际运行效果指标，实现针对某一特定编图场景的客货流预测分析，从运输整体效能角度出发，对新编制列车运行图进行宏观运力配置及图定指标设置的指导。

5. 基于运输整体效能的列车运行图质量综合智能评价系统

开发列车运行图质量综合智能评价系统，实现多源数据接入、运行图指标及质量评价计算、多图对比分析、运行图执行效果分析、新图运力配置预测等功能，并能与铁路现有的相关软件系统进行数据共享。

3.2　铁路运营指标预警平台

3.2.1　铁路运营指标预警系统设计

1. 预警的概念及作用

预警通常用于在警情发生前进行预测报警，在运用现有数据和技术的基础上，通过对实践发展规律的总结和认识，分析其现有状态及特定信息，通过判断、描述和预测事物的变化趋势，与预期目标量进行比较，利用设定的方式和信号，提前实行预告和警示，以便预警主体拥有足够的时间采取相应的对策和反应措施，避免事件恶化，及时控制与修正事件，达到防范于未然的目的。

预警依靠信息传递，结合运用信息论理论，对历史数据进行挖掘分析。预警过程中需要对信息实时采集与更新，实现更加精准的预测，从而输出警报信息及特殊状态下的处置措施。

铁路运输生产指标预警系统的构建，对于铁路日常生产调度指挥有巨大意义。围绕生产作业技术指标，监测路网内各车站实时办理作业及车流积压情况，并对车站未来一定时段内运营组织状态进行合理评估和预测。预警信息可以及时警示铁路车站值班员和调度员及时调整作业计划，以减少损失或风险发生的可能性，在车站值班员和调度员收到风险的预测报警之后，要根据不同的警情研究制定和实施不同的风险预警管理对策。这样有利于改善车站生产作业的稳定性和鲁棒性，加速列车作业办理和周转业务，从而提高全局内车站的运行效率。

2. 预警指标体系构建原则

铁路运输生产指标预警指标体系的构建原理涉及预警指标的设计准则、预警界限评价方法等。因此，选择适用的生产指标来制定预警指标体系是保证预警效果的关键。在设计时应遵循以下设计原则：

（1）科学性。以系统科学原理为指导，用可进行量化且具有实际意义的生产数据指标来描述车站及线网情况。通过预警信号系统特征量的输出信号，指明车站生产运行和线网状态所处的境况。

（2）灵敏性。预警指标体系中的各指标要灵敏地反映车站及线网所蕴含风险的严重程度及导致危害风险因素的指标状态，以及车站和线网未来运行波动变异趋势，达到预先报警的目的。

（3）实用性。根据实用化、规范化的基本要求，建立相应的预警评价指标，并用不同模块的指标构成指标体系。每项指标的设置都必须有足够的基本数据的支持，能通过现有系统直接获得，计算简便可行，实施和考核方便，可操作性强；尽量吸收、分析和归纳现有的各类车站历史数据指标，并进行修正和重新归类组合。

（4）可比性。所选定的预警指标在不同时段的状况可以进行相互比较，或对路网内各车站、区间同一时段不同车站、区间运行的指标进行横向对比分析。

（5）关联性。尽可能全面系统地分析各项生产指标体系中的每一项指标，分析反映预警的内容及内在联系，使指标与指标之间形成相互关联的有机整体，例如对中时、停时、保有量等指标，考虑其与其他指标之间的关联性。

（6）通用性。选定的预警指标要适应路网内办理货物列车作业的各车站、节点中的基本情况。在全路范围内形成广泛适用性，作为全路铁路生产指标体系中的通用预警指标。

3. 预警指标判别法

指标判别法分为单个指标判别法和综合指标判别法。单个指标判别法常用于分析系统内某一指标出现的异常变化，判定单一指标对系统运行状态的影响；而综合指标判别法从整体的角度研究系统的异常情况，为预警提供依据。

1）单个指标判别法

选择铁路运输生产指标体系中，较为关注且能够明显反映铁路车站作业组织异常变化的预警指标，按照铁路规定的规范化指标计算规则方法，通过一定手段，预先定义每个指标对应的预警临界值，当某项生产作业的指标实时数据或预测数据超过临界值，按超过程度进行分级预警。当某一类指标同时出现多个指标预警时，最终的预警级别为各预警指标的最高级。

$$A_i = \max\left(a_{i1}, a_{i2}, \cdots, a_{ij}\right) \tag{3.1}$$

式中：A_i ——第 i 类车站生产指标最终预警级别；

　　i ——一级指标序号（车站类型），按作业可分为编组站、货运站、分界口站等；

　　j ——二级指标序号（车站生产指标）；

　　a_{ij} ——单个指标预警。

2）综合指标判别法

综合指标判别法是在单个指标判别法的基础上，根据指标的重要性和对车站的影响程度，运用主成分分析等方法，设定各项指标权重，按照加权法对某一类车站作业体系进行综合评价，最终预警级别为各个预警指标的综合。

$$B_i = \sum a_{ij} n_{ij} \tag{3.2}$$

式中：n_{ij} ——各项指标权重。

4. 预警模型评估法

预警模型评估法运用于数据挖掘中，例如决策树、BP 神经网络等技术，通过对大量历史数据探索与分析，归纳出其生产经营行为的特点和规律。模型既可以是明确的数值关系，如通过数量方法构建预警模型，也可以是模糊的关系，如 ANN 神经网络等。通过数学方法分析因素间相关关系，能准确反映影响铁路生产因素间的因果关系，对铁路通过建立数据模型，对大量历史运营数据进行挖掘分析，比较分析历史数据，并不断进行实证校验，由此判断与预测铁路车站未来变化的方法，从而对企业运营未来一定阶段的状况进行预警分析。

5. 预警指标体系研究

根据铁路局集团公司铁路运输生产实际需要，结合预警指标的分析研究，构建生产指标预警指标体系，如图 3.1 所示。

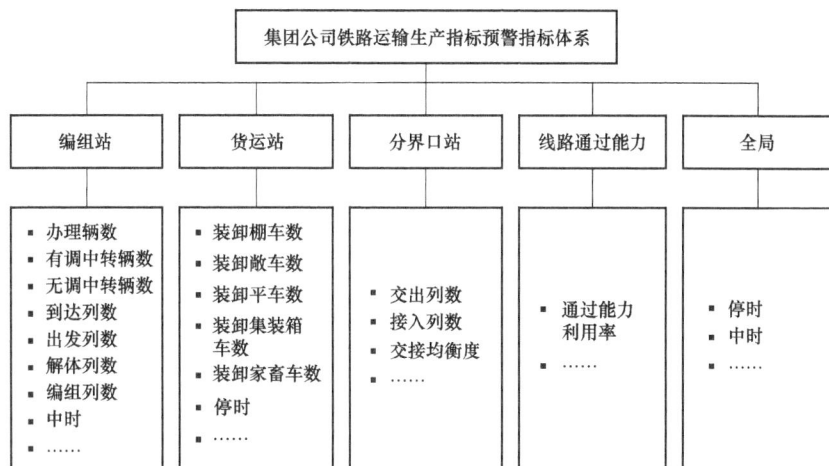

图 3.1　生产指标预警指标体系构建

3.2.2　构建动态分级预警级别与限界判定矩阵

1. 构建动态预警等级分级

预警等级分级是指标体系预警系统中重要的组成部分，将不同影响程度的风险事件按其危害大小分为若干个等级，以确定对应等级的应急预案，从而实现预警的最优效果。

同时，预警分级是预警系统输出的结果，通过预警信号的形式，向预警对象提供直观的信息。过少的分级导致预警维度不足，预警信号模糊不准确，应急措施无法针对性达成目的；而过多的分级在实际运用中，不便区分严重态势，需要过多的应急预案，不利于现场运营决策人员操作，不易于信息传递和指挥。

结合预警理论，并参考借鉴目前国内成熟的预警体系分级，例如气象灾害预警信号根据灾害种类分为 14 类，总体上分为蓝色、黄色、橙色和红色四个等级（Ⅳ，Ⅲ，Ⅱ，Ⅰ级），分别代表一般、较重、严重和特别严重；在民航领域，机场根据延误情况也分为航班大面积延误蓝色、黄色、橙色和红色预警四个等级。

评估铁路实际生产过程要求，以及调度指挥需求，最终确定根据运营状况出现危机程度的不同，将预警信号分为红、黄、蓝、绿四种颜色。各种颜色信号的含义："红灯"表示出现严重危机，应紧急采取调控措施，防范和化解当前危机；"黄灯"表示出现中度危机，在未来发展中有转为"较严重危机"的可能，应及时采取和加强各项化解危机的措施和手段，以促进运输生产状况趋于正常；"绿灯"表示正常，表明铁路运输生产状况良好，如果由绿灯转向黄灯，则表示运输指标有出现危机的势头，应及时查找原因，加速办理，以阻止情况发生。同时，铁路货运作为经营的重要内容，是铁路盈利的主要方式，"蓝灯"表示部分指标异常低，出现一般危机，可能会造成集结时间变长等情况，例如装卸量偏低、货源不足，此时应提高营销水平，以提高运输效率，加速列车周转时间。表 3.1 为铁路运输生产指标分析预警系统分级情况。

表 3.1 铁路运输生产指标分析预警系统分级情况

预警级别	色灯表示	危机程度
无预警	绿灯	状态正常
3 级预警	蓝灯	出现一般危机，影响较小
2 级预警	黄灯	出现中度危机，并可能进一步加强
1 级预警	红灯	已经出现严重程度危机

2. 基于历史数据的限界判定

预警信号的设置根据指标数值所在的信号区域来确定。因此，对每项指标都应确定信号区域的边界，即预警界限。预警界限可以根据铁路发展要求、参考历史运营数据等原则设定，具体的指标预警界限应当随着时间变化动态调整，以便动态反映某一类指标的异常情况。

1）编组站生产统计指标预警界限

编组站生产统计指标主要考虑货车办理辆数、有调中转辆数、无调中转辆数、到达列数、出发列数、解体列数、编组列数和中时。

上述指标主要与场站能力、作业组织水平、车流结构等因素相关。因此，参考上一年度运营历史数据分布的特性，结合车站能力查定和作业计划来划分预警等级。当指标小于80%历史数据时，亮绿灯，指标正常，车站运输生产作业秩序正常；当指标大于或等于80%，但没有超过90%历史数据时，亮蓝灯，车站运输生产作业质量可能小概率发生异常；当指标大于或等于90%历史数据，但没超过能力查定值或作业计划值时，亮黄灯，应加以警惕，及时调整作业计划；当指标超过能力查定值或作业计划值时，亮红灯，车站生产作业质量可能出现较大的风险，应立即采取措施。编组站生产统计指标预警界限见表 3.2。

表 3.2 编组站生产统计指标预警界限

	参考依据	绿灯	蓝灯	黄灯	红灯
货车办理辆数	历史数据+能力查定	实际值<80%	80%≤实际值<90%	90%≤实际值<能力值	实际值≥能力值
有调中转辆数	历史数据+能力查定	实际值<80%	80%≤实际值<90%	90%≤实际值<能力值	实际值≥能力值
无调中转辆数	历史数据+能力查定	实际值<80%	80%≤实际值<90%	90%≤实际值<能力值	实际值≥能力值
到达列数	历史数据+能力查定	实际值<80%	80%≤实际值<90%	90%≤实际值<能力值	实际值≥能力值
出发列数	历史数据+能力查定	实际值<80%	80%≤实际值<90%	90%≤实际值<能力值	实际值≥能力值

	参考依据	绿灯	蓝灯	黄灯	红灯
解体列数	历史数据+能力查定	实际值<80%	80%≤实际值<90%	90%≤实际值<能力值	实际值≥能力值
编组列数	历史数据+能力查定	实际值<80%	80%≤实际值<90%	90%≤实际值<能力值	实际值≥能力值
中时	历史数据+计划中时	实际值<80%	80%≤实际值<90%	90%≤实际值<能力值	实际值≥计划值

2）货运站生产统计指标预警界限

货运站生产统计指标预警主要考虑运用车保有量、装车数、卸车数、停时的指标预警。运用车保有量涉及车场股道容量、列车周转时间等因素，因此，参考上一年度运营历史数据分布的特性，结合箱形图以划分预警界限：当保有量指标小于或等于上四分位数，亮绿灯，指标正常，运输情况无明显异动；当保有量指标大于上四分位数，但没有超过 90%历史数据分布时，保有量可能出现饱和，超出股道容量，亮黄灯，应加以警惕、及时应对；当保有量数超过 90%历史数据分布时，可能出现较大的风险，应立即采取措施。

装车数与卸车数能力预警划分依据主要是车站装卸车能力，通过能力查定，确定日装卸吨数，并设定额定能力为 100%，当日装卸小于或等于能力的 80%，车站可及时完成装卸作业，维持车站正常运输生产秩序，生产指标正常，亮绿灯；当装卸量达到能力的 80%，但未超过 90%时，亮黄灯，应加速作业时间，提高生产效率，确保完成卸载任务；当装卸量超过能力的 90%时，可能给货运站装卸作业带来压力，生产指标异常，亮红灯，应及时调整作业计划，采取相应措施，加速办理。同时，货运站引入蓝灯，当装卸量小于能力的 20%，提示车站经营水平亟待提高，需要进一步加强市场营销，寻找货源。货运站生产统计指标预警界限见表 3.3。

表 3.3 货运站生产统计指标预警界限

	参考依据	绿灯	蓝灯	黄灯	红灯
装卸棚车数	历史数据+能力查定	实际值<80%	80%≤实际值<90%	90%≤实际值<能力值	实际值≥能力值
装卸敞车数	历史数据+能力查定	实际值<80%	80%≤实际值<90%	90%≤实际值<能力值	实际值≥能力值
装卸平车数	历史数据+能力查定	实际值<80%	80%≤实际值<90%	90%≤实际值<能力值	实际值≥能力值
装卸集装箱车数	历史数据+能力查定	实际值<80%	80%≤实际值<90%	90%≤实际值<能力值	实际值≥能力值
装卸家畜车数	历史数据+能力查定	实际值<80%	80%≤实际值<90%	90%≤实际值<能力值	实际值≥能力值
停时	历史数据+能力查定	实际值<80%	80%≤实际值<90%	90%≤实际值<能力值	实际值≥能力值

3）分界口指标分析预警限界

分界口是全国路网中重要的运输节点，在日常作业组织中要严格执行"敞开口子、大接大交，管控周时、提高旅速，畅通枢纽、服务全路"的运输组织原则，加强与邻局集团公司的沟通联系，严格按计划组织列车交接。

因此，分界口接入列数、分界口交出列数在前方编组站能力范围内，严格执行应接尽接、能接尽接的要求，保障运用车在路网内高效流通，加速周转时间，提高铁路货物运输效率。因此，结合各分界口站运输组织任务，把握"大接大交"的要义。当分界口接入列车高于历史数据分布下四分位数时，亮绿灯，运输组织正常；当接入列车低于历史数据分布下四分位数，但未低于十分位数时，提示分界口接入过少，预警信号亮黄灯；当接入列车数低于十分位数时，该日分界口接入列车数严重低于分界口"大交大接"的作业要求，必须与邻局加强联系，加速办理接入列车，亮红灯。交出列数预警界限与接入列车预警同理。

同时，在"大交大接"原则的基础上，为了合理控制全局内运用车数，避免过多接入及过少交出，造成局内运用车积压，进一步评估交接列车的均衡程度，即取"接入列数−交出列数"的绝对值进行预警，当实际数据在历史分布的上四分位数和下四分位数时，亮绿灯，指标正常，运输情况无明显异动；当指标大于上四分位数或小于或等于下四分位数，但没有超过九十分位数和十分位数时，局内保有量可能出现饱和，亮黄灯，应加以警惕、及时应对；当均衡指数超过九十分位数或不及十分位数时，可能出现较大的风险，应立即采取措施。分界口指标分析预警限界见表3.4。

表3.4　分界口指标分析预警限界

	计算规则	绿灯	黄灯	红灯
分界口接入列数	历史数据分布和通过能力	25%≤接入<能力	25%<接入<10%	接入≤10% 接入≥能力值
分界口交出列数	历史数据分布和通过能力	25%≤交出<能力	25%<交出<10%	交出≤10% 交出≥能力值
分界口交接均衡度	历史数据分布	25%≤均衡度≤75%	75%<均衡度<90%或10%<均衡度<25%	均衡度≥90% 均衡度≤10%

4）区间通过能力预警限界

区间通过能力是影响全路运输的重要指标，及时发现并疏解堵点对提高运输效率有着重要的意义。采用通过能力利用率指标评价线路的运营繁忙程度和利用情况，基于此指标制定区间通过能力预警限界（见表3.5）。

表3.5　区间通过能力预警限界

	计算规则	绿灯	蓝灯	黄灯	红灯
线路通过能力	通过能力查定	利用率<60%	60%≤利用率<80%	80%≤利用率<100%	利用率≥100%
列车运行计划兑现率	实际兑现率	实际值≥95%	90%<实际值<95%	80%<实际值<90%	实际值≤80%

3.2.3　铁路运营指标分析预警系统功能

1. 平台结构

铁路运营指标分析预警系统的平台构成及层次如图 3.2～图 3.4 所示。

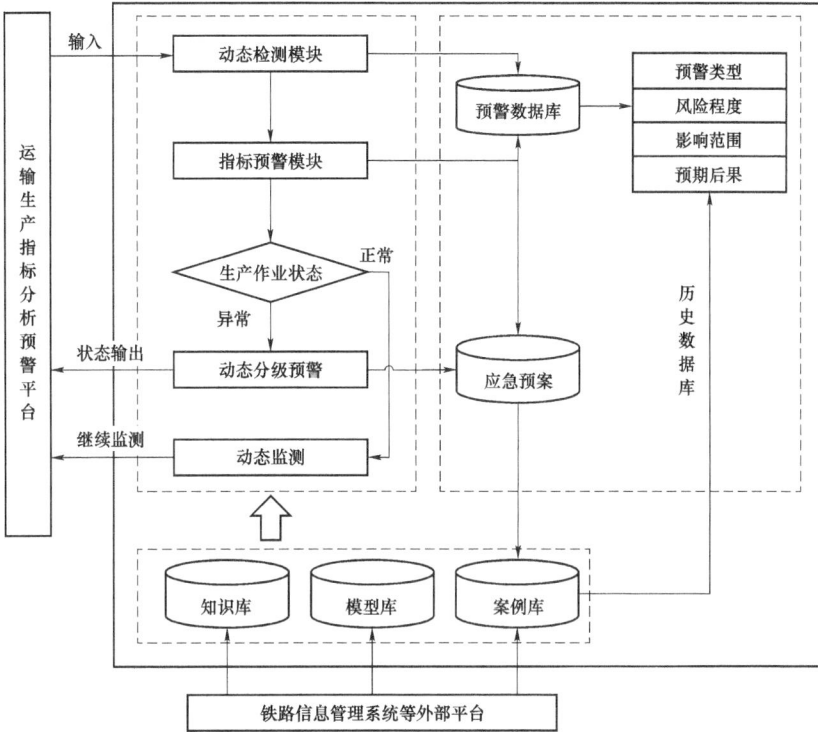

图 3.2　运输生产指标分析预警系统结构图

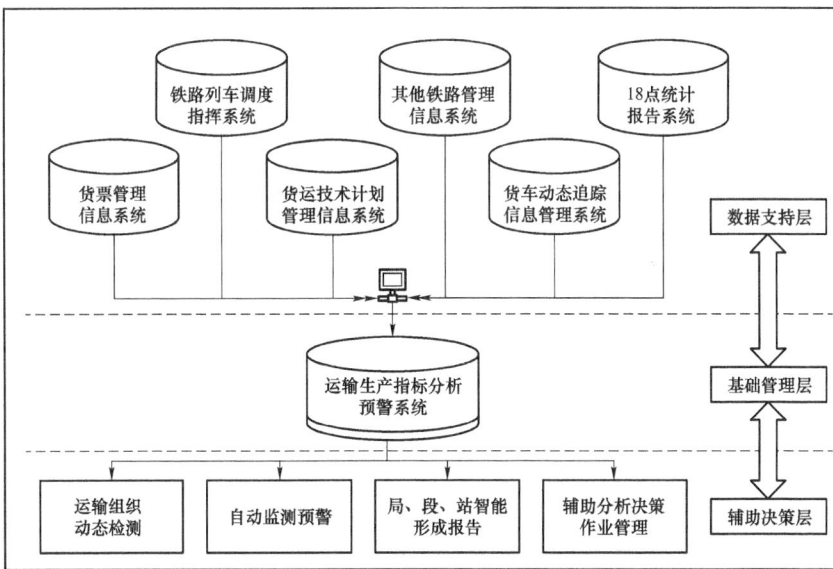

图 3.3　运输生产指标分析预警系统层次图

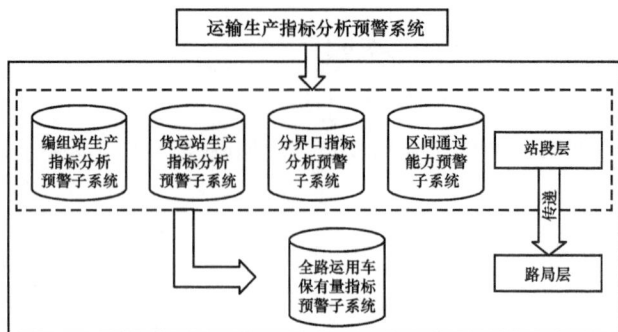

图 3.4 运输生产指标分析预警系统图

2. 数据来源

目前，铁路货运发展以建设信息化管理为目标，为了给铁路货车技术管理提供宏观的决策信息和生产组织，对其进行质量控制与信息服务。铁路货车管理结合计算机、通信等现代化的技术，实现对各个资源设备统一规划。各个车间生产岗位信息化网络建设的逐步完成，实现了货车运用、信息采集、数据积累、数据分析的过程，使得系统中采集的信息可以共享，对系统中心的综合调度、指挥、技术管理及质量监控有着积极作用，进一步完成了铁路网络管理、运输发展与信息化的要求。铁路货车技术管理信息系统已经广泛应用，并且数据采集的完整率和数据传输的及时率与准确率较高，在实际运行中具有良好的效果。

广泛应用的铁路列车调度指挥系统和现车、货票、货运计划、货车追踪、18 点、行车占线板等信息管理系统，能通过网络及时上报各种运输信息，这些信息是铁路运输组织的原始信息，能够体现全段当前运输组织主要状况。基于此基础，将各个系统的信息动态实时调取分析，就可使路局、站段各指挥中心能够及时准确掌握管内各站运输组织和行车作业的情况。预警的作用在于明确指标提示含义，使得调度指挥人员能快速发现各个车站存在的问题，路局指挥中心能了解全局存在的问题。

从信息管理系统直接导出的各项数据，可直接运用于运输生产指标分析预警系统，通过接口设计，实现信息的传递和功能集成。

3. 系统功能

根据运输生产指标分析预警系统的设计目标和预期出发，系统由动态检测和实时预警系统两功能模块组成。

动态检测是实现实时预警的基础，通过对生产系统内的数据实时分析，为预警信息提供数据依据。结合数据来源，重点对运输组织信息 3 h 阶段运输指标的动态检测、18 点运输指标的动态检测、车站作业的动态检测、局内各编组站及货运站作业的动态检测等功能进行整合，将各信息系统中的相关指标进行汇总，整理出预警系统所需要的指标数据。

在获取实时指标参数后，利用预警理论和预警知识，将现在数据与已经计算得出的预警限界判定矩阵进行比对，从而得到动态分级预警级别，实现运用车保有量预警、中时和停时预测预警、分界口交接列数和出入车预测预警、车站作业动态作业过程的动态预警等功能。

按运输生产指标分析预警系统使用对象区分，系统可划分为编组站生产指标分析预警子系统、货运站生产指标分析预警子系统、分界口站生产指标分析预警子系统、区间通过能力指标分析预警子系统，以及全路运用车保有量指标分析预警子系统。各站段可查看对应预警子系统的生产指标预警情况，路局可从预警系统获取全局的运行情况和各等级预警数量，从而为评估各站和全局的生产效率和生产情况提供依据。

系统运行界面及部分指标见图 3.5、图 3.6。

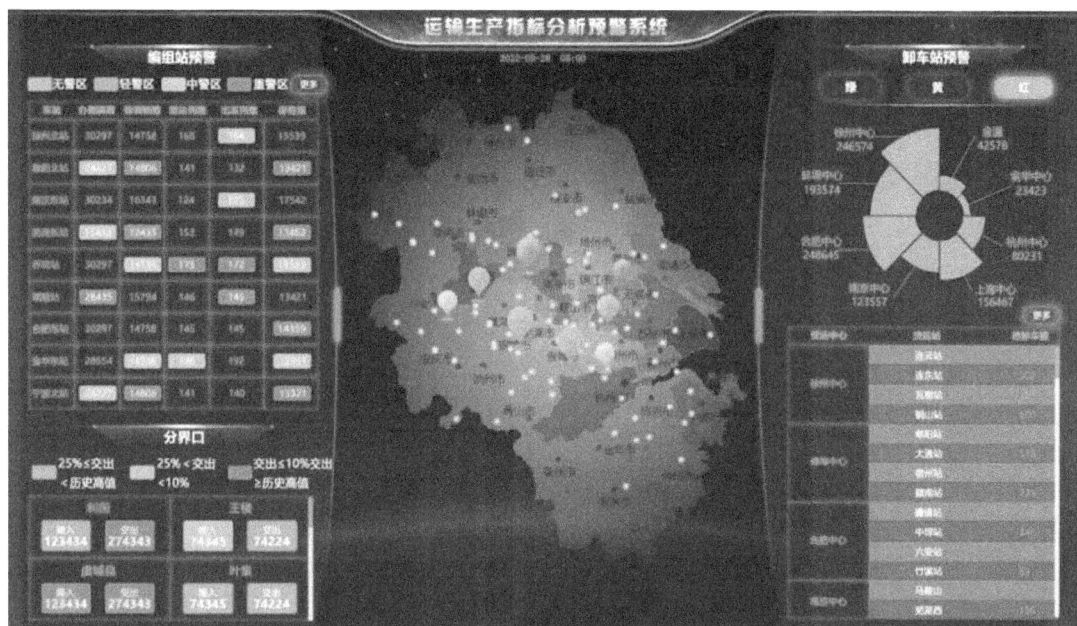

图 3.5　系统运行界面

图 3.6　部分指标

3.3　车务系统施工安全管理平台

3.3.1　平台架构及主要功能

1. 平台架构

车务系统施工安全信息化管理平台下分过程盯控、施工预案、施工管控三个子系统，三个子系统间相互关联、层层递进，月（日）计划环环相扣，最终实现过程盯控、施工预案和施工管控一体化的进程。三个子系统的运作流程见图3.7。

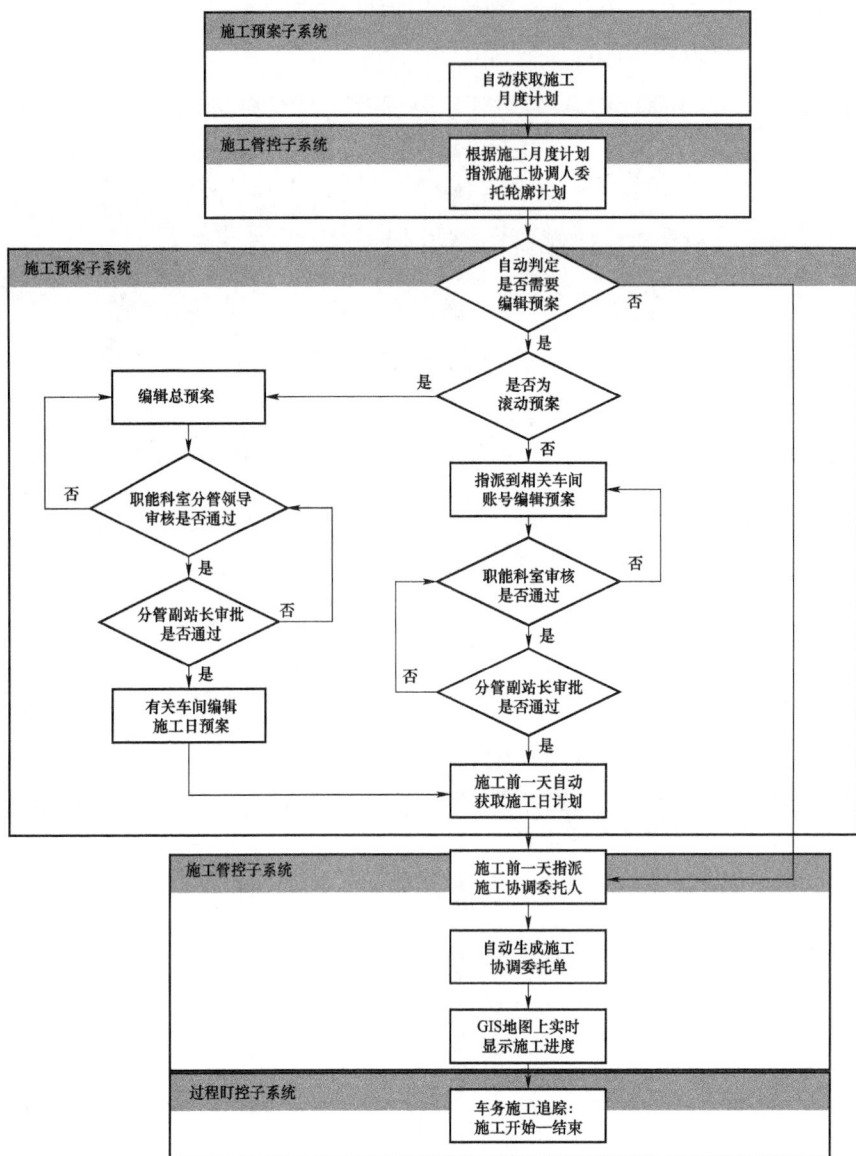

图 3.7　管理平台架构

按照先进性、实用性、标准性及安全性的原则，车务系统施工安全信息化管理平台的设计以需求为导向，根据业务处室及站段的业务特点、业务需求，采用构件的设计思想，对系统功能进行重组、扩充及完善。该平台依托于车务综合管理平台，与车务管理系统的门户入口相同，也能够为其他业务系统提供技术支持。因此，合理规划系统功能，不但要满足目前的业务功能需求，还需满足未来拓展新功能、新系统的需求，充分发挥管理平台的作用。

同时，将车务系统施工更多的信息化元素集成一体，达到数据互通、资源共享，并通过车务综合管理平台的研发和运用对车务站段施工安全管理和重点运输工作起到有效推动与促进作用，对施工预案编制、现场安全风险和关键盯控都起到积极的意义；另外，通过实现运输生产台账的信息化管理，为今后施工安全管控分析提供了数据支持，为车务站段运输生产指挥和日常管理提供了基础信息和决策依据，提高了运输生产效率。系统从实际出发，整体规划；突出重点，分步实施；突出应用，资源共享，实现车务系统施工管理一网通办。

2. 主要功能

系统包括施工管控、协调人管理、模块管理、计划管理、现场监控记录等 13 项功能，各项系统均实现了在线、实时和智能化处理，为车务系统的施工管理提供了有力支撑。

（1）实现了上下互动，加快了信息流转，使得施工安全现场监控、预案编制等更加规范，信息畅通无阻。

（2）减轻了班组劳动工作量，提高了生产效率。系统内设置了部分自动获取与上报功能，工作人员不再需要人工采集某些信息源，系统通过关键字搜索、自动生成等方式，提高了工作效率，程序更加简便、科学，同时极大地防止了人为差错。

（3）实现了施工（维修）作业的过程控制。从施工计划生成、协调人指派、预案模块化编制、施工过程盯控等环节入手，全过程有效控制了施工（维修），中间站（车间）台账实现了电子化。

（4）平台的推广为现场作业提供了多种应用手段，拓宽了沟通渠道，改善了沟通途径，使得车务运输相关部门的信息得以充分共享，提高了整体工作效率和满足度；加快了数据的统计速度和准确性，为决策系统提供了依据；同时依托于车务综合管理平台，为其他第三方软件提供了良好的接口，为今后新的信息化建设提供了平滑过渡，减少了其他软件集成的开发费用。

3.3.2　规范施工进度管理

1. 展示施工/天窗情况

GIS 平台统一提供局管内基础地理信息数据、铁路专业公用和专用地理信息数据。运输部用户，默认显示局管内所有车站，可以通过筛选站段（单选）查看所选站段范围内的车站；站段用户，默认显示本站段所有车站，可以通过拖动地图查看相邻站的具体施工/天窗情况，也可以通过拖动地图查看其他站段的施工点（不包含施工/天窗情况）。

2. 施工/天窗施工点展示

图形化动态展示局管内所有车务站段施工/天窗点位和施工/天窗状态，可以直观地对各站施工/天窗进度情况进行掌控和把握。默认显示当日（00:00—23:59）的施工/天窗施工点情况，同时提供时间段（日期控件）查询功能，根据用户选择时间范围显示对应施工/天窗情况。

（1）分类显示。根据类型不同，需分图标显示，具体见表 3.6。

表 3.6　施工天窗分类显示

序号	类型	说明	图示
1	二级、三级重点施工	施工，等级为Ⅱ或Ⅲ，或者登记内容中有"加强盯控"字样，三个条件满足其一则判断为此类型	★
2	一般三级施工	施工，等级为Ⅲ，且登记内容中无"加强盯控"字样	◆
3	局控天窗	由行车调度员安排的维修作业	■

续表

序号	类型	说明	图示
4	站控天窗	由车站安排的维修作业	▮
5	邻营（有驻站防护）	邻营（有驻站防护）	▲
6	故障	故障	●

（2）状态显示。根据施工/天窗所在状态，予以颜色区分，具体见表 3.7。

表 3.7　施工天窗分层显示

序号	状态	说明	图示
1	计划（未开始）	蓝色	★/◆/■/▮
2	进行中（已开始）	绿色	★/◆/■/▮
3	已完成（已取消）/终止	灰色	★/◆/■/▮
4	故障	红色	●
5	故障销记	灰色	●

（3）图例显示。需要在地图上标记图例，用以说明各种施工类型和施工状态，可参考图 3.8。

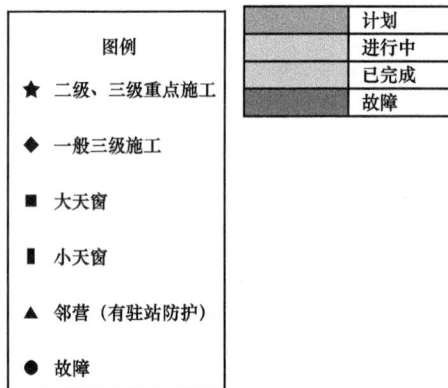

图 3.8　施工天窗图例显示

（4）同类合并。一是当同一施工点，同期存在多种类型和状态施工，需同类合并。二是当同一施工点，有两条三级重点施工，两条大天窗，则只需要显示一个★和一个■环绕在施工点周围即可，不需要显示两个★和两个■。三是当同一个施工点在当日每种施工类型都有时，所有类型都需显示，且显示方式需考虑页面美观性。四是同一种施工类型有多条，且在不同状态，则以进行中、开始前、已完成排列显示优先级。例如：一个施工点有三个三级重点施工，一个在开始前（★）、一个在进行中（★）、一个已完成（★），则只显示一个★即可，不需要显示三个。

（5）相邻站显示。当车务站段人员操作时，本站段管辖范围内所有施工点名称正常显示，相邻施工点名称需在外侧增加括号显示，如"（望亭站）"，以示区分。当运输部人员操作时，则无此要求，所有施工点无需加括号。

（6）隐藏/恢复显示。默认将所有施工/天窗类型、状态、施工点名称都显示出，可以根据实际需要，逐项隐藏。逐项隐藏是指每种施工类型、每种状态、施工点名称都可以单独隐藏和恢复显示。建议可以通过对图例的点击进行切换，较为方便。

3. 施工/天窗数据展示

对已经获取的施工点的施工/天窗明细数据进行展示。从平台下另外两个子系统（电子登销记系统和故障登销记系统）获取施工/天窗数据，数据每 5 min 更新一次。维修和局控站控天窗计划读取"维修登销记"数据。维修登销记中，"高"为维修日计划数据，"普（V型）"为局控天窗计划，"普（站控）"为站控天窗计划。另外，若备注为"取"或"终"，表明该项目终止；若备注为"纸质"，表明施工由于客观因素走线下流程，变更为纸质登（销）记。同时，系统根据项目日期、月计划号匹配该施工项目的施工预案进行展示。

3.3.3　规范施工协调人管理

1. 施工协调人月管理

1）施工协调人月管理流程

按照施工月计划管理施工协调人（月协调人）流程，明确流程权限及有关要求。获取施工月计划，未指派施工协调人，状态为"未指派"；已指派施工协调人则同时表示提交分管施工领导审批，状态为"月指派"；分管施工领导审批通过，状态为"月审批"。

2）施工月计划获取

直接采用施工预案子系统中现有功能，具体为计划管理模块中获取和筛选计划，站段根据月份获取施工月计划。

3）协调人月指派

按照已获取的施工月计划，对所有月计划对应施工日进行协调人月指派。针对施工月计划所属月的每一日（自然日）都可以进行施工协调人的指派，指定范围从协调人字典中选取（只能单选）。未指派协调人的，状态为"未指派"，状态栏显示为空；已指派协调人的，同时表示提交分管施工领导审批，状态为"月指派"；只要领导未审批就可以重新指派协调人，也可以将已指派的协调人撤销，此时状态还原成"未指派"；已审批通过的，状态为"月审批"，不可再指派，指派按钮隐藏；领导未审批，状态仍然为"月指派"。

4）协调人月审批

分管施工领导对已提交审批的月协调人信息进行审批。支持批量审批，以月计划为单位，当勾选月计划前选择框时，则该条月计划对应的需要审批的月协调人全部默认勾选上，统一批量审批，若其中有不参与本次审批的数据，则需进入详细页自行取消勾选。审批通过，则状态置为"月审批"；领导未审批，状态仍然为"月指派"。

2. 施工协调人日管理

1）施工协调人日管理流程

按照施工月计划管理施工协调人（日协调人）流程，明确流程权限及有关要求。

2）施工日计划获取

直接采用过程盯控子系统中现有功能，具体位置为施工管理模块中施工日计划（维修/局控天窗/站控天窗不涉及协调人，无需考虑）。

3）日协调人生成/指派

按照已获取的施工日计划，生成并指派相应施工日的施工协调人。

日协调人生成：根据站段、施工日期生成日协调人数据，施工日期默认为次日日期，可以修改（修改日期需控制，只能修改为当前日前 5 天至后 2 天）。日协调人根据施工日期、月计划号、日计划号对应，自动读取。同一个站段、同一个施工日期只能生成一条施工日计划，若选择的施工日期该站段无施工日计划（例如还未生成），生成后，只要是已有指派、审批、变更等关联数据，则控制不能删除，反之则可以删除。

日协调人指派：审批状态指的是日协调人审批状态，非月协调人审批状态。指派日协调人从协调人字典中选取（只能单选）。在日协调人生成时无数据的，状态为"未指派"，页面状态栏显示为空；日协调人生成时有数据的，视为已指派日协调人，表示提交分管施工领导审批，状态为"日指派"，领导未审批就可以重新指派日协调人，也可以将已指派的日协调人撤销，此时状态还原成"未指派"；已审批通过的，状态为"日审批"，不可再指派，指派按钮隐藏；领导未审批，状态仍然为"日指派"。

4）自动生成协调人委托单

根据施工日计划、日协调人生成/指派，自动生成施工协调人委托单，并根据施工日期、施工地点、施工项目及委托胜任人员姓名、职务等进行显示，具体内容见表 3.8。

表 3.8 施工协调小组委托单

单位名称：<u>南翔站</u>　　　批准日期：<u>2022-03-27</u>　　　批准领导（签名）：<u>徐×</u>

序号	施工日期	施工地点	施工项目	委托胜任人员姓名、职务
1	03-28	莘庄—春申	临时栅栏安装	新桥站春申站副站长 施×××
2	03-28	南翔上行编发场（驼峰（推1线）及414号道岔）	线路、道岔不破底清筛起整、走道板更换及综合养护	上行场车间副主任 张×
3	03-28	南翔客场（Ⅰ道及601号道岔）	成组更换601号道岔	调度车间副主任 朱××
4	03-28	新桥—春申	应力放散	新桥站春申站副站长 施××
5	03-28	松江—新桥	吊轨梁安装、路基注浆加固	松江站站长 顾××
6	03-28	七宝（Ⅰ、Ⅱ道、安全线及1/3、5/7、9/11、20、12/10号道岔和20号道岔至XK信号机间线路）—李家塘	硬隔离栅栏改移、接触网基础	到达场车间七宝站副站长 刘××
7	03-28	李家塘（Ⅰ、Ⅲ道、安全线及 3、11、13/15、16/14、8、4/2号道岔）—春申（Ⅳ道及7、9、15、17号道岔）	接触网改造：信号设备安装、调试；硬隔离栅栏改移	新桥站春申站副站长 施××

3.3.4　加强施工预案管理

1. 预案筛选自动化

施工预案子系统根据国铁集团和铁路局集团公司施工文件规定，对车务系统需编制施工预案的施工计划，通过关键字自动搜索，系统自动将车务系统需编制施工预案的月度施工计划进行梳理、摘录，自动下发到相应的车务站段。车务站段根据系统提示，自行编辑施工预案即可，大大缩短了人工筛选的时间与精力，提高了工作效率。

2. 预案编辑模板化

系统筛选出需要编制预案的施工计划后，由编制人员编制预案。施工预案子系统实现编制人员自行选择合理的施工预案模板，施工预案模板由具备丰富施工经验的站段施工专管人员事先编制并录入系统，各部门根据施工计划所涉及的行车设备影响程度，结合车站实际情况及行车管理和作业人员配备，编制符合现场实际需求的施工预案。

3. 预案审核与批准流程化

车间（站）将编辑好的施工预案，按既定流程上传到职能科室审核后，交分管领导审批，层层把牢安全关，确保预案编制的准确性和可执行性。

4. 滚动预案重复化

对于滚动计划的施工预案，系统还设置了编制施工日预案的功能，完成了对月度编制的施工预案的补充细化功能；对于一项施工内容在同一地点多次进行施工的项目，系统设置了预案复制功能，只可变更监控和作业人员，减少了现场重复的作业。

3.3.5　加强施工过程盯控管理

1. 实现施工计划流转闭环

由站段指挥中心每日 16:00 前将次日施工日计划挂在车务综合管理平台"过程盯控–施工日计划"模块内，供各车间（站）下载签收，同时显示各车间（站）签收人和签收时间，对未签收的部门以未打"√"提醒，做到施工日计划下达、签收流转闭环。

由站段指挥中心每日 16:00 前将次日维修日计划挂在车务综合管理平台"过程盯控–维修日计划"模块内，供各车间（站）下载签收，同时显示各车间（站）签收人和签收时间，对未签收的部门以未打"√"提醒，做到维修日计划下达、签收流转闭环。同时，由站段施工/维修专管人员将月度施工计划、增补施工计划、普速天窗修周计划、电力停电计划等挂在"过程盯控–月度计划"模块内，供各车间（站）下载签收，同时显示各车间（站）签收人和签收时间，系统对未签收的部门以"未签收"标签提醒，做到月度计划及周计划下达、签收流程闭环。

2. 实现精准动态提示

站段下属各车间（站）签收好次日施工、高铁维修、普速天窗修日计划后，在"每日提示"模块内选择与本部门有关的计划，选择把关车间（站）和登记点，涉及接触网停电的还须选择停电单元，实现每条计划盯控全覆盖。同时，系统通过导入施工日计划，对每条施工日计划涉及的车站进行指派，由被指派的车站在施工完毕后对相关施工信息进行填记，主要包括施工协调人员、把关人员、到岗时间、开始调度命令、开始时间、开通调度命令、开通时间、施工状态（施工进行、施工取消）、施工取消原因、施工延点开通原因、未按计划开通原因、存在隐患、管控措施等，留下相应的分析痕迹，便于掌握施工的作业情况及事后的分析、总结。另外，由站段施工/维修专管人员将施工、维修相关规章及文件挂在"过程盯控–施工规章"模块内，供各车间（站）下载学习，并做到动态更新。

3. "施工协调统计"有评价

由站段施工专管人员每月末将该月Ⅰ级、Ⅱ级、Ⅲ级重点、Ⅲ级普通施工中，站段领导、科室、车间（站）参与施工组织协调的次数在该模块内如实填写，同时填写施工延点次数，实现对站段月度施工协调组织过程的分析评价。

3.4　编组站智能安全管理平台

3.4.1　三维电子地图及数据展示平台

铁路运输信息系统较多，各级管理人员难以第一时间掌握现场作业信息、研判作业风险并及时进行管控。为此，车站构建了三维电子地图沙盘，以此为底图，设计程序实时读取 CIPS 系统接发列车/调车作业计划、施工维修电子登销记系统施工维修计划等数据，自动研判关键作业信息，在地图上实现提前预警。

车站三维电子沙盘是采用卫星和无人机采集的高分辨率地表影像，借助 3D 重建技术来还原大面积地表细节，生成的沙盘地图具备旋转、缩放、漫游功能，作为底图展示车站各类实时更新的动态作业数据（例如接发列车、调车、货检、施工维修作业等）和非实时更新的基础数据（例如线路名称、道岔号码、缓行器、停车器位置、信号机名称及设置等设备信息）。功能界面如图 3.9 所示。

图 3.9　徐州北站安全管理平台功能界面

图 3.9　徐州北站安全管理平台功能界面（续）

　　三维电子地图及数据展示程序安设在车站安全生产指挥中心大屏上及各级管理人员办公计算机中，实现了对全站各类关键作业信息的实时有形化提示，为各级管理人员针对性安排检查指导工作提供了较好帮助。

3.4.2　安全风险智能分析预警平台

　　车站既有安全管控模式以盯控当前作业和针对历史作业进行回溯分析为主，在对作业安全风险的预警预控方面还有明显不足。利用大数据分析技术，车站通过读取 CIPS 系统、车务综合管理平台、施工维修电子登销记系统内的计划数据，对未来 1～2 h 内的接发列车、调车、货检、施工等作业进行全面智能研判，采取风险等级图示化等鲜明方式，实现了对作业计划、关键风险及管控措施的智能展示预警。

　　具体途径为动态（每隔 1 min）读取 CIPS 系统未来 1 h 内的列车运行计划、调车作业计划，以及施工维修电子登销记系统未来 2 h 内的施工维修计划数据，自动分车场、分调车机、分登记点动态研判接发列车、调车、货检、施工维修作业安全风险，同时自动采集车务安全管理平台中当班人员涉及该风险的历史违标问题，以及替班、新职人员信息，按照调车、接发列车（含货检）、施工三个模块分别进行计划信息、安全风险项点、安全风险控制措施、风险历史违标问题、替班人员、新职人员等的预警提示，从而实现对作业安全风险提前研判预警的目的。调车、接发列车（含货检）、施工三个子系统相应功能界面展示如下。

1. 调车安全风险智能分析预警

1）预警界面

预警界面以二维坐标图展示，如图 3.10 所示。

　　横轴代表调车机调别及所执行计划起止时间，显示从当前时刻起，计划开始时间在 1 h 内的所有调车作业计划，并按计划开始时间顺序从左向右排序。

　　纵轴为时分轴，以柱形图代表作业计划，柱形图的纵向长度代表该计划所需的时长。柱形图与横轴的距离代表该计划开始时刻与当前时刻的时间差，到了开始实施的时刻，柱形图即与横轴完成接触。然后柱形图纵向长度根据计划时间完成进度向横轴缩减，直至结束消失。

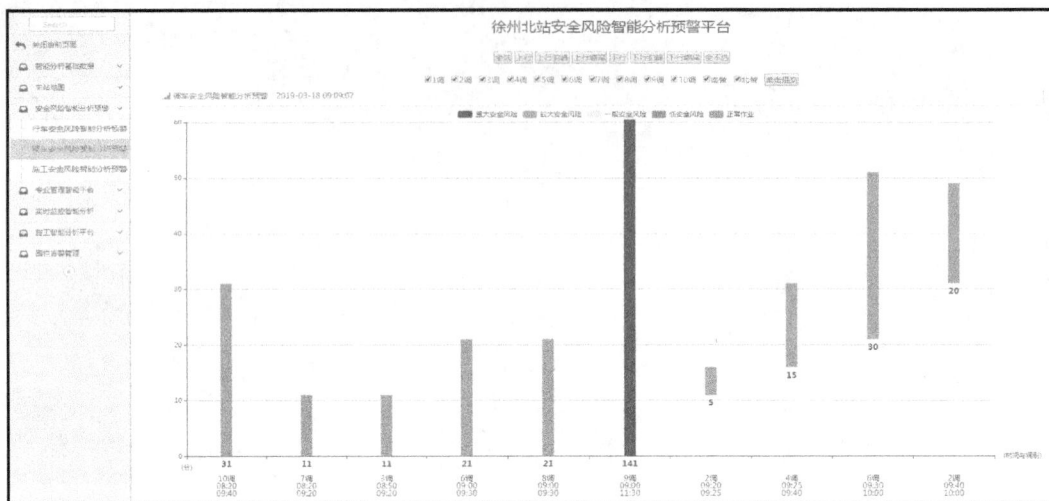

图 3.10　调车安全预警界面

柱形图颜色代表作业风险等级：红色为重大风险作业，橙色为较大风险作业，黄色为一般风险作业，绿色为正常作业。

2）计划及风险详细信息界面

当鼠标移至相应作业柱形图时，能够自动展示该项作业的计划内容、风险项点、管控措施、历史相关违规问题，以及责任人、替班人员、涉及的劳动安全风险处所等详细信息。当该项计划涉及穿正作业时，还能够自动研判展示计划起止时间段的客车车次。

2. 接发列车安全风险智能分析预警

1）预警界面

接发列车预警界面见图 3.11。

图 3.11　接发列车预警界面

在二维图中，横轴为时分轴，以 10 min 为单位，共计 60 min；纵轴为接发列车场别，分别为上行到达场、上行出发场、交换场、下行到达场、下行出发场。

每一个列车图标代表一项接发列车计划，当接发列车计划时刻进入距当前时刻 1 h 内时，便可以在平台中展示出来，并随着到/发时刻的临近逐步向纵轴靠近，直至当前时刻执行、接触消失。

列车图标下方标注该次列车到/发时刻与当前时刻的时间差。

列车图标上方标注该次列车的关键作业信息。系统根据列车运行计划"重点注意事项"栏及车次最新预报信息，自动研判关键作业内容，例如超限列车、限速列车及装载卷钢、乙醇等35类需重点进行货检作业的列车等。针对风险等级，列车图标采用红、橙、黄、绿不同颜色分别揭示。

2）计划及风险详细信息界面

当鼠标指针移至相应列车图标时，能够自动显示该次列车的详细信息（包括车次、股道、总重、辆数、换长、到达/出发时刻），以及关键风险、管控措施等。

3. 施工安全风险智能分析预警

1）预警界面

施工安全风险预警界面见图3.12。

图3.12 施工安全风险预警界面

以二维坐标图展示，横轴为登记点/起止时间轴，显示从当前时刻起，已完成登记并且计划开始时间在2 h内的所有施工维修作业对应的登记点及起止时间，并按施工/维修不同类型以及开始时间顺序从左向右排序。

纵轴为时分轴，以20 min为单位，共计120 min，表示距离横轴（代表现时刻）的时间长度，即展示每一项作业计划的时间完成动态。

以柱形图代表施工维修计划，柱形图的纵向长度代表该计划所需的时长，柱形图与横轴的距离代表该计划开始时刻与当前时刻的时间差。柱形图动态下移，到了实际开始实施的时刻，与横轴完成接触，计划起止时间改为实际起止时间，然后柱形图纵向长度根据实际安排的时间完成进度向横轴缩减，直至结束消失。

柱形图下方以红色数字标注该计划所需的时长（未与横轴接触，表示计划安排时长；与横轴接触后，按时刻进度，表示实际剩下的时间长度）。柱形图颜色表示施工维修作业风险等级。

该系统同时提供施工维修登记点（上到场、上发场、交换场、下到场、下发场、上行驼峰、下行驼峰、子场、徐州西、铜山、杨屯、周宅子、万寨）选择框，能够根据不同作业地点分别提供选择展示。

2）计划及风险详细信息界面

当鼠标移至相应柱形图时，可显示该项作业的详细信息（包括登记内容、计划给点时段及实际给点时段、把关人员）、登销记过程中存在的问题（例如值班员、把关人员未按规定时间签认、电务销记用语不规范等）、风险研判及相应管控措施提示（例如接触网停电、施工开通后限速、采用施工特定行车办法等）。施工计划安全风险显示界面见图3.13。

图3.13　施工计划安全风险显示界面

3.4.3　专业管理智能分析平台

充分发掘铁路局集团公司车务安全管理平台大数据，读取安全检查问题单，自动分析研判各车间、班组、人员安全受控状态，以及车站、车间、班组不同层面的接发列车、调车、货检、劳动安全、施工等专业管理安全受控状态。科学设计量化标准，针对当月进行情况自动比对，按照正常（蓝色）、临界（橙色）、短板（红色）三类进行提示，从而实现对短板车间、班组、人员，以及短板专业、短板作业项点等的智能分析。专业管理智能分析预警平台以网页形式展现，各级管理人员均可通过该平台直观查看相应层级（车间、班组、人员）及相应专业领域（接发列车安全、调车安全、施工安全等）的安全受控状态和安全问题智能分析结果，从而大幅度提高了车站安全管控的质量与效率。具体展示如下。

（1）自动研判车站各车间月度安全受控状态，见图3.14。

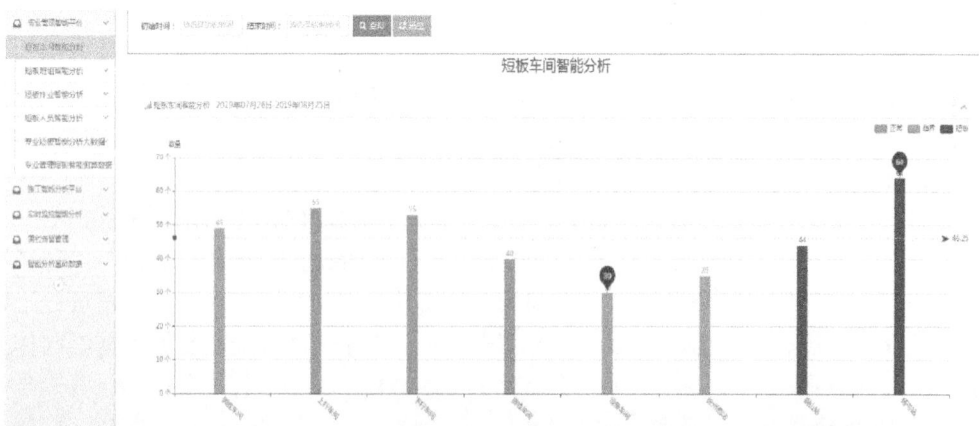

图3.14　短板车间智能分析

（2）自动研判各班组月度安全受控状态，见图 3.15。

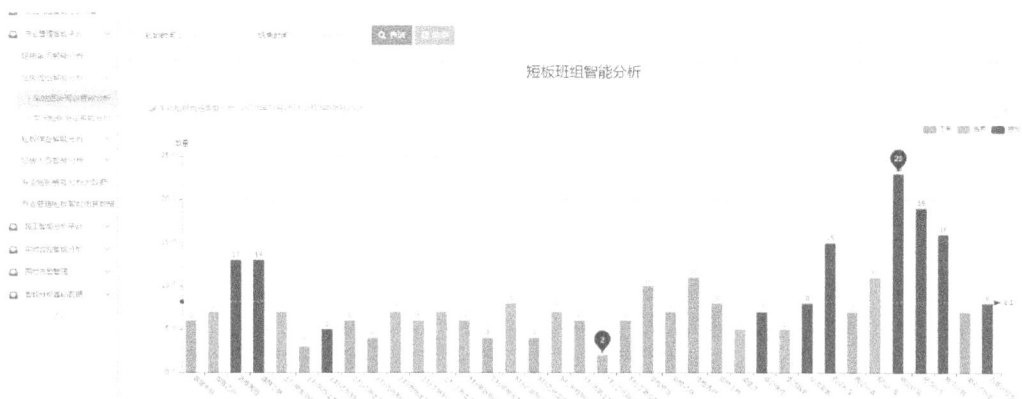

图 3.15　短板班组智能分析

（3）自动研判车站各专业月度安全受控状态，见图 3.16。

图 3.16　短板专业智能分析

（4）自动研判车站职工月度安全受控状态，见图 3.17。

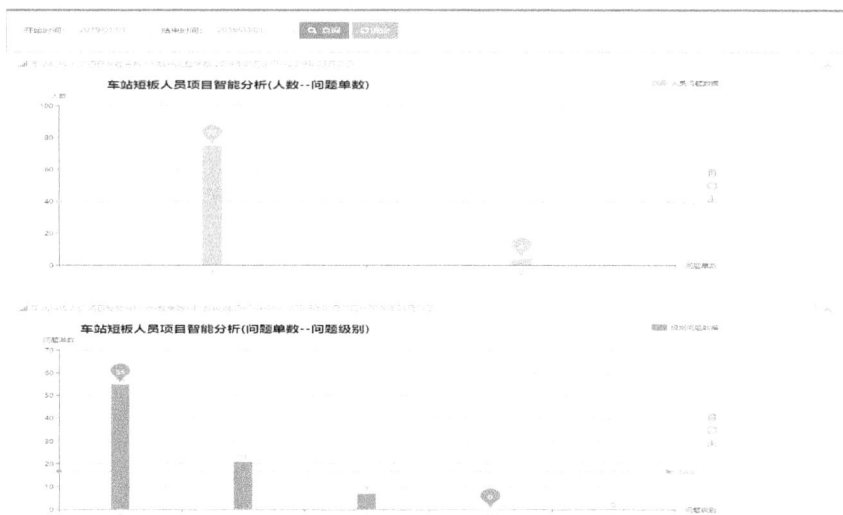

图 3.17　短板人员智能分析

（5）安全问题专业智能分析：能够自动展示对该车间、班组、专业、人员等的详细专业分析（例如安全风险项、安全风险事件、重复发生的问题等）并进行专业预警，见图 3.18。

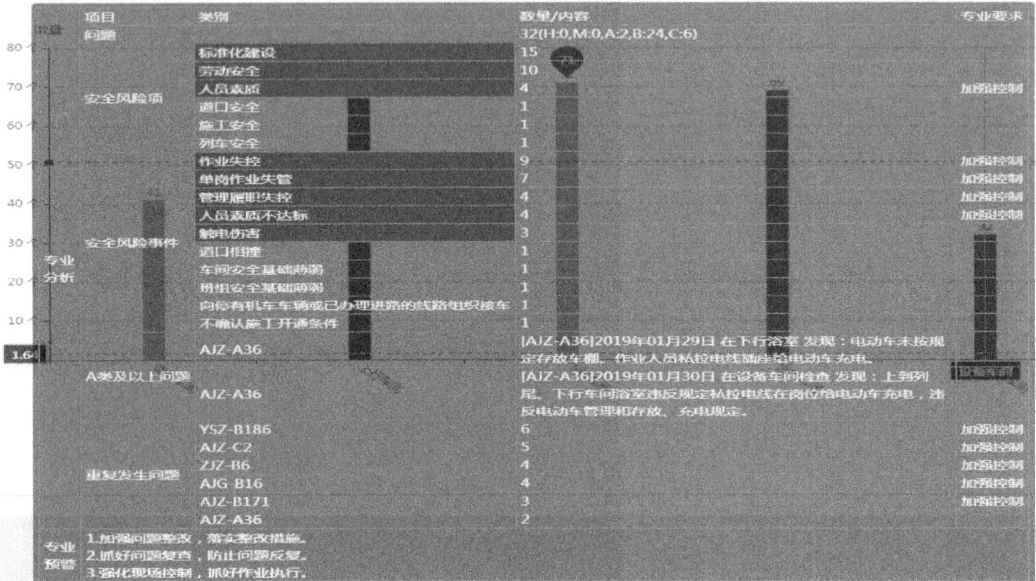

图 3.18　安全问题专业智能分析

在图形下方显示该部门问题单详情，并先后按照安全风险项、风险事件发生频次高低进行排序，见图 3.19。

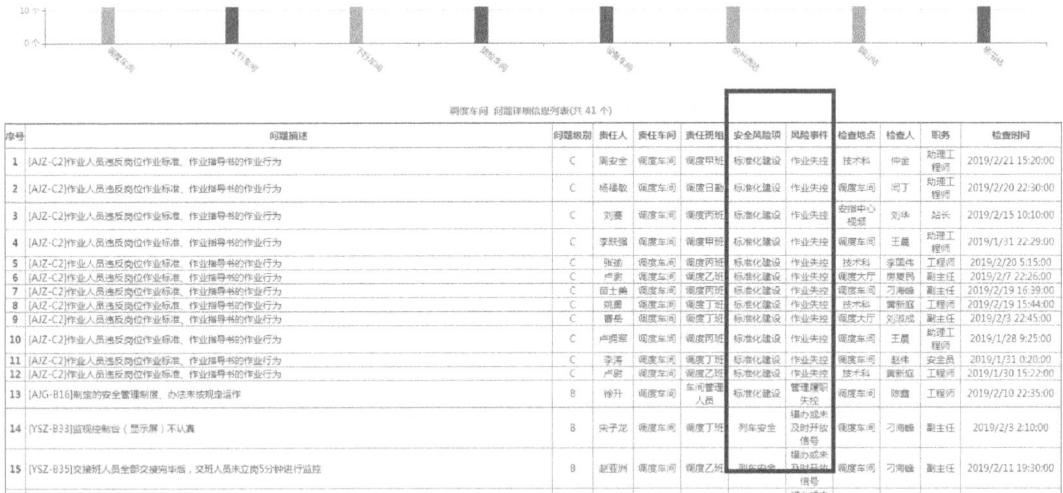

图 3.19　安全风险事件分析

（6）安全问题智能统计：以表格形式自动统计车站、车间、班组不同层面发生的问题级别/性质的数量，提供时间及车间、班组、问题类型等选项，见图 3.20。

图 3.20　安全问题智能分析

3.4.4　施工智能分析平台

动态（1 次/min）读取当日施工维修作业数据，实时展示计划执行状态，自动研判存在的问题及延迟/压缩给点情况。读取当前及历史数据，自动研判施工维修短板并分类展示；自动研判关键作业并分类展示；自动对枢纽全天窗集中检修质量进行统计分析；自动按月统计各登记站（场）施工、维修作业次数、时长及兑现率等。施工智能分析平台见图 3.21。

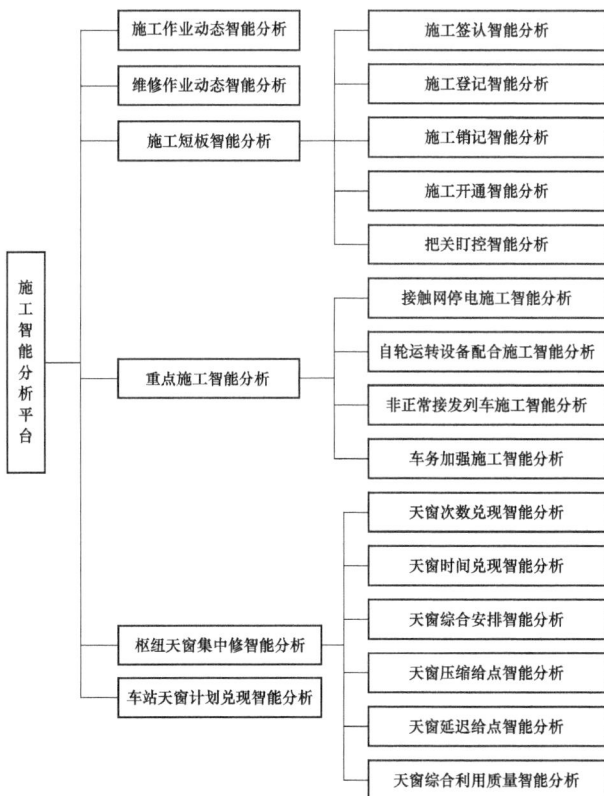

图 3.21　施工智能分析平台

1. 施工维修作业动态智能分析

自动研判展示当日施工维修计划的动态、详细信息及存在的问题［见图3.22，第二行（实际粉色）表示该计划执行过程中存在问题，其余行（实际灰色）表示已进行完毕］。详细信息包括计划号、项目、计划起止时间、登记站、实际安排开始时间、结束时间、把关人及到岗时间、压缩时长、延迟时长、计划开始前1 h接发列车统计（列）及存在问题等。

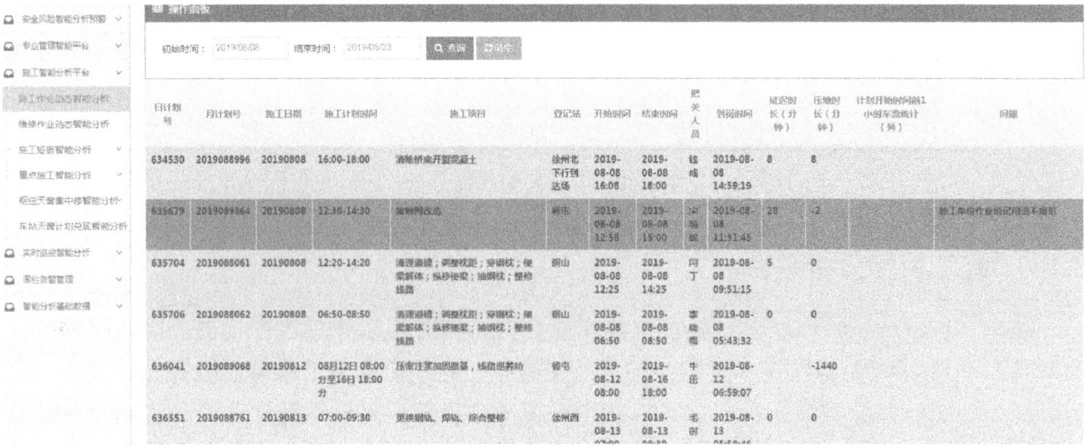

图3.22　施工维修作业动态智能分析

2. 施工短板智能分析

从登记、签认、销记、开通、把关盯控等环节进行短板问题研判，见图3.23。

图3.23　施工短板智能分析

3. 重点施工智能分析

对自轮运转特种设备配合、接触网停电、非正常接发列车、车务加强盯控等重点施工维修项目分类研判展示，提供查询，见图3.24。

4. 车场天窗时长兑现智能分析

自动统计当月枢纽各车场天窗时间兑现率，见图3.25。

5. 区域天窗时长兑现智能分析

自动统计枢纽各维修区域天窗时间兑现率，见图3.26。

图 3.24　重点施工智能分析

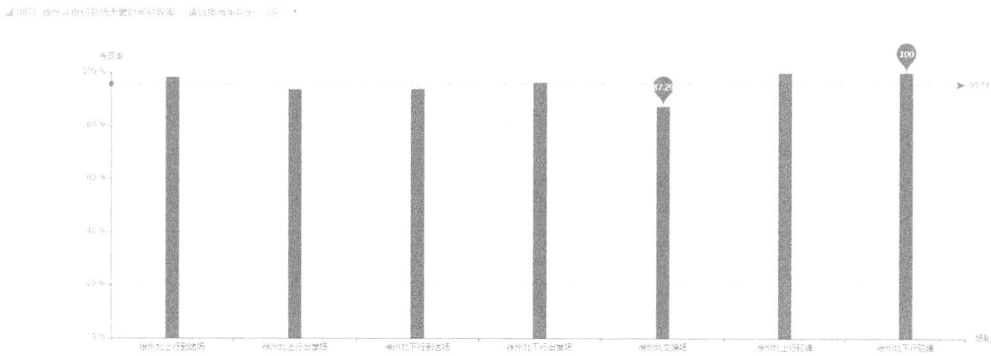

图 3.25　枢纽各车场天窗时间兑现率

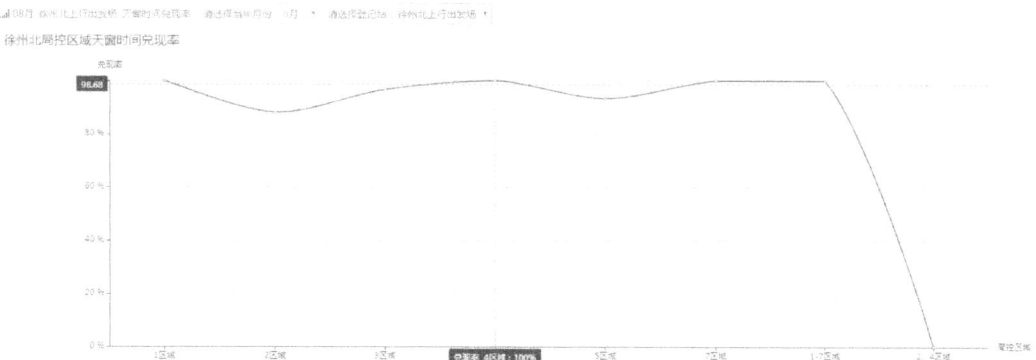

图 3.26　枢纽各维修区域天窗时间兑现率

6. 班次天窗时长兑现智能分析

自动统计枢纽各车间、各班次天窗时长兑现率，便于直观掌握各班次维修组织质量，见图 3.27。

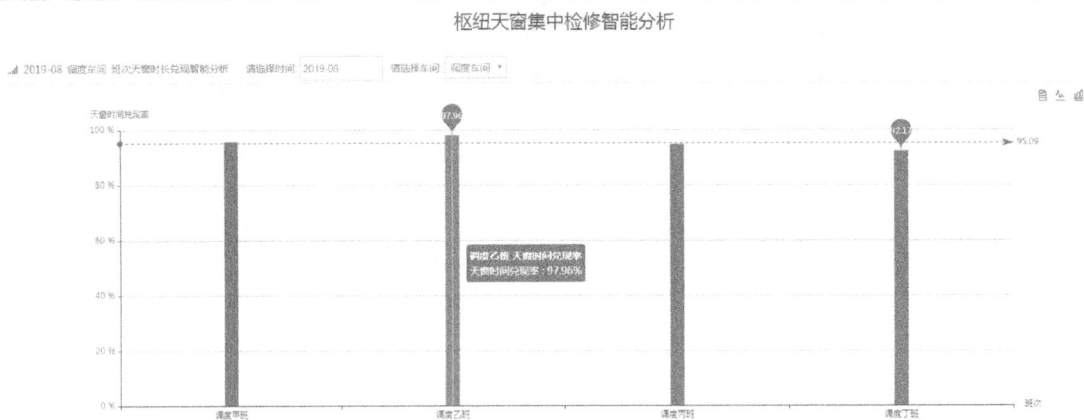

图 3.27　班次天窗时长兑现智能分析

7. 天窗综合安排智能分析

自动统计展示每年 1 月份以来各月天窗综合安排率变化情况，见图 3.28。

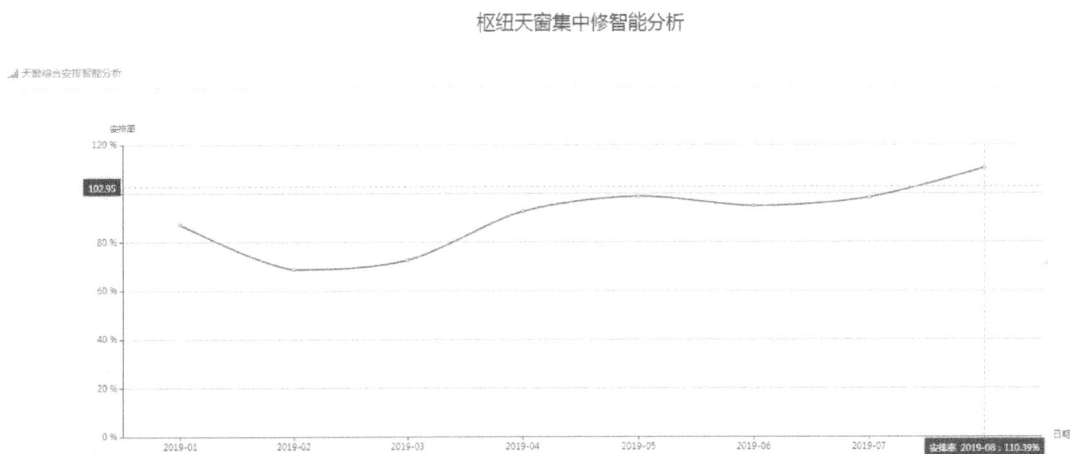

图 3.28　天窗综合安排智能分析

8. 天窗时间兑现智能分析

自动统计当年 1 月份以来各月天窗时间兑现率、局控天窗时间兑现率、站控天窗时间兑现率变化情况，见图 3.29。

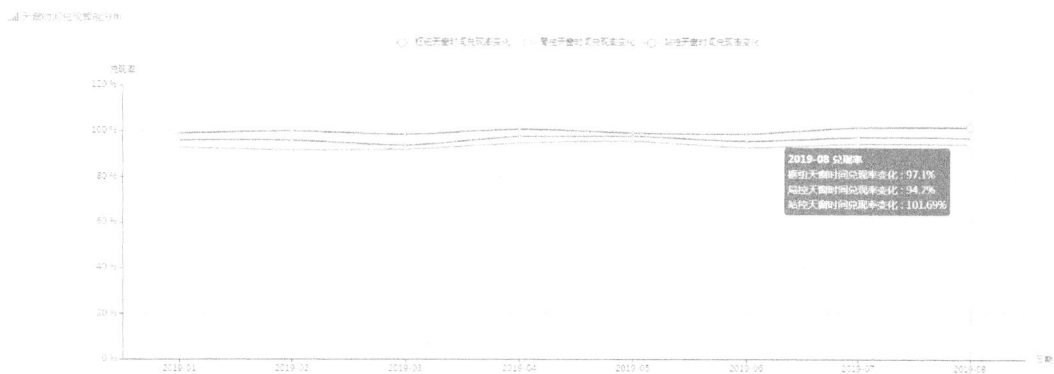

图 3.29　天窗时间兑现智能分析

9. 枢纽天窗集中修智能分析

自动按维修类型（局控、站控）及维修单位（工务、电务、维管）分别统计维修计划次数、实际兑现次数、计划时长、实际兑现时长、次数兑现率、时间兑现率、综合利用率等详细指标。

10. 枢纽区域维修综合利用智能分析

每日自动按维修区域、维修单位综合展示区域维修综合利用情况，对综合利用的以绿色标注；按月自动统计各场区域维修次数、综合利用次数、综合利用率，对综合利用较好的以绿色标注，对综合利用较差的以红色标注，见图 3.30。

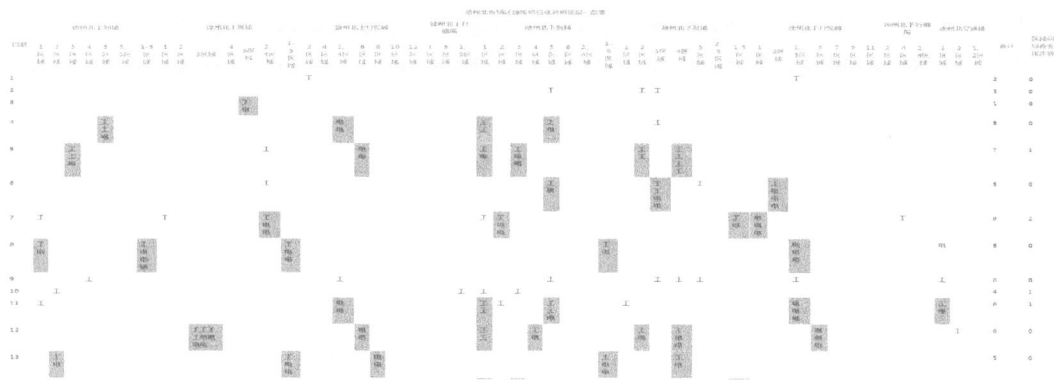

图 3.30　枢纽区域维修综合利用智能分析

11. 车站天窗计划兑现智能分析

自动统计每月全站各施工维修登记点（车场、中间站）的 V 型天窗、垂直天窗、施工天窗次数、时长及次数兑现率、时长兑现率，见图 3.31。

图 3.31 车站天窗计划兑现智能分析

3.4.5 室外作业智能监控预警平台

编组站室外作业以调车作业、货检车号作业为主。其规范作业与否直接关系到车站劳动安全、行车安全基础，也直接影响车站的运输组织效率。在构建车站电子地图的基础上，采用北斗卫星定位、通信和 RTK 定位技术，实现作业人员的精确定位，同时读取 CIPS 系统调车作业计划、铁路货检安全监控与管理系统货检作业计划，实现室外作业人员定位信息与作业信息的智能匹配、综合展示。同时，依据作业标准，对作业人员是否按规定出务作业、是否在规定时间内完成作业等进行智能研判告警。

1. 调车作业智能监控预警系统

根据编组站调车作业具体环节，按拉风、驼峰提钩、编尾调车三个环节分别进行设计，见图 3.32。

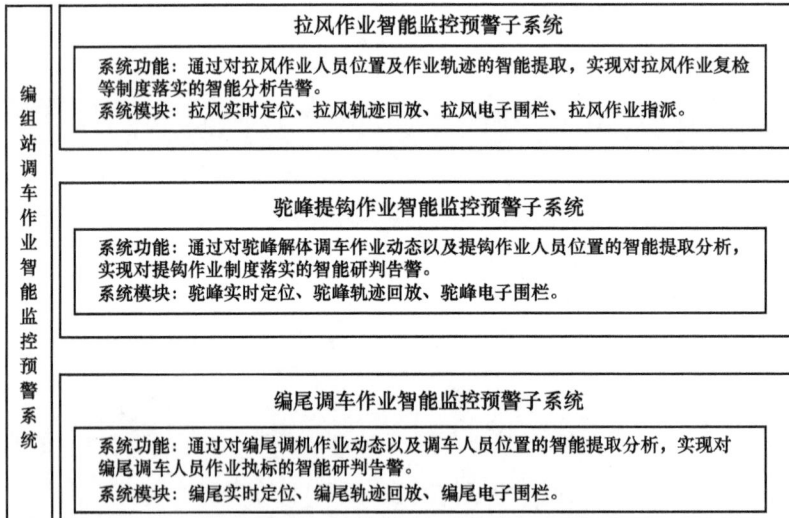

图 3.32 编组站调车作业智能监控预警系统

（1）拉风作业智能监控预警子系统：构建拉风任务指派平台，实现拉风作业指派无纸化操作。通过对拉风人员位置、作业信息的智能提取，实现对拉风人员的实时定位、作业信息实时展示，以及对拉风人员未及时出务或未出务作业的智能研判告警，同时实现人员轨迹自动存储，能够回放分析，对是否执行拉风复检制度提供判断。拉风作业指派系统见图 3.33。

顺号	姓名	车次	股道	开始时分	结束时分	出务安全确认	操作
1	燕斌	26046	6	2020-11-18 13:36:11	2020-11-18 14:05:00	燕斌	
2	吴峰	41052	5	2020-11-18 09:15:00	2020-11-18 09:41:06	吴峰	
3	于雷	29121	11	2020-11-18 09:25:00	2020-11-18 09:41:26	于雷	
4	燕斌	29125	12	2020-11-18 14:10:00	2020-11-18 14:40:00	燕斌	
5	孙继超	18016	8	2020-11-18 10:50:19	2020-11-18 11:22:00	孙继超	
6	孙继超	21013	3	2020-11-18 16:40:00	2020-11-18 17:01:46	孙继超	
7	吴峰	11052	11	2020-11-18 17:00:00	2020-11-18 17:20:19	吴峰	
8	燕斌	26054	6	2020-11-18 18:10:28	2020-11-18 18:40:00	燕斌	

图 3.33　拉风作业指派系统

拉风人员定位及作业信息、告警信息界面见图 3.34。

图 3.34　拉风作业告警界面

（2）驼峰提钩作业智能监控预警子系统：通过对驼峰解体计划及提钩人员位置的智能提取分析，实现对驼峰提钩人员的实时定位、作业信息实时展示，以及对驼峰提钩人员未及时出务或未出务作业的智能研判告警，见图3.35。

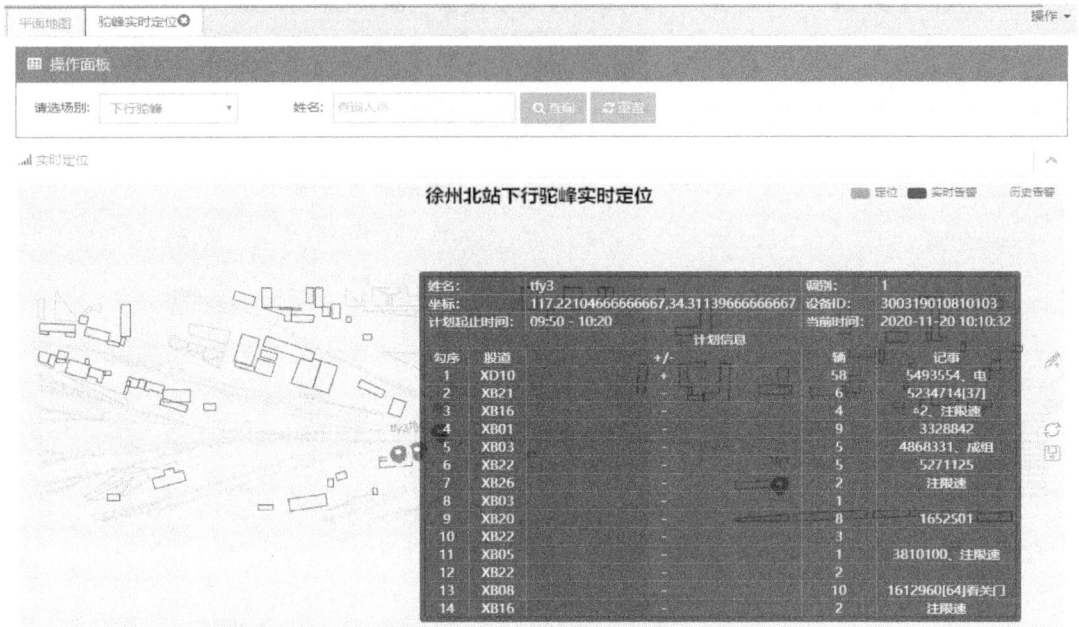

图3.35　驼峰实时定位界面

（3）编尾调车作业智能监控预警子系统：通过对编尾调机作业动态及调车人员位置的智能提取分析，实现对调车人员实时定位、作业信息实时展示，以及对未及时出务或未出务作业的智能研判告警，见图3.36。

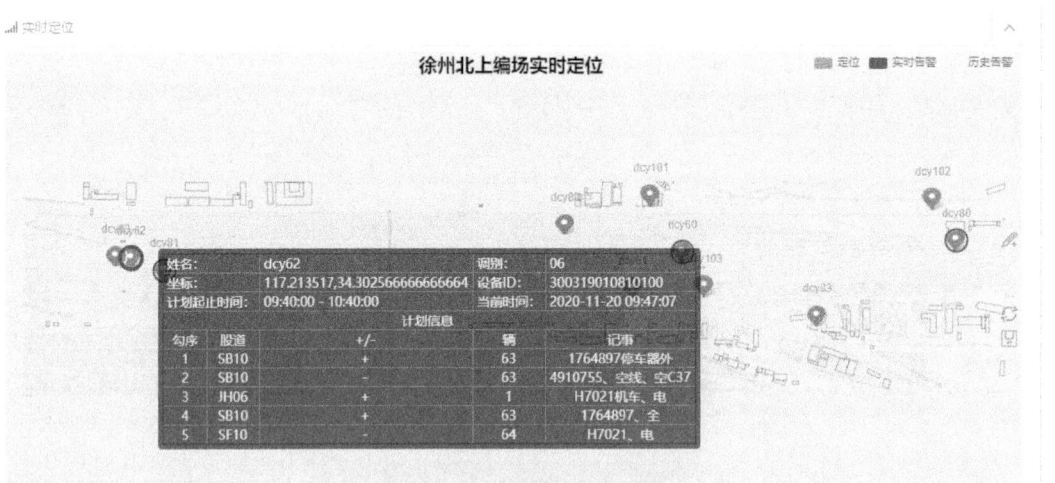

图3.36　编组场实时定位界面

除了对各环节调车人员动态、作业信息的综合展示及智能研判外，平台还实现了人员轨迹的存储，便于对调车人员是否执标，例如拉风人员是否执行拉风复检制度，提供回放分析功能，见图3.37。

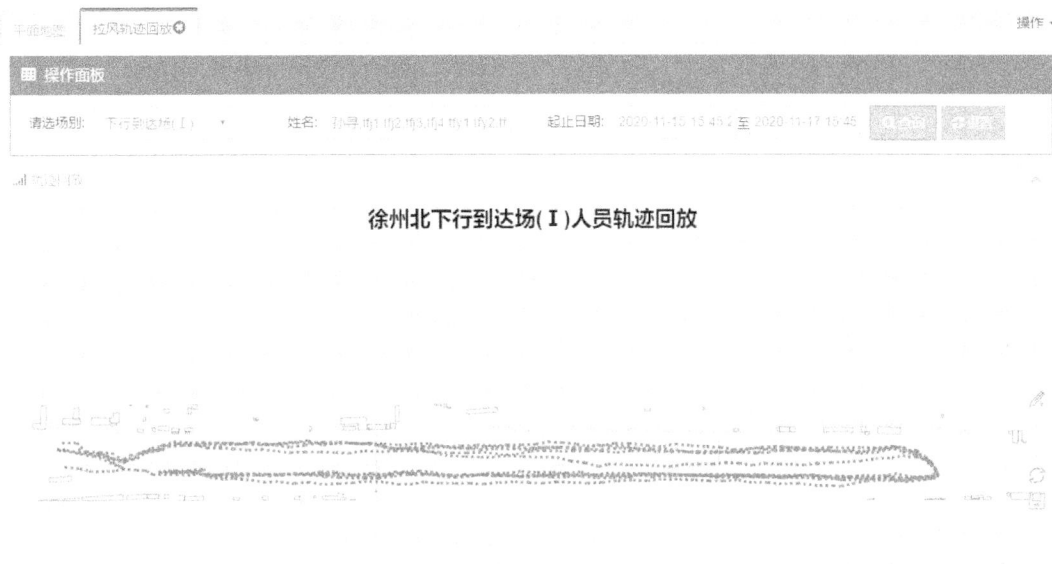

图 3.37 人员轨迹界面

2. 货检作业智能监控预警系统

（1）货检作业定位及信息综合展示（展示作业人员实时位置、作业股道、作业车次、作业开始时间及作业状态是否规范等）见图 3.38。

图 3.38 货检作业定位界面

（2）轨迹回放（提供作业人员行为轨迹回放查询功能）见图 3.39。

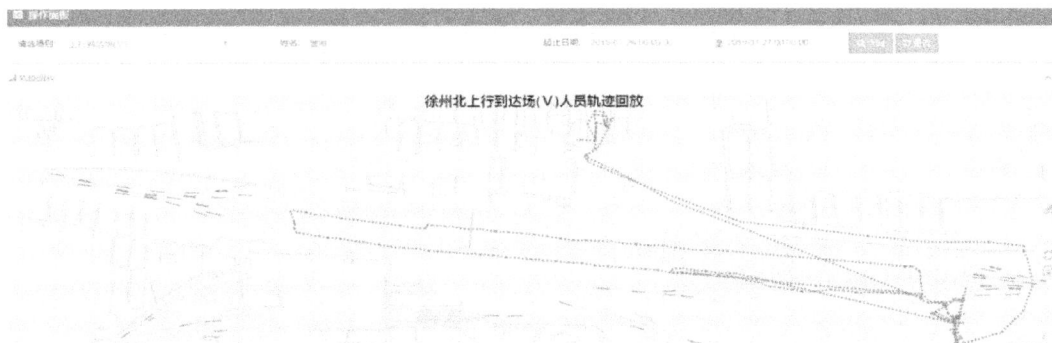

图 3.39 货检人员轨迹回放界面

调车、货检室外作业智能监控预警平台的投入运用，能够有助于管理人员及安全生产指挥中心准确掌握室外人员作业动态，对作业人员未规范作业的告警信息及时处置，从而强化室外作业安全管控力度，提升作业执标水平，确保作业安全。

3.5　车务段安全双重预防机制三循环防控平台

3.5.1　创建三循环工作模式

车务段层面建立"发现问题—督促整改—制定措施—跟踪验证"循环模式，推动车间双重预防机制运作。

车间层面建立"发现问题—落实整改—细化措施—跟踪验证"循环模式，推动班组双重预防机制运作。

班组层面建立"发现问题—对标整改—反馈问题"循环模式，落实问题整改，反馈存在问题，推动制度完善。

车务段安全双重预防机制三循环示意图见图 3.40。

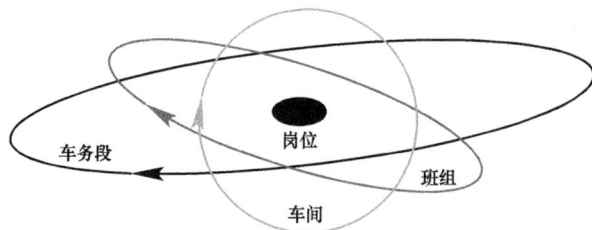

图 3.40　车务段安全双重预防机制三循环示意图

1. 建立三循环问题、隐患库

双重预防机制三循环工作模式中，建立问题、隐患库是推动机制运作的重要一环。检查发现的各类问题、隐患若不能立即进行整改，随着时间流逝往往会不了了之，或因人员调动而被遗忘。为此，车站需按年度建立问题、隐患库，将各类检查通报问题、标准化车间班组考核问题、小分队检查问题纳入年度问题、隐患库，落实责任人、限期整改，管理类问题立即落实整改，作业类陋习问题集中组织整改，隐患问题在未整改前落实管控措施。车务段层面每月对车站问题、隐患库建立、整改落实等情况进行检查督促，采用通报、履职督查和月度考评扣分等不同手段推进，规范问题、隐患库建立。

2. 打造 PDCA 闭回路链条

在推动安全生产预防机制落实的实际操作过程中，车务段基于 PDCA 的管理学原理，从车务段、车间、班组三个层级分别建立"发现—考核—整改—定措施—跟踪"的闭回路链条，确保双重预防机制健康运作。

安全双重预防机制落实首先在于问题的发现。通过构建体检式+跟踪式检查、双休日检查、安全分析员作业记录仪检查、安全调度员和客运调度员实时作业盯控检查和各类专项检查体系，做到了各工种、各岗位、全时段覆盖检查要求，全面了解掌握现场存在的各类问题、隐患，为双重预防机制后续运作打好了基础。

发现问题后，根据问题性质对规、对表落实考核，起到警示教育的作用，促进各层级干部职工正视存在的问题，积极落实管控措施。

考核的同时，由车间、班组在专业部门的指导下制定整改措施，并通过建立制度办法等方式固化相关举措。后续，由专业部门对车间、班组的实际整改情况进行跟踪验证，切实做到问题和隐患闭环销号。

3.5.2　明确安全双重预防机制三循环操作流程

1. 构建自上而下、上下结合的风险研判流程

车务段每年根据铁路局集团公司公布的年度安全风险控制表，经专业部门集体研究，梳理形成车务段安全风险控制表项目及管控措施，各车间、班组结合现场实际情况提出修改意见，车务段汇总后进行修订完善并公布，确保安全风险控制要求符合现场实际。在此基础上，每个季度、月度对照"六类变化"情况进行再研判，对风险项目进行增补或修改。车间、班组根据车务段公布的年度、季度、月度安全风险控制表，结合实际补充个性化的安全风险控制项目。通过车务段层面牵头研判，车间、班组各层级予以反馈补充，使得安全风险研判更加贴合现场实际，预想的管控措施更具执行力。

2. 构建风险认领和周重点安全检查流程

公布季度、月度安全风险控制表后，按照"专业科室对重大安全风险做到月度全覆盖检查、对较大安全风险做到季度全覆盖检查、一般风险每月检查应不少一次，车站做到岗点、作业小组全覆盖"的要求，组织各级参控人员认领安全风险，并落实量化检查要求。在此基础上，车务段结合季节性、阶段性工作重点，每周确定1~2项重点安全风险，明确重点检查内容和量化要求，发动专业部门、车间班组进行重点管控，按周汇总并进行通报。通过"日常+重点"相结合的手段，有效落实各层级安全风险检查要求。风险认领和周重点安全风险检查计划见表3.9。

表 3.9　风险认领和周重点安全风险检查计划

车务段周重点风险检查项目概况表风险项点	重点检查内容	检查要求	量化要求	发现问题情况	责任车站	责任部门	责任人
防错办措施不落实	（1）车站值班员、助理值班员（内勤）是否按规定联系落实列车调度员，核对计划、开放信号排列进路等是否按规定标准执行。	（1）各站按性质每天在安全风险2.0系统上对"多方向错办；错误排列电力机车进入停电（无网）区的进路"风险点进行检查，并填写检查详细情况。	（1）普速线路各站及各客运站，检查问题不少于2个。（2）其他各站检查问题不少于1个。	注明日期、时间及考核情况	各站	安全科、技术科、调度科	安全科专业管理人员，技术科专业管理人员，安全生产指挥中心安全、客运调度员，车站管理人员

续表

车务段周重点风险检查项目概况表风险项点	重点检查内容	检查要求	量化要求	发现问题情况	责任车站	责任部门	责任人
防错办措施不落实	（2）接发旅客列车时,是否按规定时机停止影响进路的调车作业,与接发列车进路没有隔开设备或脱轨器的线路,是否向进入接发列车进路的方向进行调车。 （3）客车一日一表是否按规定要求编制、审核和上报,作业中是否按要求勾划。 （4）多方向车站及后方站接发列车计划核对、调度联系、方向提示、开放信号和车机联控用语等环节是否按规定要求执行。 （5）接触网停电时,接发电力机车安全措施"六确认"（勾划、揭挂、单操、钮封、属性、分布）制度是否落实。 （6）行车室夜间作业纪律执行情况	（2）各站对跨班班计划、调度命令（含运行揭示命令和客调命令）交接情况进行一次专项检查,检查情况记录于现场检查指导簿。 （3）客运调度员对客车一日一表进行全覆盖检查。 （4）安全科、技术科、调度科对上述风险项进行重点检查,并填写检查详细情况	（3）安全科、技术科检查发现问题各不少于3个。 （4）调度科检查发现问题不少于2个	注明日期、时间及考核情况	各站	安全科、技术科、调度科	安全科专业管理人员,技术科专业管理人员,安全生产指挥中心安全、客运调度员,车站管理人员

3. 构建数据化模型评价流程

依托铁路局集团公司运输部组建的车务系统安全管理 2.0 平台,建立安全风险评价模型,每月将风险检查和考核情况录入风险 2.0 系统,由系统自动演算并生成安全风险评价情况。对研判生成的不受控安全风险项目,组织各专业科室进行核实、修正,研究确定车务段、车站安全风险不受控项,如实反映现场安全风险管控情况。

4. 构建多形式的干预流程

对评价为不受控的安全风险项,由专业科室和车站分层级开展深度分析,查找原因,提出改进和加强措施。车务段一级对不受控安全风险项进行安全预警,强化不受控安全风险关键控制措施,提出检查频率及检查质量要求;车站对不受控安全风险项的干预检查情况纳入车务段季度体检式+跟踪式检查,重点盯控跟进。对季度内连续发生同一个安全风险项不受控的车站,列为安全隐患问题,提交安委会进行集中整治,防止问题升级。

3.5.3　构建自下而上的隐患排查机制

1. 整章建制，引领职工形成隐患排查自主意识

一是建立健全安全生产事故隐患排查制度。明确车务段各层级安全隐患排查职责、安全隐患分类、排查方法和流程，将安全隐患排查纳入到各层级日常工作标准中。二是建立季度两防三查制度。以季度为单位，要求各站从存在的安全突出问题入手，认真进行排查分析，着重从管理上查找原因、解决问题，做到重在治本，强化基础，突出重点，综合施策，有针对性地采取措施，彻底消除安全隐患，为安全管理"抓小防大"提供抓手。三是建立安全隐患排查治理奖惩制度。主要依托《宁波车务段安全生产奖惩实施细则》《宁波车务段管理人员安全生产过程履职管理考核办法》《宁波车务段安全管理评估考核实施细则》三个文件，明确现场职工、管理人员和车站在安全隐患排查发现、安全隐患主动治理上的奖惩规定，充分激发全员排查治理安全隐患的主动性和积极性。

通过完善安全隐患排查治理机制，将安全隐患排查治理工作融入到全员工作标准中，又将两防三查机制作为安全隐患排查治理的立脚点进行实施，辅以相应的奖惩制度，引领全段干部职工积极主动参与安全隐患排查治理过程中来，为实现自下而上的安全隐患排查目的打好坚实基础。

2. 运用机制，达成自下而上隐患排查治理目的

安全隐患排查机制完善后，重点在于确保机制有效健康运作，确保安全隐患在现场工作中能尽早尽快被发现。在推进机制运作方面，车务段侧重发挥"人防"作用，探索物质层面和精神层面的双重激励。一是注重物质层面重奖。对发现安全隐患的个人和单位实施重奖快奖。对防止事故的职工，视情况给予 300～2 000 元不等奖励，其中符合铁路局集团公司防止事故奖励要求的，采取"集团公司奖励多少、车务段奖励多少"政策，加大奖励力度。除个人防止事故受奖励外，所处车间、班组在月度考评中能够加 3～5 分，让车站整体也得到实惠，形成良性氛围。二是注重精神层面激发。建立月度防止事故嘉奖通报制度，由车务段主要领导签发，车站进行记名式传达，使每个干部职工都知道防止事故会得到奖励。同时利用"一事三查"机制，查找安全隐患背后故事，对同一隐患问题发现与否进行对比通报，将奖优罚劣效应进行放大，让职工体会到发现隐患的获得感。运用 FTP 大数据综合管理理念，对安全隐患排查发现和治理销号情况进行实时监控，对安全隐患排查问题倒挂、治理销号推进不及时的行为，利用月度干部履职通报进行点名批评，倒逼车站、个人主动作为。

在物质重奖和精神激励的双重作用下，车务段防止事故数量由一两年前的每月 9 起，迅速增长至近期每月近 30 起；发现隐患问题类别也由核对计划等书面问题向外部环境等直接影响行车安全问题转变，职工查找安全隐患积极性得到充分发挥，自下而上查找隐患问题机制运作良好。

3. 健全三级风险隐患检查制度

安全风险管控和安全隐患排查治理制度的贯彻落实，必须要有相对应的检查制度作为配套，将研判发现的安全风险和排查发现的安全隐患进行有效管控，防止安全风险和安全隐患升级。从现场实施情况来看，车务段是安全风险管控和安全隐患排查的推手，车间是落实安全风险管控和安全隐患排查的主体，班组是实现安全风险管控和安全隐患排查的立足点。

1）突出车务段检查指导作用

车务段在双重预防机制运作过程中，除了起到完善相关制度办法外，最核心的事就是推动机制有效运作，防止机制空转。围绕双重预防机制有效运作目标，强化机制运作检查指导，推动各项要求得到有效落实，是车务段主要目的。目前，车务段在检查指导方面主要采取以下措施：一是对照安全风险控制表制定专业检查清单，从管理和作业两个层面明确检查要求，既便于车站进行自查，也便于车务段进行专业指导。二是构建全方位的检查指导制度，主要建立以季度为周期的体检式+跟踪式检查制度、以季节性和临时性为特征的专项检查制度、以关键时段和节假日为补充的双休日检查制度和以车务段调度员、安全分析员为主的常态化覆盖检查制度专项检查，分别从管理制度运作、突出专业风险整治、关键时段风险管控和安全风险管控验证方面进行检查指导，帮助车站建立健全双重预防机制运作全过程。

2）建立车间对照覆盖检查制度

车间是双重预防机制落实的主体，是关系双重预防机制是否有效运作的重要环节。车间梳理研判发现的安全风险，对照安全风险控制表的控制措施进行检查验证，实现全过程全覆盖，能够及时发现车站在安全风险管控上存在的薄弱环节，并加以控制。一是在安全风险项点上做到全覆盖检查。对本站所有安全风险在月度做到全覆盖检查，重大安全风险在每日做到全覆盖检查。二是在作业时段上做到全覆盖检查。要有白天的检查，还要有后半夜的检查；要有工作日的检查，还要有节假日的检查。三是对照检查清单进行全覆盖自查。从自身管理制度完善，现场作业执标情况进行自查，同时对上级检查通报问题进行针对性检查整改。

3）建立班组对标检查制度

班组是决定双重预防机制成败的立足点，是双重预防机制的最后一道防线。班组在双重预防机制运作中，最重要的一环是作业执标和互联互控。对此，车务段建立班后视频自查制度。一班作业结束后，首先由作业人员对照视频查找自身在作业过程中是否存在执标不到位的情况，对违标行为通过视频进行回放对照，进而纠正自身执标问题；其次由班组长指出存在问题，对照视频进行讲解，不断提升班组整体执标水平；最后由班组长将存在问题记录在问题自查表中，供车站、车务段针对性采取措施。

3.5.4　健全基于双重预防机制的管理体系

1. 健全"三位一体"安全保障体系

在"三位一体"安全保障体系中，"人防"是核心，"物防""技防"则具备稳定性高、见效快等优势。对此，车务段分类施策，针对安全双重预防机制三循环过程中研判发现的难点、痛点，针对性开展教育培训、科研攻关，持续健全"三位一体"安全保障体系。

2. 健全安全管理制度体系

对双重预防机制运作过程中发现的问题和隐患，除了制定相关整改措施外，车务段还注重从制度层面加以巩固。车务段坚持每年修订全员安全生产责任制，结合周期内各项管理制度的变化及时划分责任，避免职责出现真空或过度交叉。同时，车务段定期梳理汇总整改措施中存在的难点问题，对管理制度进行完善。

3. 建立双重预防机制分析评价体系

1）基于现实管控的分析评价

安全风险管控评价采取大数据分析和专业人员分析项结合方式。在车务综合管理平台安全风险 2.0 模块设置风险评价分析模块，自动统计每月各安全风险项下两违数据，达到 4 张 B 类、2 张 A 类或 1 张事苗、红线的，认定为不受控风险项。车务段每月组织专业科室对不受控安全风险项产生的问题进行分析梳理，剔除实际内容与安全风险项不一致的违章，最后形成安全风险评价报告，对安全风险不受控项发布预警，专业科室、车站对安全风险不受控项进行深度分析，并通过加大检查力度进行干预。

2）基于促进机制的激励考核

安全风险激励机制以问题导向为主，主要采用每月定点分析通报、专项分析通报、月度考核扣分等方式。每月对管内两个车站双重预防机制运作情况进行定点检查，深入分析车站双重预防机制运作中存在问题，在月度安全例会上进行通报，并由车站对照问题制定整改措施，由点及面促进机制规范运作。不定期对双重预防机制运作检查存在问题进行梳理汇总，针对性提出改进意见，利用检查指导机会，对车站贯彻执行情况进行监督检查，引导正确运作机制。汇总定点分析通报、专项分析通报、安全风险倒挂及贯彻落实不到位等问题，作为月度车站安全质量考评扣分项，并按照职责分工给予相关人员月度干部履职扣分和月度干部履职通报，引起重视，认真整改。

3.6　铁路货运生产作业与管控平台

随着铁路货运的发展和客户服务能力的提升，社会对铁路物流能力有了更高的要求，铁路物流数字化和智能化探索加速，而货运、车务协同问题成为了物流效率提升的痛点。国铁集团《"十四五"铁路网络安全和信息化规划》明确提出优化整合铁路业务领域信息系统和持续推进一体化信息集成平台建设，并在重点推进示范项目中推进运输生产领域和综合协同领域的信息系统建设，提升车务作业数字化管理与运营水平。

随着近年来信息化技术的迅猛发展，铁路车务作业管理的需求也随之发生变化，走向一体化、协同化。2016 年新一代 SAM 系统、CIPS 系统拉开了编组站综合自动化建设的帷幕，不断推动车站系统的发展。2018 年 3 月实施货运票据电子化，实现了票据信息全程联网。

伴随信息一体化、协同化的不断推进，越来越多的系统依赖于货运车务基础数据。研究建设的铁路车务信息平台（以下简称"车务信息平台"），不仅与铁路货运生产作业与管控平台（以下简称"货运管控平台"）信息交互，还可以为更多铁路相关系统提供生产基础数据，进一步推进多生产领域的综合协同作业。

3.6.1　货运与车务综合协同存在的主要问题分析

现有货运与车务协同方式主要有三种。第一种是通过线下作业人员直接沟通的方式，来解决系统间的沟通需求。但是这种方式存在货运和车务数据重复录入、业务协同性不高的问题。第二种是在各货运系统构建时，考虑到了本系统的需求，从车务或者其他货运系统获取到相关需要数据，一定程度上减少了数据录入。但是随着业务需求的不断变化和增长，由于没有统一的设计和管理，各系统多存在数据质量不可控、业务协同简单低效的问题。第三种是在系统运维过程中，由于业务需求的变化，通过系统升级的方式，添加了一些新的沟通路径。这种方式增加了协同的复杂性和混乱程度。

通过对现有协同方式分析可知，货运与车务协同存在以下问题：

（1）随着货运作业流程的精细化发展，货运业务出现了很多新情况、新问题，一些作业实际有相互控制或校验的需要，但当前协同中存在系统间数据缺少校验、校验较少或者存在安全风险等问题。

（2）现有数据传输规范不统一，数据在流转过程中经过多次加工和处理，存在一定的滞后性。数据的一致性也无法保证。

（3）由于用户对货物运输更高的作业效率和服务质量的需求，需要研究减少作业间等待时间、提升作业效率的作业方式。现有的作业计划多为各专业为了内部作业而制订，没有通过专业间计划协同的方式来提升作业效率。

货运与车务协同需要实现包括数据协同、作业协同和计划协同在内的综合协同，具体如下：

（1）数据协同，将数据分类为预测数据、实时调用数据和实时推送数据三种类型。

（2）作业协同，通过梳理货运和车务相关作业，实现货运和车务作业上的协同，将协同内容体系化、标准化，使作业流程可控。

（3）计划协同，通过将车务运统 1、货运票据等全流程追踪数据互联互通、紧密结合，精准预计车辆到达时间，场站内部提前组织装卸工组、作业股道，车站调度根据货运作业计划编制站内钩计划。将数据的事后补录转变为事前计划，实现按计划作业，提升场站内作业组织效率。

3.6.2　总体设计

车务信息平台的建设目标是支撑货运管控平台的顺利实施和稳定运行，通过扩容铁路运输信息集成平台和改造现车系统等，同时将车务生产数据集中上移到车务信息平台，促进车务系统的大数据应用。改造后现车系统和电子运统 1 信息平台将通过车务信息平台统一与货运管控平台进行交互，实现货运与车务之间计划与作业信息的综合协同。系统总体结构如图 3.41 所示。

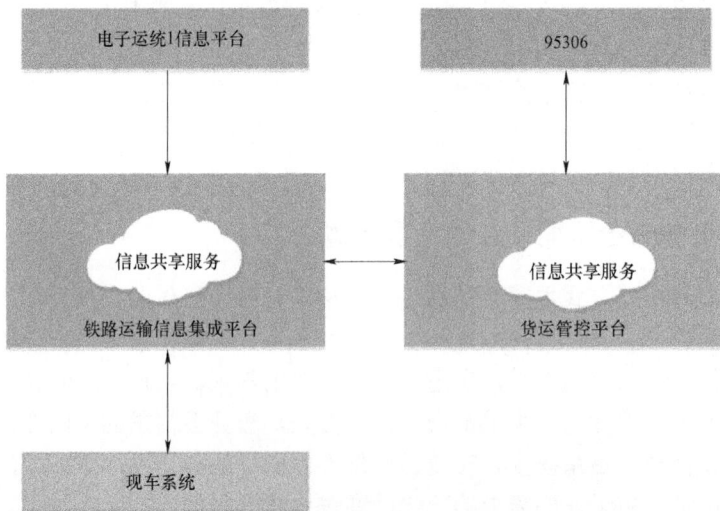

图 3.41　系统总体结构

3.6.3　关键技术

1. 业务流程互控技术

业务流程互控技术就是为了减少作业流程间等待时间、提升作业的可靠性、降低作业返工、提前发现作业问题，通过合理设计货运与车务业务流程，结合作业间合理校验、问题检测等方式，将货运和车务作业流程进行融合，实现作业流程更加合理、高效流转。主要互控方式有以下几种。

（1）检验互控。在货运和车务执行作业时，根据需要在作业执行前，校验相关状态是否具备。如果相关状态已经不具备，则拒绝执行该作业或者进行提示。

（2）作业发起互控。在某项作业执行完毕后，根据作业流程主动发起其他作业，实现货运和车务作业发起互控。

（3）计划互控。作业计划是货运与车务作业中在车辆未到达前，根据预测等方式，提前发起作业计划编制等作业，并控制后续流程发起，实现计划互控。

2. 计划协同编制技术

计划协同是货运与车务在实际作业开始前，为了安排作业而编制作业计划，包括录入货运编制取送车需求、车务编制调车计划等。现有计划编制方式主要是货运与车务编制各自的线下计划，没有线上交流。计划协同编制技术通过优化现有的计划编制方法，采用预测等方式实现提前编制，同时将计划根据协同需要相互传输，使得计划之间可以协同作业，增强计划的时效性。

3.6.4　货运与车务综合协同设计

1. 综合协同总体架构设计

货运与车务综合协同需要综合梳理协同作业需求后构建合适的协同方式。综合协同总体架构图如图 3.42 所示。货运主要通过货运管控平台相关作业实现与车务进行协同，车务主要由运输集成平台将多种版本现车系统整合后统一与货运进行协同。

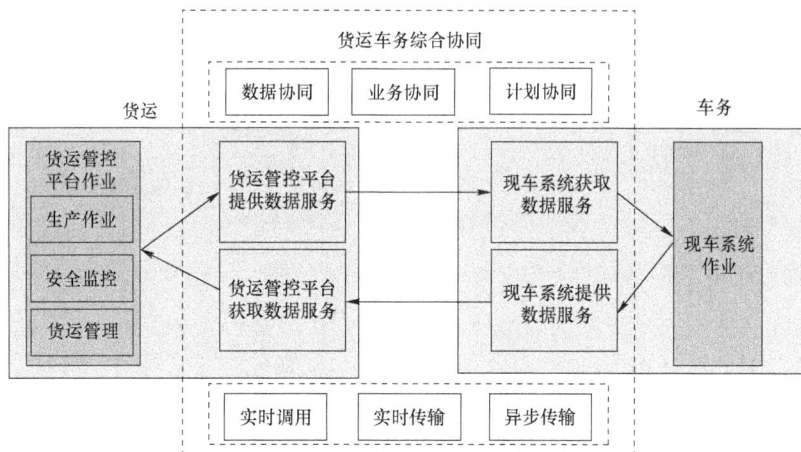

图 3.42　综合协同总体架构图

2. 综合协同业务流程架构设计

场站作业是货运与车务协同作业的关键场景，也是影响物流效率的重要节点。对货运与车务在场站的作业业务流程进行分析，进而设计出以计划协同为基础、作业协同为根本，通过数据协同实现的货运车务场站作业综合协同，最终实现场站作业计划综合协同。通过取送车计划、钩计划编制、装卸作业预计时间、装车信息交互、通知取车、现车取票、区间卸车、回送签收、不良货车、定检过期车等功能，在系统层面实现了货运与车务作业的互控，实现了岗位间信息的互联互通。强化跨专业综合协同，实现滚动计划编制与动态调整，通过生产数据的校验互控，提升作业效率与安全管控水平。综合协同业务流程架构图如图 3.43 所示。

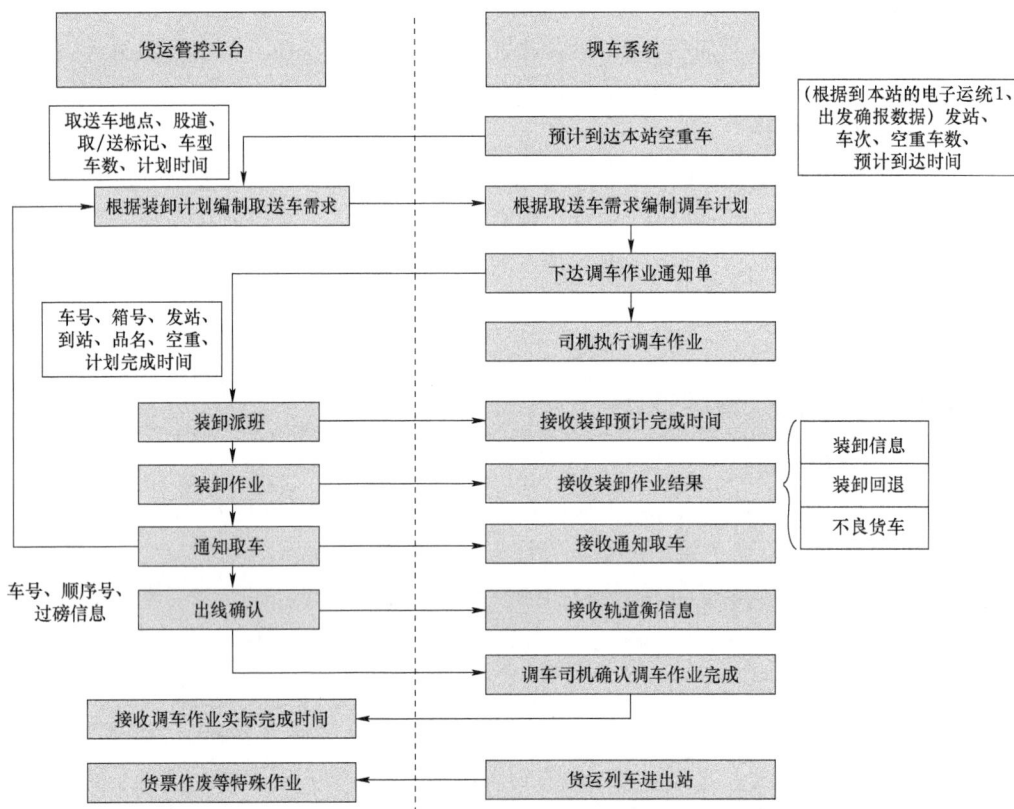

图 3.43　综合协同业务流程架构图

3. 综合协同应用架构设计

综合协同在实际使用中主要通过服务协同来实现，服务协同从类别上可以分为实际业务服务协同、预计业务服务协同和计划作业服务协同。从服务协同来源可以分为货运管控平台提供服务协同和现车系统提供服务协同，基于总体架构，也可以分为货运管控平台提供数据服务、货运管控平台接收数据服务、现车系统提供数据服务、现车系统接收数据服务、监控服务和配置管理服务。综合协同应用架构图如图 3.44 所示。

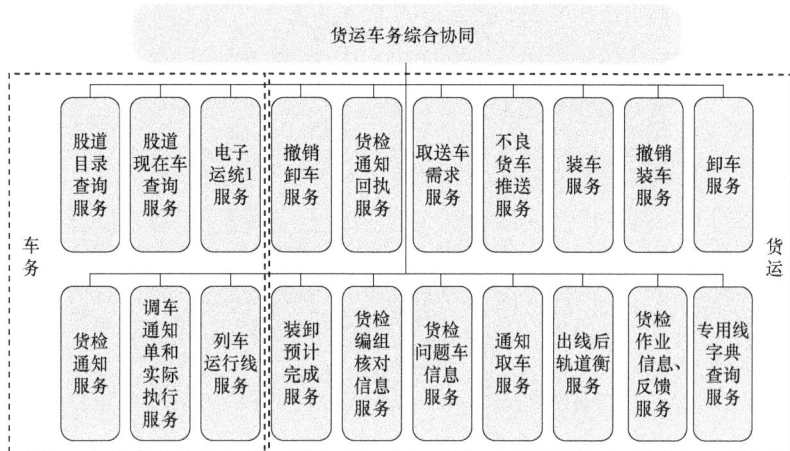

图 3.44　综合协同应用架构图

4. 综合协同数据架构设计

综合协同的基础是系统间的数据协同，为了保证数据的准确性与实时性，需要制定数据协同方式。货运车务综合协同数据架构图如图 3.45 所示。货运管控平台按照数据类别，分为实际作业数据区、计划作业数据区、预测数据区，各数据区间数据会按照业务规则进行数据交换。这些作业数据均通过传输数据区实现与现车数据相关区域进行数据交换。现车相关数据也可划分为实际作业数据区和计划作业数据区。在传输数据区上还有监控数据区，主要记录传输数据历史和监控详细信息。

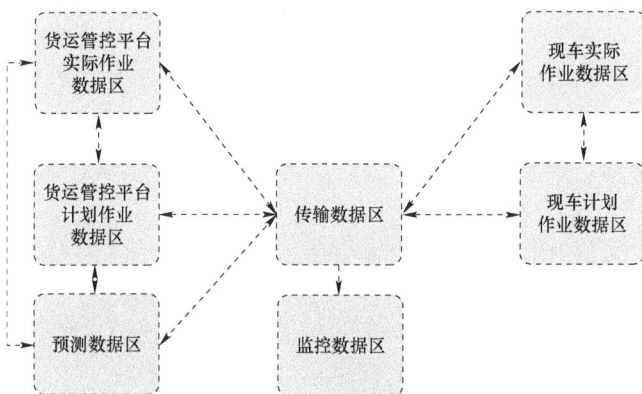

图 3.45　货运车务综合协同数据架构图

3.6.5　货运与车务协同作业的关键环节和业务流程

1. 场站作业流程

场站作业计划协同流程如图 3.46 所示。

（1）计算预计到达时间。根据电子运统 1 和出发运统 1 信息及预计到达时间，推算到达本站的空重车数，并把数据推送给货运管控平台。

（2）取送车需求。车站货调编制取送车需求并推送给现车系统。

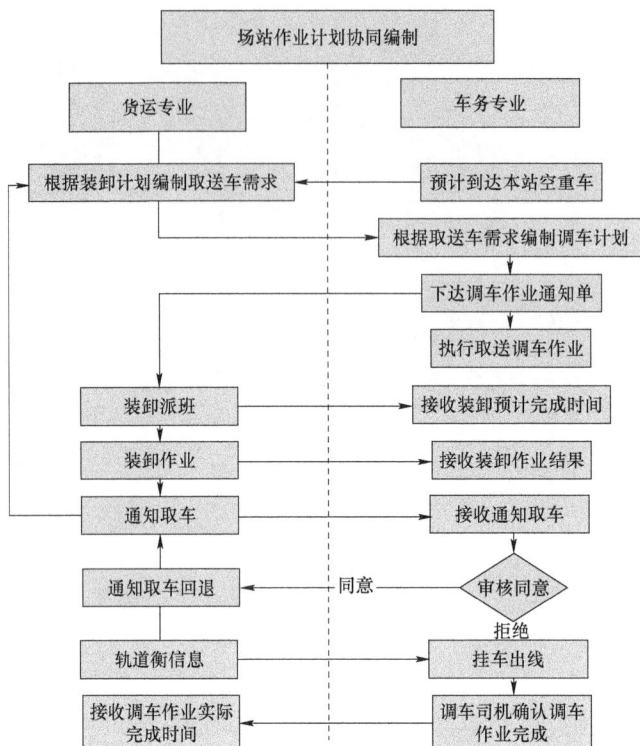

图 3.46　场站作业计划协同流程

（3）取送调车通知单。车务作业人员根据取送车需求编制取送调车通知单，并推送至货运管控平台。

（4）装卸派班。车站货调根据取送调车通知单、货物堆存信息等，编制装卸派班信息，并将装卸车预计完成情况推送给现车系统。

（5）取送调车作业。车务作业人员完成取送车作业后，将取送调车作业实际执行信息推送到货运管控平台。

（6）装卸作业。完成装卸作业后，通知取车。

（7）出线确认。货运系统采集出线时间，推送给现车系统。

（8）轨道衡数据推送。如果出线后采集到轨道衡数据，推送给现车系统。

（9）现车系统把取送调车作业结束时间推送给货运管控平台。

2. 货检作业流程

货检作业计划协同流程如图 3.47 所示。

（1）技检通知。值班员根据现场作业情况发送技检通知给货运管控平台。

（2）回执。货检值班员收到技检通知后，确认收到。

（3）货检作业计划。货检值班员制订货检作业计划，安排货检员进行作业。

（4）货检核对编组信息。货检员在货检作业完毕后，货运管控平台将核对过的列车编组信息推送给现车系统。

（4）问题车信息。货检作业完毕后会将甩车、在列整理等问题车信息推送给现车系统。

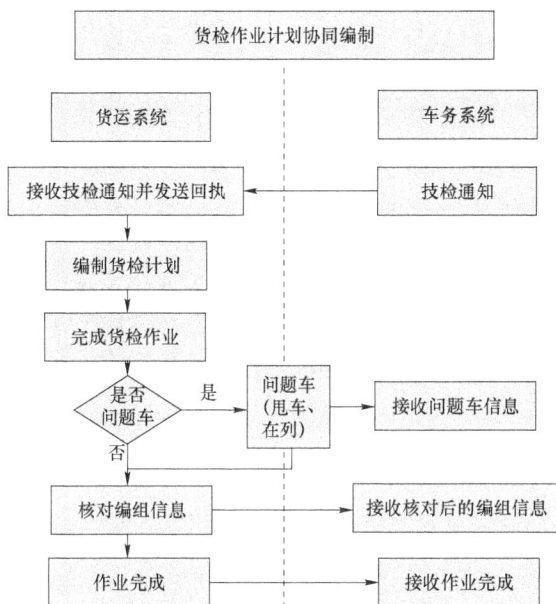

图 3.47　货检作业计划协同流程

3.6.6　相关效能分析

研究在生产和作业层面上实现了铁路货运和车务综合协同管理，增强了作业规范性，以及货运和车务间计划的协同性，促进了作业效率的提升。后续将通过货运管控平台推广实施验证货运和车务综合协同的有效性，并对推广过程中发现的综合协同问题进行处理，以期在规范作业流程、提升信息传输速度和质量的同时，进一步提升铁路货运智能化水平。

基于数据、作业、计划多层面的货运与车务协同目标，将货运与车务作业重新梳理设计，实现作业的综合协同，在多个方面提升了货运生产作业效率。车务信息平台实施后，通过平台对平台数据交换，货运管控平台及时获得现车系统中到发运统 1，可以提早完成装卸派班计划的编制，到发运统 1 中准确的编组信息减少了计划的变更次数，使得计划准确性更高，执行性更强；货运管控平台提前获得列车编组信息，可以准确地提报取送车需求，并在此阶段自动将股道信息传送给车务信息平台，为现车系统编制钩计划增加有效依据，提高钩计划的编制效率；货运管控平台提供的防护牌安设与撤销信息，为现车系统执行钩计划提供判断条件，通过有效卡控，避免车辆货运作业未完成就被调机移动的风险，提高生产安全性；车务信息平台通过整合现车系统，对后台服务的监控与生产数据进行大数据分析，对系统异常及时预警，保证生产作业的稳定运行，减少故障运维所付出的人力和物力；通过车务信息平台与货运管控平台的协同作业，不仅提高了生产效率，还提高了生产作业安全，确保了系统运行的稳定性。

（1）综合协同通过车辆到达前的计划协同，将作业计划提前安排调整，提升了作业准备能力，并通过作业间协同压缩了车辆站内作业时间，提升了车辆作业效率。

（2）综合协同通过核验车辆状态与货物状态等方式，实现了货运与车务作业流程互控、车辆和货物状态的核验，提升了作业规范性和运输安全性。

（3）综合协同通过有效衔接货运与车务作业，减少了货运与车务间的等待时间，减轻了作业人员间沟通负担，提升了沟通效率。

综上，车务信息平台支撑货运管控平台建设的顺利实施和系统稳定运行，通过平台建设和现车系统改造，实现了货运车务之间平台对平台的数据交互和作业协同。货运管控平台有了车务信息平台提供的及时准确的车务信息，不仅加快了货运生产作业，而且在各个作业环节的计划工作中也起到至关重要的作用，保证了计划的准确性，减少了计划的调整次数，提高了货运的作业效率，提升了货运管理水平。车务通过规范既有现车系统数据，将实时、完整的车务生产数据整合汇集上移到车务信息平台，保证全路现车系统数据的及时性，促进车务系统的大数据应用，使车务管理的信息化水平再上新台阶。

第4章　铁路运输通道运输能力提升与组织效率

4.1　编组站驼峰溜放相关技术

4.1.1　调车场防溜自动化技术

铁路编组场尾部车辆的停车防溜问题是现代化驼峰编组站要解决的一个重要问题。驼峰编组站的能力、效率、安全问题，不单是靠驼峰头部实现了现代化就完全可以解决的，而调车场尾部的车辆停车防溜设备和作业方式也要与驼峰头部互相匹配、协调一致，这样才能真正提高驼峰的能力和效率，保证编组站的作业安全。

随着铁路驼峰调车场调速系统现代化程度的不断提高，尾部车辆制动防溜设备——停车器，在20世纪90年代，逐步取代了原有驼峰尾部的铁鞋制动，它不仅减轻了车辆制动时对线路基本轨的磨损，提高了作业效率，消除了"拉鞋"隐患，实现了调车场头尾能力的匹配，而且还使现场作业人员脱离了战严寒斗酷暑、穿梭于车流中恶劣的工作环境，保证了调车作业的安全。

根据实际使用情况看，停车器的使用改变了编尾停车防溜作业方式，提高了停车防溜效果，为编尾实现自动停车控制提供了必要条件。

4.1.2　智能编尾防溜控制系统

目前编组站驼峰调车线尾部通常采用"2+1"停车器作为车辆的防溜手段，这种模式在一定程度上解决了尾部停车和防溜的问题。但存在停留车辆溜出停车器后越出警冲标的安全隐患，以及需要人工上、下铁鞋或人工控制上、下铁鞋的方法辅助防溜。因此，开发由"人防"转向"技防"的智能编尾防溜控制系统十分必要。

通过若干个车轮传感器组成的智能传感检测模块，自动识别和判断机车与车辆类型、运行速度、运行方向和通过轴数等信息，智能分析各种运行状态和作业工况，安全可靠控制基鞋和补鞋的上鞋、下鞋，实现铁鞋防溜作业的智能化、自动化。

本系统主要由以下三部分组成：轨边设备，具体包括智能检测传感模块，联动型基、补（或称主、副）铁鞋执行模块；股道设备，具体包括通信模块、智能分析决策模块；值班室设备，具体包括人机互动操控显示模块（含故障应急处理单元）。

智能检测传感模块由若干个车轮传感器组成，自动识别和判断机车与车辆类型、运行速度、运行方向和通过轴数等信息并上传，智能分析决策模块根据接收的信息，实时智能分析当前作业工况，当判断车辆发生溜逸时，自动控制基鞋执行模块的电机，通过传动机构驱动将基鞋翻转至轨面并锁定，基鞋上鞋、止轮防溜预备完成；当溜逸车辆压上并拖走基鞋时，补鞋自动"掏档"上鞋，在"一基一补"2 个铁鞋的联合制动下，车辆滑行一段距离后即可停车，满足溜逸车辆防溜需求。轨边设备和轨道设备的工作状态和预警、告警信息会向系统实时上报、显示。当有牵引通过、峰尾顶送等无需防溜作业的工况时，系统自动控制并锁定基鞋和补鞋处于防溜缓解位（下鞋位）。

智能编尾防溜控制系统全面应用于编组场、调车场尾部的防溜作业，值班室设备可实时监控站场车辆信息、防溜作业信息及告警信息，防溜作业可自动实施。这样一来减少了现场人员巡查及防溜作业工作量，提高了防溜作业效率，有助于减少车务站段管理单位的人工成本，达到降低人工成本、减员增效的目的。同时该系统自动建立的作业记录，有助于提升现场日常管理、协同处理、应急处理能力；有助于及时、有效地处理调车作业过程中可能发生的安全问题及安全隐患；为实现防溜作业智能化和自动化提供了智能解决方案；系统具有广泛的推广应用价值，还可用于到发线、编发线、货物线、存车线和厂矿企业自备线、专用线等需要进行防溜的线路。

4.1.3 驼峰自动化设备优化

既有驼峰控制系统无法精确掌握溜放钩车的车型、长度等车辆信息和进入调车场后的走行位置、实时速度、连挂情况等作业信息，同时调车场的线路坡度和减速顶使用状况作为驼峰系统的基础控制参数，目前尚无及时有效的检测手段。如果在运营过程中发生线路沉降、轨道状况不良、减速顶参数变化等情况，将会影响钩车溜放速度和控制效果。因此部分驼峰站场存在车辆溜放不到位、"开天窗"较多的现象，从而影响调车场的有效长度，严重时会发生大组空车在三部位减速器途停的情况，需要机车频繁下峰整理车辆，造成驼峰场的解体效率下降。

利用信息技术和数据共享技术，在编组站安装相关基础采集设备，通过驼峰控制系统的接口，实现对钩车走行过程信息的准确掌握。通过数据采集和数据反馈，完成对驼峰调车场钩车走行的过程控制和智能控制。通过对既有调速制式设备的研究，在既有"点连式"调速的基础上，通过增加四部位减速器，可提高三部位减速器的定速，同时对股道的减速顶提出优化方案，实现对编组站钩车控制的智能管控、全息分析。

1. 钩车信息精确掌握

通过在峰顶安装钩车信息采集装置，实现对溜放钩车换长和实际长度的精确计算，从而精准掌握驼峰场进入每个股道的钩车的实际长度，同时将钩车的实际长度信息在系统的操作界面上进行实时显示，针对 JSQ 等特殊溜放车辆在系统界面上进行语音和文字报警提醒。

2. 钩车调车区位置可视化

按照调车区的线路和坡度的布顶方案，分段在调车区段的首尾加装采集设备，实现钩车在调车场走行过程实际位置的实时可视化。

3. 钩车速度动态测量

进入股道的钩车在调车区测长区段走行的过程中，分别通过测长距离的定时变化及调车区的变坡点的采集设备，实现对钩车在股道中的走行速度的判断。

4. 调车区布顶和线路坡度的智能诊断

通过对进入股道的各种类型的钩车的实际速度和实际位置，以及与股道停留车连挂情况的大数据统计，对调车场区域内各坡段和布顶的匹配合理性进行检算，统计分析出理论结果用于驼峰系统的目的制动位的定速和放头拦尾计算。同时根据智能诊断的大数据分析并结合股道布顶情况，对股道减速顶布置和检算的模型进行优化。

5. 增加四部位减速器的目的制动位

在采用点连式调速制式的驼峰场，在三部位减速器后 150～200 m 的位置增设一组减速器，简称四部位减速器。增设四部位减速器后，可提高驼峰控制系统三部位减速器出口的设定速度，改善空车、难行线的走行状况，提高连挂率，且四部位可以存车，不影响既有股道有效长，可提高作业效率。

4.1.4　JSQ 车辆驼峰溜放

面对近年来逐年倍增的汽车运输需求，2015—2020 年，全国商品汽车运输铁路专用车辆（以下简称 JSQ 车辆）保有量从 8 520 辆猛增至 19 982 辆，增长 134.5%。由于 JSQ 车辆在作业方式上存在禁止通过驼峰的限制，驼峰解散过程中一般采取送禁溜线存放、经迂回线送至编组场、经联络线送至到发场补轴、利用编尾调机牵引下峰等作业方式，每种方式的解体时间都比较长，同时编尾作业时基本都需要翻钩作业，极大地影响了技术站调机作业效率。

JSQ 特种车过驼峰车辆底部超限监测技术主要应用于编组站到达场进线平直咽喉区段，实现对 JSQ 车辆底部与钢轨顶面距离实时监测和超限预警，满足《JSQ 车辆通过驼峰作业规定》的平直线路上 JSQ 车辆底部距离钢轨顶面不低于 160 mm 的技术要求，确保 JSQ 特种车驼峰溜放作业。

JSQ 特种车过驼峰车辆底部超限监测系统主要由车号读取装置、车底高测距模块、信号调理模块、数据采集主机和监测软件等组成，采用三激光测距、无线射频标签（RFID）、信号隔离、网络通信、冗余设计等技术，通过实时同步采集通过车辆底部与钢轨顶面距离和车号数据，并将分析处理结果自动导入 CIPS 系统。其工作原理为：将车号读取装置和车底高测距装置安装在编组站到达场进线平直线路咽喉区段，当 JSQ 车辆车轮经过传感器时，开始同步采集车辆底部与钢轨顶面距离和车号数据，通过数学模型计算，捕捉到车辆底部距离钢轨顶面低于 160 mm 的车辆，并将该车辆的车号、距离、位置、时间和超限判断结果自动发送给编组站综合集成自动化系统处理，预先提示超限车辆禁止过峰作业。

4.2　货车提速技术

4.2.1　基本概述

目前，货物列车旅行速度低，最高允许运行速度 80 km/h，严重制约了运输效率，投入产出效应低。近几年随着货车车辆制造工艺和水平的提高，货车车辆构造速度均已达 120 km/h，且工务线路设施设备和养护维修技术水平也普遍提升。从 2019 年开始，上海局集团公司针对管内阜阳北—乔司间线路（"二通道"）、陇海线及萧甬线铁路货车运行速度低的问题，进行了货车提速试验，较好地解决了空重混编列车旅速低的问题，对降低铁路运输企业运输成本、加速机车车辆周转、提高运输效率及效益、提升投资效应具有重要意义，取得了显著的社会和经济效益，具有很强的实用价值。

4.2.2　技术路线

依据《铁路技术管理规程》和《机车车辆动力学性能评定及试验鉴定规范》（GB/T 5599—2019）等相关技术规章和标准，主要采用轨测法、轮测法两种轮轨力测量方法，利用 TPLtrain 多体动力学软件、测力轮对、传感器（力学、位移、加速度）、轮轨高清成像、数据采集、数据传输、数据处理和 GPS 定位等技术，设计搭建了以平板车为载体，集车辆动力学测量系统、车辆振动检测与评价系统、轮轨运动图像采集装置为一体的试验车，结合地面轨道动力学测试系统，开展了不同编组、不同速度、不同线路条件、不同工况下的空重混编货物列车运行稳定性试验（轮轨间横向和垂向作用力、轮轴横向力、转向架横向加速度）和运行平稳性试验（车体横向和垂向振动加速度），运用理论仿真和现场采集数据计算、关联比对分析和正交分析方法，对脱轨系数、轮重减载率、平稳性、稳定性等关键指标进行综合评定，分析列车编组模式、试验速度、线路条件、试验工况等因素对货物列车运行性能的影响，提出了空重混编货物列车提速至 90 km/h 的技术规定和措施，形成了一套完整的铁路货物列车提速试验测试仪器设备及方法，为空重混编货物列车提速至 90 km/h 安全运行提供决策支持。

4.2.3　实践应用

选择上海局集团公司管内二通道（徐州北—阜阳北—乔司间）空重混编货物列车提速作为试验研究对象，进行了货物列车提速条件下的动力学理论分析、仿真计算及现场试验。采用空重混编五种模式试验列车，分别以 80 km/h、85 km/h 和 90 km/h 速度进行正常运行、常规制动、紧急制动和全程拉通试验，结合现场试验和列车动力学理论仿真计算，为空重混编货物列车在二通道提速至 90 km/h 运行和尾部编挂空平板车提供了技术支持。

2021 年 8 月起，通过理论仿真计算和现场测试，综合测试、评价空重混编货物列车在萧甬线实际线路状态条件下运行速度由 80 km/h 提速至 90 km/h 的稳定性及平稳性，解决了萧甬线空重混编货物列车提速至 90 km/h 及尾部不得编挂空平板车的技术问题。

4.3　铁路运输组织新理念与应用实践

4.3.1　铁路运输组织新理念

铁路运输组织新理念可以概括为：计划指挥扁平化、行车指挥集中化、调车作业自动化、货检作业集控化、施工组织集约化、站区运输一体化。

1. 信息化驱动

铁路运输管理信息系统（TMIS）经过将近 20 年时间的建设，已经日趋完善，主要包括：确报系统、现车系统、铁路车号自动识别系统（ATIS）、铁路货运制票系统、货运站生产管理信息系统、集装箱管理信息系统、长三角货物快运系统、铁路运输信息集成平台等。随着这些信息系统的投产使用，大大优化了铁路货运的业务流程，提高了铁路运输效率，促进了铁路车站运输组织、安全管理、过程控制的信息化、规范化、系统化和科学化。

但是，由于各个信息系统相对独立，且局限在车站端使用，因此在数据共享、数据流转、流程跟踪等环节存在弊端，信息不畅或者信息滞后已经对车站运输组织构成一定程度的影响。现有运输组织和调度指挥主要数据是通过"逐级汇总上报"方式来获得，数据颗粒度较粗、时效性较差、准确度较低，已经不适应铁路运输发展的需要，迫切需要采用信息技术手段实现运输调度的透明化指挥与精细化管理，全面提升运输组织的整体水平。

为此，按照"强化数据采集、提升数据质量、实现数据集中、现场实时展示"的思路，建立基于"事件"的信息采集方式与数据集中机制的信息技术手段，替代"逐级汇总上报"的信息采集方式，综合构建铁路运输信息集成平台技术方案。铁路运输信息集成平台可基于"一点采集、多点应用"的原则进行设计，将分布在不同应用中的数据进行有机整合，能够提高数据的效用，形成运输数据整合与共享，实现基础数据平台的统一，提供货车和机车的精确追踪，优化运输组织数据依据，提高智能化调度指挥水平。

铁路运输信息集成平台采用面向服务（SOA）的理念和技术，主要体现铁路运输信息集成平台主要构成及与外部系统之间的关系。铁路运输信息集成平台主要包括数据采集、数据集中、数据服务三个部分。铁路运输信息集成平台构架见图 4.1。

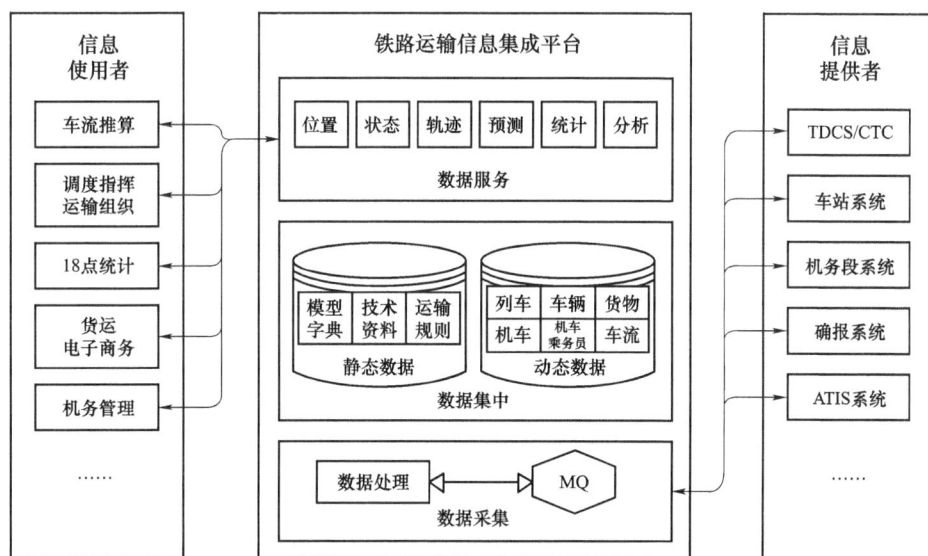

图 4.1　铁路运输信息集成平台构架

铁路运输信息集成平台信息处理流程包括国铁集团、铁路局集团公司、站段三级。主要的数据接口包括列车数据接口、货车数据接口和机车数据接口。列车数据接口的动态数据源包括 TDCS 接口、ATIS 接口、确报接口、分界口接入、列车到达接口、保留车接口、解除保留车接口、列车出发接口、交出接口。货车数据接口的动态数据源包括现车复示、装车/卸车报告、运非转换报告、甩挂车报告、新车加入/报废车剔除报告。由于车站产生甩挂车报告有一定难度，所以常用出发报告和到达报告比较代替甩挂报告；对于车站现车复示报告，应注意车站现在车的准确性问题。机车数据接口的动态数据源包括机车出段报告、挂运列车报告、机车换挂报告、机车解挂报告、机车入段报告、乘员出勤报告、乘务员退勤报告。由于机车换挂报告由多个报告产生，因而实施中将由解挂和挂运报告推算。

通过铁路运输信息集成平台的建设,加快实现列车、车辆、货物、机车及机车乘务员的实时追踪,使调度人员能够准确掌握车辆的分布及各条线路的车流量,监控分界口通过车流;通过建立号码制的车流推算,为国铁集团和铁路局集团公司提供车流预报及超过线路运输能力预警,为精确调度指挥奠定基础;通过货运电子商务平台与铁路运输信息集成平台的衔接,实现运输生产作业过程实时反馈,货物在途信息实时可查,为货主提供货物追踪的增值服务,提高货运电子商务的服务水平;通过铁路运输信息集成平台实现对车辆运行轨迹的详细记录,实时计算车辆的运用指标,分析车辆的运用效率,合理安排车辆的检修,提高车辆运用管理水平。

2. 计划统领

计划是铁路局集团公司调度所及编组站生产运行的核心要素,是运输组织联动的行为指南,编制、执行质量高低直接影响运输秩序和效率优劣。目前,编组站的工作计划执行的是铁路局集团公司下达的班计划和3~4 h阶段计划,具有轮廓性、虚拟性的局限,列车到发时刻、编组信息多、变化快,源头上容易造成错接车场、车流混线。作为执行层面的编组站也存在诸多弊端。从调度层面来说,需要抓紧建立计划预编系统,实现铁路局集团公司之间相互交接计划,完善现行调度日(班)计划编制系统,实现货运列车工作计划"一日一图",为货运改革提供强有力的技术支撑。

编组站的集中化改造使得组织变三级为一级管理,线上计点,撤销车场调度员、调车区长,计划大表、行动计划一贯到底,实现了计划指挥扁平化;撤销分场信号楼设置,集中在调度中心统一指挥,行车组织变分散为集中控制,跨场作业、跨区作业一路贯通,实现了行车指挥集中化;机车调度员、车辆调度员驻站合署办公,车站作业、机务作业、车辆作业统一协调,实现了站区运输组织一体化,可合理排列车进路、调车进路、机车交路,最大化组织平行作业,不间断接发列车。

3. 动态均衡有序

车流在编组站内的运动过程是一个依照时间排序的状态转移过程,任何一个环节受阻,下一个环节就无法进行并影响全局,编组站作业的最佳状态是有序衔接。需要建立一种秩序,保障编组站链条式运行,最大化释放运输效能。受列车运行图、车流、施工等影响,运输不均衡是客观的,到达存在集中到、等线的不均衡,出发存在集中开、丢线的不均衡,这些都会产生无序。编组站的运输组织就是在不均衡中寻找动态均衡。运用均衡有序理念,可以使编组站多个子系统有序衔接、环环紧扣,均衡排摆各项作业。例如,苏家屯站以计划为统领、以开车为龙头,倒推运输组织,出发场牵动编组场、编组场衔接到达场,各环节良性互动、有序衔接。

4. 运输透明

对运输过程、运输环节的掌控是运输组织的关键,唯有将隐含在作业过程、作业环节的所有项目透明化才能最大限度释放运输能力。铁路运输组织过程追求的是综合效益,以编组站为例,借助大数据信息网络,可实现过程透明,运用目标跟踪理论,依托智能手段,动态掌控编组站各区域、各环节运输信息,将隐含的运输过程变成具体翔实的数据,还原机车、车辆、列车的动态轨迹和各个岗位的作业过程,实施过程轨迹追踪。例如,运用运输透明理念,苏家屯站依托CIPS系统改造后,站调、值班员、货检员、列检员作业信息平台交互,研发1 h工作计划系统、行车轨迹追踪系统,自动记录行车作业轨迹;应用STP、TW-II实时显示调车机速度、位置及分类线容车数；应用手持机系统，跟踪定位货检作业；CIPS 终端延伸至机务段、车辆段，对接机务运安系统，即时查询本务机车信息、乘务员信息和车辆检修信息。

5. 过程量化

运用目标管理的原则，将运输过程设定有刻度的目标，对运输生产各环节设定标尺，变抽象时间指标为具体的量化目标，有序衔接作业环节，实现精准控制。以编组站为例，过程量化是编组站运输组织过程控制的手段和保证，是考核评价作业质量的前提和依据，是保证运输有序衔接的基础。铁路局集团公司对编组站主要用中时、停时考量运输效率，用办理辆评价运输效果，用 6:00、18:00 节点指标考量班运输质量，受铁路局集团公司制约因素多，编组站主观努力效果不明显。在编组站内部同样存在诸多问题，作业过程缺少量化标准，基础车结存没有数量限制，机车转线没有时间限定，作业车、检修车、折角车取送没有节点规定，对作业质量没有衡量尺度，导致组织无序；作业过程量化不直观，单纯用时间指标评判计划、行车、调车、货检等岗位，用办理辆、中时评价部门，指向不明确，看不见、摸不着，不能激发部门和岗位的主动性。运用过程量化理念，编组站每项作业都应有具体的量化标准，可将影响运输的等线、丢线、混线、峰顶停车、出发列车等典型问题，设定为"五不"控制目标，从源头上卡死；设定调车效率目标，让每小时解体和编组的列数更直观、更真实；设定交班质量目标，限定"基础车"待解待编、待取待送数量，为下一班工作打下基础；设定直通列车在站停留目标，例如可控制在 0.5 h 之内，提升无调作业效率。

6. 实时指标分析

需要建立涵盖铁路生产、经营、管理"三位一体"并注重质量效益和总体评价的统计指标，逐步从围绕生产到围绕经营、从面向内部到面向市场、从注重结果到关注过程，加快形成适应、反映、推动高质量发展的统计体系，充分发挥统计指标的"风向标"和"导航仪"作用，准确、全面反映铁路市场经营、高质量发展水平，科学评价企业发展改革成果、经营管理效益和经济运行状况。

4.3.2 加强计划编制质量

1. 以信息化为支撑，推进计划编制精准化

加强调度信息化建设，持续推进 TDMS 5.0 系统功能优化和运管体系建设，充分用好货运票据电子化信息数据资源，为提高计划编制质量提供有力的技术支持。

（1）深度整合信息资源，精准掌握计划数据。加强调度系统数据挖掘与分析，深化车流推算平台研发，实现车流自动推算和计划智能编制，提高车流推算精准度，完成主要节点站间的车流紧密接续，以及编组站、分界站到发车流预测和管内卸车计划的科学推定。研发集日（班）计划编制卡控、审核、指标动态测算、运行态势仿真、质量分析等功能于一体的日（班）计划质量管控系统。借助大数据应用和目标管理，深入分析影响计划质量因素，不断优化方案，改进作业组织，切实提升计划编制质量。

（2）管好用好信息系统，提高计划质量管控水平。一是持续完善运管体系。认真落实国铁集团"一个列车一条运行线"和跨局信息交互要求，严格规范调度员运行线铺画和运行调整操作标准，建立完善《日（班）计划编制和实施管理办法》等考核制度，使业务管理与信息系统建设紧密结合，有效促进调度系统功能完善和应用效果提升。二是实施计划质量管控。

坚持"一切业务数据化"的理念，从提高计划编制精准度入手，加强对调度作业流程和标准卡控，实现指令传达、作业确认、信息反馈等关键环节的岗位互控，全方位规范计划编制流程。三是拓展延伸信息服务手段。依托调度质量管控系统，大力加强数据资源共享，例如将卸车预计预警子系统共享至管内各车务站段和货运装卸点，使现场作业单位提前掌握重车到达情况，按品类进行预警，有效提高管内卸车效率。

（3）完善统计分析功能，不断提升计划兑现率。一是开展效率指标统计分析。根据业务需求，依托质量管控平台实时统计分析计划兑现率、货车旅速、机车日车、管重移到率等效率指标，为改进工作提供第一手资料。二是开展工作质量评价分析。将计划编制、落实执行等环节产生的列车运行线质量、计划兑现、列车正晚点等数据转换为可视化图表，为提高计划管理质量分析提供有效依据。三是开展能力利用分析及预测。围绕编组站到发车流结构、区段通过能力利用、分界口接入移交车流去向、变更车流输送径路预测等数据分析主题，为日（班）计划编制中针对性制定运输对策和组织措施提供辅助决策支持。

2. 以一体化为抓手，提升计划协同编制水平

日（班）计划的编制执行具有多专业、多工种协同配合的特点，要认真落实日（班）计划编制沟通、协调、提交、审核制度，以货运工作计划为基础、列车工作计划为核心、机车车辆工作计划为保障、施工日计划为重点，加强四大工作计划源头编制优化，实施日计划、班计划、阶段计划一体化编制和动态滚动调整，做到货流、车流、机车、列车紧密衔接。

（1）做"优"货运工作计划。铁路运力与运输需求阶段性不匹配，不能完全满足运输需求，在编制日计划时，充分考虑日计划补请、施工天窗影响、车站卸车能力、限制区段通过能力、到局车数限制等运输能力约束条件，提高货运工作计划的准确性和可执行性，为列车工作计划夯实基础。

（2）做"长"列车工作计划。基于计划系统所具备的车流信息完整性特质，要充分发挥计划调度员岗位工作连续性强、掌握信息量大的优势，摒弃传统"航空线"，在客车日计划、施工日计划上图的基础上滚动编制 24 h 列车工作计划，使线上旅行时间和点上作业时间充分贴近实际，实现货流、车流、能力的紧密结合，让车流调整和配空管理工作更具前瞻性，使货运工作计划更稳、列车工作计划更准。

（3）做"实"机车工作计划。机调随时加载列车计划运行线，实现机车工作计划与列车工作计划同步编制，消除机车工作计划滞后于列车工作计划编制产生的机列衔接环节断档。及时向车站、机务、车辆部门下达阶段开车计划，按统一开车时刻组织兑现；对无法保证人、机供应的车列，及时反馈给计划、行车调度，调整开行时刻，有效减少机、列、人衔接不紧密问题，使列车工作计划兑现率更高。

（4）做"细"施工日计划。以施工月计划为基础，加强施工维修日计划审批，合理利用天窗资源，充分利用线上和点上能力。强化不同专业、不同站段间的协调配合，提高天窗利用率，减少对运输生产的影响。根据施工影响程度，提前组织制定施工期间运输组织预案，兼顾施工与运输需求，做好车流调整，实现施工与运输双赢。

3. 以强基本为切入点，夯实计划编制保障基础

（1）优化调度组织，确保运输畅通。一是切实抓好流线结合和机列结合。加强与车站、邻局间的协调配合；动态关注天气、施工、装卸等情况变化；优化运输组织，努力压缩中停旅时，保证通道畅通，促进效率提升。二是提升阶段计划兑现质量。阶段计划是日（班）计划的行动计划，将日（班）计划内容分解成各个阶段计划目标，以阶段计划目标保证班计划任务的实施。始终把车流、机车、列车、车辆的信息共享和各工种间的协同作战作为实现阶段计划的关键。计划调度员结合客车运行、施工维修、车站股道运用、区间通过能力、列车等级等综合因素，下达调整阶段计划。列车调度、机车调度据此分别编制各自阶段计划，并向相关站段下达，各工种、站段围绕阶段计划开展工作，确保计划兑现。

（2）健全考评机制，发挥分析考核效能。完善日（班）计划质量管理相关办法，健全一体化分析考核机制，采取差异化考核办法，实施日（班）计划质量评价和兑现考核，对班中相关运输指标进行目标式管理。用个性指标和关联指标衡量各作业部门、班组、个人计划目标及任务完成情况，切实加强对计划执行部门的管理，全面提高日（班）计划编制质量，全力提升运输保障能力。

（3）强化教育培训，提升人员素质。切实做好人员培训和人才培养，针对目前年龄结构老化、新职调度员较多的特点，实施网络教育和现场培训相结合、理论和实践相结合的模式，采用规章培训、技能实操、现场跟班等方式，突出计划调度员、列车调度员等关键工种的实作技能培训，着力提升培训效果，提升调度员业务素质。

4.3.3　通道能力提升案例

1. 设施设备及运输组织现状

上海局集团公司的"二通道"是相对于京沪铁路作为主干道（"一通道"）而提出的。"二通道"从阜阳出发，经淮南、合肥、芜湖，终到杭州枢纽，主要包括阜淮线（阜阳北—淮南西区段）、淮南线（淮南西—芜湖东区段）、宁芜线（芜湖东—芜湖南区段）、皖赣线（芜湖南—宣城区段）、宣杭线（宣城—乔司区段），全长 650 km，主要承担上海局集团公司重车南下、空车北上的任务，以货运为主，兼顾客运。"二通道"地理位置示意图见图 4.2。

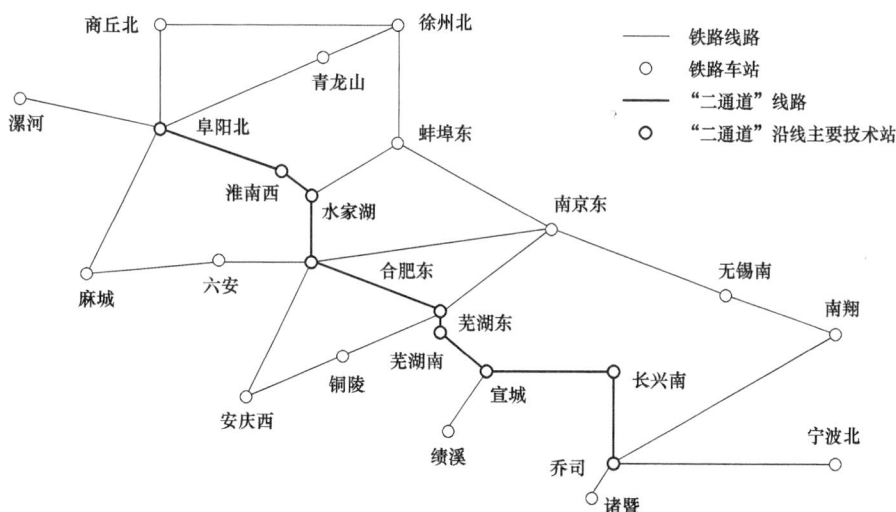

图 4.2　"二通道"地理位置示意图

（1）各车站的作业量、作业性质与该站在路网中的地理位置、车站性质有密切联系。"二通道"由北向南沿线技术站的日办理作业量呈递减趋势，主要是由于阜阳北站位于我国铁路网中部位置，交汇的铁路线路数量较多，连接的线路方向也较多，因此中转车数较其他编组站多。编组站一般以有调中转车流为主，区段站以无调中转车流为主。例如，乔司站的有调车作业量明显大于无调车，而作为区段站的合肥东站主要办理"二通道"上的无调车作业。

（2）各车站的重车流与空车流方向大致上相对应。从四个技术站的车流流向来看，主要重车流和空车流流向基本相对。这与我国铁路货车全路通用空车合理调整的情况相符合，重车流的主要来向装车数大于卸车数，为了保持运用车相对平衡的状态，必须对该方向按车种调配空车。

（3）"二通道"的车流以重车南下、空车北上为主。从"二通道"的车流情况来看，主要重车流向为阜阳北至乔司方向，主要空车流向为乔司至阜阳北方向，与"二通道"所承担的货运任务相吻合。

（4）"二通道"形成阜阳北—芜湖东—乔司三点格局。"二通道"上的三个编组站主要负责列车编组解体作业，而合肥东站为区段站，以无改编中转列车所占的比重为大。通道内技术站分工方案应结合车流组织方案，根据路网上的重车移动和空车排空方案，并结合车站设施设备现状综合考虑，发挥主要编组站的作用，减少区段的改编作业。

2. 各技术站的定位与分工方案

"二通道"技术站的定位和分工是指以"二通道"的车流特征及各技术站的设施设备现状为依据，明确各技术站在"二通道"上的作用和地位。通过明确通道内各技术站的车流去向、列车编组计划、到发车流组织方案，力求充分发挥通道内各项设施设备能力，均衡通道内各技术站的车辆改编作业量，并最大限度地减少车辆的重复改编，提高运输效率、加速货物送达、缩短机车车辆在通道内的停留时间。

技术站作业的合理分工，应当考虑的原则有：

（1）充分发挥通道内主要编组站的骨干作用，担当主要方向大宗车流的编解任务。

（2）调整技术站布局，相邻技术站改编作业距离不宜过近，进而提高直达列车比重。

（3）编解作业任务要做到可行、合理，可行是指各站的作业任务量应适合各站的设施设备能力，合理是指编组站分工应体现一定时期改编作业的战略部署。

"二通道"技术站定位及分工，以压缩车辆中转次数和时间，提高直达列车的开行比重为主要目标。

（1）充分发挥阜阳北、乔司站的枢纽功能，提升其战略地位，实现枢纽车流集中，多开行技术直达列车，尤其是充分利用阜阳北站改扩建后的解编能力。

（2）保障合肥东站的畅通作用，能通则通，减少"二通道"车流在合肥东站的改编作业比重。

（3）适当释放芜湖东站的解编压力，通过组织阜阳北与乔司之间互开直达列车，充分利用阜阳北站的解编能力，减轻芜湖东站的改编作业量。

根据各车站的车流现状及车站的设施设备能力，"二通道"沿线主要技术站的定位及分工如下：

（1）阜阳北站衔接商阜、青阜、阜淮、阜麻、阜六及漯阜铁路六个方向，是华东路网中重要的编组站，在完成扩能改建工程后，站场由单向纵列式三级四场改建为双向三级八场，阜阳北站货物运输能力得到极大提升。同时，阜阳北站是"二通道"的重要节点，主要承担"二通道"车流截流任务。因此，为充分发挥阜阳北站解编能力，减轻相邻技术站的作业负担，在条件允许的情况下,应多组织开行至乔司以远的直达列车,同时组织阜阳北与芜湖东互开直通列车,使这些车流无改编通过淮南西、合肥东等区段站,减轻区段站的改编作业量,其余车流由阜阳北与相邻区段站按现行编组计划开行区段及摘挂列车。

(2)合肥东站作为"二通道"上的主要区段站,目前承担约10%的"二通道"改编车流,主要为区段列车编解任务。但由于合肥东站同时还承担九线、宁西线列车解体编组工作,因此可组织"二通道"上相邻编组站开行直通、直达列车,使这些车流无改编通过合肥东站,以减轻"二通道"车流在合肥东站的解编作业量。

(3)芜湖东站地处"二通道"的中间咽喉位置,西距阜阳北站354 km,东距乔司站289 km,主要集结淮南线方向的过江车流。结合"二通道"重车南下、空车北上的特点,芜湖东站承担阜阳北、乔司方向的直通列车解编任务。同时,在阜阳北站解编能力提升的背景下,通过多组织阜阳北和乔司之间互开直达列车,有利于缓解芜湖东站的解编压力。

(4)乔司站地处"二通道"的终点,衔接运输繁忙的沪昆通道。在"二通道"上,编组芜湖东以远的技术直通列车、阜阳北以远的直达列车,加快空车排空速度,减少前方技术站的空车解编作业。

3. "二通道"机车资源配置方案优化

针对现状机车交路方案存在的问题,基于"二通道"电气化、提速和车流组织优化的背景,对机车交路进行优化研究,提出机车交路及机车运用的优化调整方案。

1)机车运转制

机车固定担当运输任务的周转区段即机车从机务段所在站到机务折返段所在站之间往返运行的线路区段称为机车交路,亦称作牵引区段。机车运转制是指机车在区段上进行列车牵引作业的一种组织方式。目前我国的机车交路运转制可以分为肩回运转制、半循环运转制、循环运转制和环形运转制。比较以上四种不同运转制机车交路的优缺点及适用条件,见表4.1。

表 4.1 四种机车交路对比分析

机车交路	优点	缺点	适用范围
肩回运转制	机车交路图勾划方便	增加车站咽喉区负担	我国铁路广泛采用
半循环运转制	提高车站的通过能力	增加车站的花费	部分有改编中转列车区段
循环运转制	有效加速机车周转	增加车站的花费	无改编中转列车区段
环形运转制	提高机车运用效率	不利于乘务员休息	市区和区段小运转列车

机车交路类型的确定是结合牵引区段内的列车数量、乘务员一次连续工作时间标准、机车的技术状态,以及加速机车周转等多种因素综合考虑的。因此,机车交路的合理确定也可以提高铁路运输资源的利用效率,更好地为铁路运输服务。基于"二通道"铁路线路的现状,机车交路采用我国目前广泛使用的肩回制运转交路。

2)"二通道"货运交路存在的难点

(1)"二通道"点多面广,交路复杂。"二通道"阜阳北—乔司全长约650 km,是上海局集团公司主要货运通道。阜阳北—乔司间包括阜阳北、淮南西、合肥东、芜湖东、乔司五个枢纽编组站,与京九南北线、漯阜线、青阜线、阜六线、水蚌线、合九线、宁西线、宁芜线、皖赣线、铜九线等 10 条线路相连，途经阜淮线潘集、谢桥、颍上等接轨站与淮南矿区相连，淮南线撮镇、中埠、巢湖西站等车站与电厂、粮库、油库专用线相连，裕溪口站连通长江运煤通道。货运人车交路极为复杂。

（2）平均周转距离短，管理成本大。阜阳北—淮南西 120 km，淮南西—合肥东 101 km，合肥东—芜湖东 138 km，芜湖东—乔司 298 km，这四个区段平均距离仅 164 km，远低于上海局集团公司一次平均周转距离。"二通道"平均乘务距离过短，导致机务管理现场卡控点过多，安全卡控难度大，同时造成管理人员及管理成本的浪费大。

（3）乘务员超劳普遍，人员交路有待优化。"二通道"机车乘务交路的复杂性造成了机车乘务员单趟超劳严重。主要原因是中间站、煤矿产区站多，煤电厂多，列车到发货流站场多，列车中间站临时换挂及等车底时间长，折返车次频次多，机车单趟劳时较长，造成乘务员超劳情况较为普遍，人员交路优化势在必行。

（4）机车整备频次高，机车效率指标低。机车进、出库频繁，阜阳北—乔司间距离 650 km 左右，乘务交路由多个车间担当，合肥东运用车间担当阜淮线区段谢桥、口孜集、颍上等站小运转交路，以及阜阳北—合肥东零解交路及大运转交路，人车使用效率低。淮南整备车间担当淮南西枢纽小运转，范围小，并且路企直通交路机车和人员在矿区停留时间长，周转慢。2020 年"二通道"阜阳北—芜湖东区段日车公里仅 502 km/台日，淮南整备车间日车公里仅 307 km/台日，远低于全段 545 km/台日的平均水平。

3）优化"二通道"货运交路的具体举措

一是优化枢纽节点机车交路，提高轮乘机车效率。逐步实行机车集中配属，集中配属 HXD_{1C} 机车在京九南线、阜六线、"二通道"、宁西套跑轮乘使用，最大限度减少因机型不统一导致的枢纽站列车换挂，进一步提高了机车使用效率，并在阜阳北枢纽加大实施货车电力机车立折交路力度，每天组织 8 对以上机车立折交路，减少了电力机车进出库，在缓解库区整备压力的同时，减少了阜阳北枢纽咽喉通过压力。为进一步用足机车整备公里，组织 HXD_{1C} 机车在芜湖东五场直通，HXN_5 机车在皖赣线、宁芜线上行机车直通，下行入库。原则上"二通道"电力机车不再出入淮南西库。

二是优化"二通道"乘务交路，提高人员效率。组织合肥东至乔司乘务交路直通，减少人员在芜湖东出入库，减少出发、到达辅时，保障合肥东至乔司直通交路逐步上量，力争一年后运量增加至日均 12 对。同时优化乘务担当任务分批，由单独一个车间担当阜淮线、淮南线零解及口孜集小运转任务，另单独一个车间担当阜淮线大运转乘务交路。芜湖东—乔司小运转及零解单独安排一个车间担当。重点优化淮南枢纽小运转乘务交路。延伸阜淮线 DF_{4C} 小运转交路至阜阳北，延伸水蚌线水家湖至西泉街，减少了"二通道"轮乘机班的折返、等待车底的时间，进一步提高淮西枢纽运输能力，缓解淮南西枢纽至水蚌线宁东段车流移动不畅的局面。

三是优化枢纽驻站调车机机型，提高编组站编发效率。调整各枢纽地区调车机机型，使用功率大、性能强的 HXN_{5B} 型机车替换牵引吨位低、机车质量差的老旧型调车机，提高编组站列车编组能力，扩大各枢纽编组站列车到发效率。按照全段一盘棋、一台车的理念，逐步统一阜阳北、合肥东、芜湖东地区驻站调车机机型，提高调机所在地检修故障处置能力，解决驻站调车机机型多样、故障处置难度大的难题，从而提高编组站列车编发作业效率，提升编组站列车到发能力。

四是优化路企直通交路，提高运输组织效率。将淮南枢纽现行的轮乘制小运转乘务制度，以路企直通交路优化为契机，逐步调整潘集、刘庄、谢桥三地路企直通机车交路，改为在淮南西、颍上、潘集等站设立驻站调车机，按区段分配各站调车机担当范围。通过调整路企直通方式，避免内燃机车在矿区内往返使用停时过长导致的浪费。同时针对淮南地区部分煤矿关停、运输任务量减少、望峰岗调车机核减的实际情况，合理配置望峰岗、毕家岗、蔡家岗调车机数量，减少人、车成本投入，提高机务运输组织效率。

4.3.4 货物列车"一日一图"

为适应货运市场动态变化，灵活安排货物列车开行，满足货运个性化需求，实现"有货即装、装车即运、按需开车、限时送达"，做到货物有追踪、运到有时限、运输有效率、经营有效益。

1. 基本图编制

基本图详细铺画旅客列车运行线和客车化开行的货物班列运行线，日常运输组织严格按图行车。在基本图中空档时间段铺画货物列车运行线，作为货车方案图，不作为货物列车开行必须遵循的直接依据。基本图中的货车方案图主要确定技术作业标准、线路通过能力、技术站作业分工、机车和机车乘务员运用配置、施工维修天窗、列车车次编排、旅时轮廓等。

跨局货物列车基本图编制由国铁集团运输局调度部牵头组织，与运输局相关部门共同确定编制原则、技术标准，组织基本图（调整图）编制、列车编组计划编制和调整、运行图分析考核及数据维护。铁路局集团公司运输部牵头组织货运、机务、车辆处等部门参加国铁集团组织的货物列车运行图编制工作，完成跨局货物列车基本图编制工作；按照国铁集团的技术标准，结合局管内货物运输需求及线路通过能力，完成管内货物列车基本图（调整图）、列车编组计划的编制，并做好铁路局集团公司列车运行图指标统计分析及数据维护工作。

2. "一日一图"编制及执行

货物列车开行"一日一图"以基本运行图为框架，按日编制、按班调整、按阶段滚动实施。

（1）日编制。根据次日货运需求编制日货车运行图（以下简称日图），作为货物列车开行依据。日图跨局货物列车由铁路局集团公司负责编制，报国铁集团审定；局管内货物列车由铁路局集团公司负责编制。日图参考基本图的货车方案进行编制，根据季节性、阶段性货运市场需求，在途空重车流情况，当期装车实货需求及施工安排，对车流径路、编组内容、机车交路及施工天窗进行安排。日图中应有全日货物列车车次、编组内容，以及技术站（编组站、区段站、主要货运站）间、技术站至分界站间轮廓运行线。

（2）班编制。班货车运行图（以下简称班图）根据日图和上一班工作兑现情况（装卸车实际、车流动态、在途列车运行等）进行编制，班图确定货物列车运行区段、编组内容、机车交路、列车运行详细时刻等。

（3）阶段调整、滚动实施。货物列车"一日一图"就是要将运行图的编制实施与调度日常调整相融合，一方面缩短编制周期，增加货物列车开行的灵活性，释放运输生产能力，适应货运市场变化；另一方面进一步规范调度日常调整，通过列车运行图实现日常调整与机、车、工、电、辆等工种工作的紧密衔接，使运输组织更加有序，实现按图行车。

每日 18:00—次日 6:00 为第一班，6:00—18:00 为第二班，由调度所分片（按线）编制每班班图。班图根据列车运行动态、装卸车作业等情况按 3～4 h 滚动进行微调，形成阶段货车运行图（简称阶段图）。阶段图一经确定，在执行中原则上不准变更列车车次和整列方向别的编组内容等，跨局列车变更时应先征得邻局同意。列车调度员按 3～4 h 阶段（阶段图）组织兑现货物列车运行计划，除列车运行秩序及设备故障等影响必要的列车运行调整外，应严格按阶段图组织行车。

4.3.5 日、班货物列车运行图的执行

日、班货物列车运行图的编制、执行由铁路局集团公司调度所负责，其中日、班跨局货物列车运行图编制在国铁集团运输局调度部调度处组织下，按照调度处下达的日跨局货物列车运行轮廓图，根据货物列车基本图实际执行情况及跨局机车、车流和施工等情况进行编制，局分界口交接货物列车日图按调度处审定下达后执行。铁路局集团公司调度所每日 20:00（8:00）前以书面形式向调度部调度处报告运行图执行情况的综合分析，提出跨局货物列车运行及编组内容调整建议。

铁路局集团公司日（班）计划由调度所主任（副主任）按国铁集团批准的日跨局货物列车运行图和上一班完成情况进行调整，第二班图应于 6:00 前以调度命令下达有关站段。铁路局集团公司各工种调度人员，在每日 14:30 前向有关站段收集核实编制日、班图的资料，并向调度所主任（副主任）提供。调度所要掌握日常运行图执行情况，督导各相关部门按图组织生产，对局、站两级按图行车进行指导，提出考核意见。

运行图计划台的设立及作业流程具体如下。

（1）运行图计划台的设立。调度所运行图计划台与现计划调度台合并设置，各计划台负责编制辖区（包括局分界口）日图、班图和阶段图。各计划台在现有编制班图和阶段图的基础上，增加编制日图，要求日图第一班计划（18:00—次日 6:00）编制按现行相关规定不变，第二班计划（6:00—18:00）重点编制技术站（编组站、区段站、主要货运站）间、技术站至分界站间跨局轮廓运行线，包括列车车次、编组内容，编制依据为国铁集团下达的次日轮廓计划和货运日计划、施工日计划、机车日计划，连续编制两班计划而合成全日"一日一图"。

（2）编制日图作业流程。

货运日计划台：10:30—11:30 编制货运工作日计划和调整重点物资装车；13:30—15:30 向计划调度室提供次日确认车（分车种和装车去向），提出次日确认车配空计划和直通运输方案等重点事项。

施工调度台：于施工前一日 12:00 前（其中 0:00—4:00 执行的施工日计划为前一日 8:00 前）将施工日计划传（交）主管业务处、列车调度台、计划调度台。

计划车流台：根据推算车流资料，编制次日各局界口、管内口日间轮廓计划。9:00 轮廓计划报国铁集团，10:30 收取国铁集团返回的轮廓计划，16:30 完成日计划报国铁集团。

计划调度台（班组）：每日 14:30 前向有关站段收集核实编制日、班图的资料，重点了解所辖区段各站去向别重车数、车种别空车数和待卸车数、停运列车、备用车分布情况，在途列车编组内容和预计到达编组站、区段站、分界站时刻，并向调度所主任（副主任）提供。15:00—17:00 按照调度所主任（副主任）要求，根据国铁集团下达的次日轮廓计划和货运日计划、施工日计划、机车车辆日计划编制全日列车运行计划。

编制日图内容：一是列车到、发及运行计划，包括列车车次、发站、到站、发到时分、

编组内容、特定运行径路，始发列车车辆来源、小运转列车运行计划、机车交路、机车型号及机车号；二是分界站列车交接计划，包括列车车次、到开时分、各列车中去向别重车数（到邻局的重车分到站）和车种别空车数；三是管内工作车输送计划、各站配空挂运计划和摘挂列车的装卸、甩挂作业计划；四是专用货车的调整、挂运计划；五是装载超限超重、军运物资（人员）、剧毒品货物车辆，有限制运行条件的机车车辆、自轮运转特种设备挂运和专列开行计划；六是快速货物班列、货物快运班列、中欧集装箱班列、中亚集装箱班列、临时加开特需列车及 152 品类快运直达列车计划；七是区间装卸作业计划；八是路用列车运行计划。

编制日图要求：列车工作计划必须有全日车次和全日编组内容；白班于 16:30（夜班于 4:30）前将下个班班计划下达给机调匹配机车交路；白班于 17:00 分界口计划台通过 TDMS 5.0 系统，向国铁集团计划台上传分界口交车日计划，接收国铁集团运行图计划台审核批准下达的次日分界口货车交接日计划；17:30 前将接收国铁集团审批后的日计划以调度命令下达有关车站；值班主任每日 20:00（8:00）前以书面形式向调度部调度处报告运行图执行情况的综合分析，提出跨局货物列车运行及编组内容调整建议。

各相关部门做好货物列车"一日一图"具体实施推进工作，建立日、班货图兑现情况的考核分析制度，对影响日、班图兑现的原因进行定期汇总、制定措施、逐步优化。根据运输市场变化规律，建立车流径路、编组计划、机车交路与市场变化联动的动态调整机制。通过加强考核、分析优化，不断提高货物列车运行图兑现率，实现运行图精细化管理。

4.3.6　"一部计划一条线"模式

随着铁路运输形势和技术设备的发展变化，既有计划指挥模式不适应的问题越来越突出，释放日（班）计划在整个运输链条中的总体牵动作用，成为各级调度部门适应现代物流发展运营组织的核心。为适应铁路运输组织改革，满足实货制运输和精细化调度指挥管理需要，通过现有调度指挥系统升级改造，强化调度集中统一指挥，充分体现"一部计划一条线"的运营管理理念，实现"按计划组织生产和指挥行车"，实现生产过程各部门、各环节间信息实时共享，充分发挥调度日（班）计划在运输生产组织中的龙头作用。对调度"掌握信息、进行预测、做出决策、监督执行"的工作流程，实现合理利用运输资源，进一步提高运输生产和调度指挥效能。按"一部计划一条线"理念建立起来的计划指挥新模式符合货流和车流内在特质，是充分发挥调度在运输组织中总体牵动作用的有效途径，已经成为铁路调度部门适应新时期运输需求的有效手段。

1. 传统调度指挥模式不适应现代物流发展

（1）计划编制周期不匹配，难以满足"实货制"运输基本要求。"实货制"运输对装车时限提出了更高要求，其核心要求是"有货即装、有货必装、随到随装"，调度必须随时掌握客户装车需求，按约定时限提供空车。按照传统的调度指挥模式，调度按 24 h 编制货运工作计划，按 12 h 编制列车工作计划，货运工作计划为列车工作计划提供空车需求的时效性不强，难以实现精确匹配。

（2）计划编制受技术条件制约，无法体现车流的完整性。货主对货物运到时限、货物追踪查询等需求越来越高，反映到调度指挥用的列车运行线，这就要求每条代表车流信息的计划运行线均应具有从始发到终到的纵向完整性。传统计划编制受技术条件制约，车流信息的纵向完整性被分段设置的计划调度台人为"割裂"开来，班计划由各部计划组合"拼接"而成，融合性不强，车流的完整性被打破，并容易出现漏做接续、错做方向、错漏入流等问题。

（3）计划编制平台不完备，很难准确掌握货物运到时限等因素。TDMS 5.0 系统之前的版本，为调度员提供的计划编制界面沿袭手工时代的"航空线"方式，无法表述前面各种运输限制条件和每个节点站计划运行时刻，给货物运到时限的组织带来一定困难。

（4）各调度工种间计划形成不同步，造成调度指挥合理发挥不强。传统计划指挥模式在计划台与机调台的计划形成不同步、重复作业大量占用调度员精力、无法及时准确预告列车发到信息等一系列问题，不同程度地制约了调度计划质量的提升。

2. "一部计划一条线"的内涵分析

"一部计划一条线"模式增强了计划牵动作用、运输组织目的性和精细指挥程度。调度员工作重心从"编制计划本身"转移到"统筹协调牵动"，与货调配空系统、机车周转图系统的功能融合，消灭了作业结合部，组织相关工种步调一致地编制和执行班计划，提高了计划可执行性。调度员不需耗费精力重复研究配空方案，不需查阅运行限制，不需逐列重复入流，也不必担心发生计划错漏交接，只要做准本台始发计划，即可保证全局计划质量，并且能够实现列车计划运行线与实际运行线的同步变化，保证按照调度员意图指挥行车。

"一部计划一条线"的基本含义是：打破铁路局集团公司级调度计划台间界限，所有计划台协同编制全局一部计划。"一条线"的含义为计算机按车流径路自动生成从始发至终到的一条完整的计划运行线，并加载完整的相关属性信息，实现生产过程各部门、各环节信息实时共享的全生命周期的管理。

"一部计划一条线"是要实现以日（班）计划编制与执行为核心的各类运输信息，在国铁集团、铁路局集团公司、站段三级调度间实时共享和实现透明指挥，其目标是拉长车流，做远、做准调度日（班）计划，为动态均衡运输、目的运输、对接运输市场、满足客户需求提供基础保障；重新进行运力资源优化整合，打破既有计划台按区域（线别）的设置格局，构建立体分层的新型调度日（班）计划管理体系；按车流属性设置计划台，实施车流专项掌握，始发负责、一管到底，实现铁路局集团公司骨干车流拉通；拓宽日（班）计划编制主体，变计划员单独编制为调度生产全员协同共同编制，变车务站段被动执行为主动参与编制，实现以一部计划牵动全局运输组织；以装卸排日（班）任务为主线，指标预算与计划调整动态结合，确保重点，兼顾一般，突出运输组织目的性和导向性，实现运输效益总体最优。

经过对计划、行车、机调、货调、施工等调度工种和运输站段之间内在关系的梳理分析，逐步形成"一部计划一条线"计划指挥理念。"一部计划"：打破计划台间界限，所有计划系列的调度工种协同编制全局一部计划。"一条线"：计算机按车流径路自动生成从始发至终到的一条完整的计划运行线，要实现的目的是拉长车流，做远、做准调度日（班）计划，为均衡运输、目的运输、对接运输市场、满足客户需求提供基础保障，实现货流、车流、机车、能力的紧密结合。

无论运行区段长短，列车工作计划均由始发计划台一次编制完成，无需再进行计划交接，全部计划台提交列车计划后，系统自动生成全局一部列车工作计划，保证列车计划的完整性和准确性，消除了传统人工交接所产生的弊端。特别对于车流属性较强的跨局移交、整列控车、整列空车、整列管重，设骨干计划台专项编制日计划，实行骨干车流专项掌握，始发负责、一管到底，实现全局骨干车流拉通。

通过运输信息集成平台和货运日计划，提前获取详细到站的计划编组，改变了开车发报后才能获取列车编组的滞后状况，使得下一技术站按到站别准确掌握远期到达车流的时机大幅提前，有利于科学合理地制定列车编组计划和编组高质量远程直达列车，减少解编次数，加速车流移动；也有利于中间站车流的合理集结，避免同一到站车流分批挂运造成中间站重复作业，从计划源头为现场营造良好环境。

计划调度与车站调车流数据实时透明，两级调度作业过程、车流数据共享，车流推算、计划编制同步更新，系统自动按极短提取车站现车信息，并根据计划运行线编挂车流自动推算，推算结果与现车自动校验，从技术上保证不遗留。

"一部计划一条线"以列车运行线为驱动，充分运用信息技术手段，对原有系统中列车工作计划、货运工作计划、机车工作计划进行升级，研发了铁路运输调度管理系统（TDMS 5.0），形成铁路运输信息集成平台，有效解决了既有运输调度管理系统存在的突出问题，实现了货流、车流、机车、能力的紧密结合。货运工作计划、列车工作计划和机车工作计划等在一个平台上共同操作、协同编制，日计划、班计划、阶段计划一体化编制和动态滚动调整，实现调度指挥行为的流程控制，并不断完善对各调度工种在横向、纵向交互上一致、完整的信息支持，实现调度指挥信息的综合管理，最终实现集成，解决各调度台（邻局集团公司）日（班）计划分散编制、人为割裂完整运行线等问题，实现调度指挥工作流程的数据化管理。这个理念特别适合特需列车和批量快运列车组织。

1）实现了计划线条与实际车流、区间能力的结合

（1）集中编制一部计划，一条线贯通始终。TDMS 5.0 系统中，无论列车运行区段长短，列车工作计划均由始发计划台一次编制完成，无需再进行计划交接。特别是对于车流属性较强的跨局移交、整列空车、整列管重，设骨干计划台专项掌握，实行骨干车流拉通。

（2）优化作业界面，紧贴实际能力做计划。TDMS 5.0 系统摒弃了传统的"航空线"，采用"列车视图"窗口，可准确描述列车运行全过程的"计划运行线"，实现了各区段能力限制的因素可视化管理，计划员查定线上的列车旅行时间和点上作业时间充分贴近实际。

（3）运用"计划编组"可提前获取远期车流，提升列车解编质量。TDMS 5.0 系统还实现了与 TDCS 系统数据的实时交互，自动更新列车实际运行时分，为日计划、班计划、阶段计划动态调整提供了方便条件，通过"运输信息集成平台"和"货运日计划"提前获取详细到站的计划编组，有利于制订列车解编计划和编组高质量的远程直达列车，也有利于中间站车流的合理集结，避免同一到站车流分批挂运造成的重复作业。

（4）自动推算车流，可确保技术站阶段站存车准确无误。计划调度员与车站站调车流数据实时透明，作业过程、车流数据共享，车流推算和计划编制同步更新，系统能够自动按阶段提取车站现在车信息，并根据计划运行线编挂车流自动推算，推算结果与现车自动校验。

2）实现了列车工作计划与货运工作计划的结合

（1）做"长"列车工作计划，实现"长车流"服务"短货流"。将编制 12 h 列车班计划扩展为滚动编制 24 h 管重和空车日计划，变传统的"以货找车"为"以车保货"，使配空管更具主动性。

（2）做"短"货运工作计划，满足"实货制"时效性货流需求。设置"货运视图"，建立与"实货制"相对应的"实车制"配空管理系统，以 6 h 为阶段，按待发、待装、待卸、空车及外站管重状态分类，自动汇总分析货运站作业车，综合分析本站卸后、在途到达、当日装车、周边配空空车来源，按照"空率最小、空距最短、配空时机最佳"的原则，推算最优

配空供需关系。

（3）同步掌握阶段配空供需关系，精确编制配空方案。"货运视图"使计划员共享货运调度推算的 6 h 配空供需关系，综合处理配空与排空的矛盾，确定最优配空方案，精确编制配空计划，保证及时装车，避免空车浪费。

3）实现了机车工作计划与列车工作计划的结合

机车工作计划是兑现列车工作计划和货运工作计划的保障。TDMS 5.0 系统结合机车周转图系统和乘务员叫班辅助系统，实现了机车工作计划与列车工作计划同步完成，消除了机车工作计划滞后于列车工作计划编制所产生的运输链条中机列衔接环节断档问题。

（1）运用"号码制"机车周转图，可准确掌握机车动态。建立机车字典，将机车配属、支配、运用类别等各类信息提前录入机车周转图系统，机车调度可随时掌握运用机车位置和非运用机车动态。机车周转图形成后，还可实现机车折返时间的即时统计，按日或按班测算机车运用指标，有利于对运输成本的合理控制。

（2）统一叫班模式，机务段调度运用职能前移。为强化车站与机务之间的联系衔接，在较大节点站的站调室配设了驻站机调，把机务段调度运用职能前移到车站。TDMS 5.0 系统与叫班辅助系统结合，自动向站区内驻站机调、站调、值班员下达阶段开车计划，消除了工种间掌握偏差，按唯一的开车时刻组织兑现，有效减少了机、列、人衔接不紧密的问题。

（3）机列计划同步编制，实现机、列、人紧密衔接。在建立"号码制"机车周转图和统一叫班模式的基础上，TDMS 5.0 系统与机车周转图进行结合，机调系统可随时加载列车计划运行线，实现机车工作计划与列车工作计划同步编制，补接机列计划存在的断链。

3. 技术保障措施

（1）强化信息支撑，建设智能运输信息系统。将列车运行图编制系统纳入运输调度系统，通过数据库动态更新实现与运输调度系统同步。同时对既有运输调度系统（TDMS）与列车调度指挥系统（TDCS/CTC）、编组站综合自动化系统、预确报系统、机车车辆运用、货运生产系统等进行整合，建设智能运输信息系统，为改进货物列车运输组织提供技术支撑。远期将编组、区段站站调功能纳入铁路局集团公司调度系统，提高调度集中统一指挥的计划性和准确性，减少调度指挥系统层级，避免因多层级信息传递不正确、响应滞后等影响日班图的编制质量。

（2）实现不同专业、不同系统间的信息共享，为改进货物列车运输组织提供技术支持。电务系统推进机车运行数据地面化工作，提高机车交路调整的灵活性；机车车辆系统要创新机车车辆运用体制。车辆部门充分发挥 5T 设备运用，进一步延长互保区段，为实现日班图、车流径路、编组计划等实时动态调整提供保障；加强运输相关系统整治和应用集成，加强考核分析，实现精细管理。

（3）加强计划管理。用好货运票据电子化大数据，完善货流、车流、机车、列车信息共享机制，实现调度系统横向和纵向生产计划的协同编制，研发车流自动推算和计划自动编制功能，实现主要支点站间的车流高效接续；推进智能调度建设，提升一体化计划编制和协同作业能力，实现调度精准高效指挥。

（4）突出精细化调度组织，突出重点区域和高峰时段，促进取送装卸、接排解编、列车运行等各个环节畅通有序，压缩运输时限，满足准时制、快捷化、差异化的运输需求，着眼于干、支线，区段站与编组站间的车流衔接，优化技术站分工。

4.3.7　服务货运改革条件下铁路运输调度的管理优化

调度是铁路运输综合效益的体现者。结合当前铁路运输组织货物快运组织、客运组织及压缩运输成本的需要，通过分析影响运力资源充分发挥的薄弱因素，引入"瓶颈"管理的理念和方法，从运输调度的角度提出强化运输组织指挥、充分利用通道能力、经济合理使用机车车辆、调动站段运输生产性等对策，有效提高铁路运力资源利用程度，以加快实现运输发展方式转变和客货经营模式创新。

按照"前店后厂"模式构建货运市场营销、生产组织和经营管理体系，采取货运营销中心–地区货运中心的管理模式。调度所是所辖范围内货物运输组织的神经中枢，主要承担"后厂"适应市场需求的生产组织管理职能，成为货运改革后三种体系焦点的集中体现。为提供铁路货运运输组织保障，运输组织管理优化就要在利用信息技术平台的基础上，首先要根据新变化优化相关作业流程，强化货运计划和日（班）计划编制管理工作，做好运力与实货的对接，并要实现相关信息的共享、透明、公开；其次要统筹兼顾地解决结合部管理问题，除调度所内部各工种加强工作联系外，还要与货运营销中心处理好货源对接及运输能力平衡的关系；对于车站和地区货运中心，要针对货运改革后有关的行车、货运等具体工作，努力提高运输效率和效益；还要在具体调度指挥执行过程中，加强快运货运班列等重点列车运行组织工作，确保实货运到期限。

1. 存在的问题分析

根据调度相关作业发生的新变化，深入分析存在的新问题，探索服务货运改革在运输组织管理中的优化，不断推动铁路货运走向现代化、市场化和集约化，确保货运改革真正取得成效。

1）铁路局集团公司层面货运调度岗位设置优化

当前铁路货物运输总体分为两大类：一是利用动车组及普通客车行李车运送货物，调度管理由客运行包调度担当；二是各类货物列车运送货物，调度所根据日常货物运输需求，由货运调度、计划调度、机车调度和列车调度按列车运行图和货物列车开行规定编制列车开行计划，并组织兑现，其他各工种调度作为铁路运输保障来共同完成铁路站到站线上货物运输任务。另外，铁路货运业务向门到站、站到门、门到门拓展，面对企业开展物流总包业务，即铁路线下货物运输，调度任务由货运受理和配送中心物流调度负责。上述铁路货运调度岗位设置存在分散、联系不紧密、多头管理等不利因素，不利于货运调度作业顺畅和管理。

2）铁路站段层面货运调度结合部问题突出

成立货运中心，列站段层级管理，分别完整对应九个地区车务站段，货运中心负责铁路货运营销和装卸车组织工作，车务站段负责货车取送及对货位工作。因此，在站段层面增加了货运中心与车务站段之间的货运结合部，货运中心及车务站段均设置生产调度科，设全日制调度岗位，自然站货调或货运员与车站站调或调车区长均按原站段配置工作岗位，虽然仍在一个地点上班，但分别归货运中心和车站管理，日常工作协调一致性较差。货运中心成立虽然强化了铁路货运营销工作，但实际削弱了货运装卸组织与取送车协调一致性，运输效率受到不同程度影响。

3）铁路局集团公司层面货运调度对应国铁集团货运调度也不统一

铁路局集团公司客运行包调度对应国铁集团调度部客调指挥，运输方案直接由国铁集团营运部物流处负责协调；日常货物班列、特需货物列车和点到点快速货物列车由国铁集团调度部行包快运台协调指挥，远程技术直达货物列车计划开行方案由国铁集团调度部计划台直接与相关编组站调度联系制定，再通过系统下达到相关铁路局集团公司调度所计划台。由于日常工作对接时间点差异，往往计划下达较晚，铁路局集团公司调度所计划台就根据编组站调度提供车次和开车点纳入 3～4 h 阶段列车开行计划，再下达相关部门岗位执行。全部跨局货物列车开行分界口交接均由国铁集团调度部行调台负责协调指挥。

2. 主要内容和做法

1）优化设计调度各工种流程

（1）货请求车审核调度台作业优化。

首先，编制铁路局集团公司次日货运日计划大纲，依据国铁集团下达的次日轮廓计划（包括到局别使用车数、限制口及限制局的使用车数和重点要求）、调度命令、次日订单需求、运用车分布、重点任务、合署办公会的集体意见和上级要求编制。其次，根据计划大纲要求、日（班）计划和实际运输情况，通过货运日（班）计划自动确认系统来确认次日装车日计划条件，对全部条件进行审核、保存，在"运货 5"中落成装车日计划，并及时下达，写入电子商务系统，公示给客户。

（2）日勤货运调度台作业优化。

每日 11:00 前通过货运电子系统提取确认客户货运装车去向订舱信息，从系统中读取次日及后 10 天的"去向（产品）订舱"信息，并确认锁定。按日历别编制《装车预订配空需求表》（运调货 1）、《货运去向订舱日况表》（运调货 2）、《上海局订舱装车去向表》（运调货 3），完成后及时在调度所网站货运平台公布，便于班组值班主任（副）、计划调度员调取，及时完成空车配送任务和提前调整车流。每日 16:00 前要将当日货运电子商务订舱装车落空情况及原因传真 95306 客服中心。

（3）货运调度装车台作业优化。

及时通过调度所网站"货运工作平台"查询本台当日订舱需求信息、配空计划，对产品、现车订舱的装车，逐站逐车掌握货源、配空动态（包括已装、待装、上道待装、待上道、卸车利用、配空计划），督促车站优先安排，缺空车要及时与有关计划台联系配空。加强装车进度及落空原因分析，做到交班清楚。夜班下班前，将货源、配空动态和装车进度书面向货调主任（副）汇报；日班下班前，将落空原因书面向货调主任（副）和货运日计划分析调度汇报。

2）合理编制货运日计划，保证计划与订车紧密衔接

（1）在计划审批上满足实货需求。

根据铁路货运现行运输受理方式汇总的货运需求信息认真编制货运日计划，优化编制货运日计划流程，使其符合货运改革后实货需求需要。货运日计划编制要体现满足实货运输、重点优先、公开公正并注重效率的原则。在审批过程中，坚持货运日计划计算机自动审批的优先级顺序：重点物资、零散"白货"、旬日装车方案、大宗稳定物质、其他订车等。分门别类地做好各种类货运需求计划编制工作。遇有人工调整时，需要集体决策，并留有痕迹。纳入货运计划的订车，需要安排补装时，在次日编制货运日计划时优先安排。

（2）在运力与实货上实现对接。

在编制日计划前，要掌握日交班工作重点、管内运输情况、国铁集团生产要求等，并协

商解决次日运输重点要求、能力调整要求、客户补运建议等事项，与货运营销中心联合召开合署办公会，达成合署办公会的集体意见，制定对客户运输需求的落实方案。同时，针对货运实际需求及装运情况，发现问题及时上报处理，并将快运班列、城际货运快线、零散"白货"等装卸车及运行情况纳入每日运输交班会内容，发现问题及时解决。

（3）做到客户信息公正、公开。

货运日计划编制落成后，要将相关信息及时通知客服人员在电子商务平台公布。由于自然灾害、施工及限制去向等因素，超过通过能力、接卸能力时，国铁集团发布的调度命令，也要在铁路局集团公司电子商务平台上予以解释，以提示客户及时提报有效的货运订单。特别是针对零散"白货"订单要重点掌握给予兑现，重点掌握落空原因，并将信息及时通知客服人员反馈客户。还要对电子商务承诺但没有兑现的，研究补救措施，联系货运营销中心客服或站段、货运中心进行有关情况反馈。

3）加强车流预推工作，提高计划兑现率

根据调度日（班）计划编制总体思路，按照调度精细、高效的要求，强化车流推算，科学合理编制调度日（班）计划，并组织兑现。

调度日（班）计划是上海局集团公司客货运输组织的行动计划，是由货运工作日计划、列车工作日计划、机车工作日计划和施工日计划四个部分组成的，货运工作计划是基础，列车工作计划是关键，机车工作计划是保障，施工日计划协调利用运能，有序保证运输设备新建、维修、保养作业。计划调度是编制列车工作计划和协调组织计划兑现的关键岗位，提出优化编制调度日（班）计划思路是"十日预想、五日预编、前日核定、当日执行"，最终实现上海局集团公司计划"一日一图"。

（1）计划调度室车流台作业优化。根据货运电子商务订舱信息预推算铁路局集团公司未来十日内的车流情况（外局接入车流信息暂不能获取，主要以本局电子商务订舱装车产生重车流预推算，待全部车流信息均能够获取时，可全面预推算车流），及时提供给计划预编调度台，以便于有预见性地预编制列车开行计划，进一步提高日（班）计划预编制质量，即"十日预想"。

（2）建立计划预编调度台。每天通过调度所网站货运工作平台依据货调公布的次日装车确认车、订舱所需空车（包括车种）及后五日的网上订舱信息，及时预编制配空计划、预编制次日起五日内管内列车开行计划（外局接入车流信息暂不能获取，主要以本局配空车流及装车产生重车流预编制列车开行计划，待全部车流信息均能够预测时，计划可全面预编制），并上网公布，即"五日预编"。

（3）各计划调度台作业优化。计划台在班中要加强与现场联系，认真做好管内空车调整，满足日常装车的需求，依据网上预编制配空计划，及时组织落实，按照"卸空利用、就近配空、兼顾效率"的原则，将装车所需空车按车种、车数及时配置到装车地点。特别注意产品订舱、零散"白货"装车配空和中间小站的订舱装车配空，遇配空不足等问题要及时向值班主任（副）或计划室汇报处理。对产品列车和城际货运快线列车开行要重点掌握，特别对普通快运班列有订舱就得组织开行，不得运休，始发站必须严格按方案规定内容进行编组，必须组织按规定径路运行。遇特殊情况必须迂回时，由国铁集团调度命令批准。同时，对中间站重车也要及时组织挂运，即"当日执行"。

4）统筹兼顾地解决结合部问题，提高运输效率和效益

（1）加强工作协调联系。

规范货运中心与调度所工作联系机制，调度所及时组织召开由各货运中心分管领导、生产调度科负责人和调度所有关人员参加的两级调度工作协调会，明确相关工作，提出具体要求，并形成会议纪要对照落实。同时，协调处理现场行车与货运组织等结合部之间暴露的矛盾，对典型问题及时予以通报并督促整改。通过全体调度人员和运输站段共同努力，保持货运组织改革过渡期运输安全、平稳有序。

加强调度各工种与现场信息沟通，实时、动态掌握各站卸车进度、车种车型、出车时机及在途空车情况，准确掌握卸后利用、到后利用等信息，组织好车种代用，以便为实货运输提供空车保障。

对中间站产生的实货装车，调度各岗位加强信息沟通，按阶段收取现场信息，动态掌握中间站装车进度，及时安排好计划组织摘挂、小运转列车挂车，灵活采取大站兼顾小站、调机兼顾周边中间站等方法，合理安排中间站重空车辆取送、挂运和调车对位。

（2）强化调度岗位协调管理。

主要体现在调度所货运、计划和机车调度岗位。在调度所内部岗位协调上，强调货运调度员要及时通过调度所网站货运工作平台查询本台订舱需求信息、配空计划，认真掌握订舱装车货源情况，加强与有关计划台联系，随时掌握空车配置动态，盯控车站安排装车。同时，货运分析调度员认真做好货运电子商务网上办理情况分析和装车不兑现情况及原因分析，特别是对核定订舱装车及零散"白货"装车不兑现要重点分析。因配空不到位造成装车不兑现情况信息，要及时向计划调度室提供，以便进一步分析。

计划调度员对当日各站订舱配空情况及产品列车、城际货运快线列车开行情况进行督促与检查，并做好与相关调度室的协调配合，提前对后几天订舱所需空车进行谋划，对主观原因造成订舱装车不兑现或不能按计划挂运和开行的，对照考核典库严格考核。

计划、机车调度员要根据列车运行情况和阶段调整计划，做好机车运用调整工作，动态掌握在途列车运行情况。当发生机车、机班衔接不上时，要及时采取措施，加速放行机车，保证机列衔接，为实货制运输提供动力保障。

5）重点突出快运货物班列的运行组织，确保实货运到期限

总体思路是：强化特快、快速货物班列客车化开行的品牌效应，优化开行方案，合理确定各个节点的装卸、甩挂方案，保证班列列车全程运行的兑现率和正点率；编制好中欧、快速集装箱、货物快运等高速度等级班列列车的开行方案，逐步树立品牌效应、打造精品列车；综合制定中亚、铁水联运、普快班列的集结、挂运、开行方案，抓住零散"白货"货源，努力提高运到时效性；统筹布局煤炭、矿石等大宗直达货物列车的始发开行方案，做好煤矿发运、港口疏运工作，保证矿港主要货源的持续稳定。

（1）货运产品。

快运货物班列是货运改革后的品牌运输产品，必须要重点掌握。按照货运营销部门（即"前店"）根据市场实际需求，确定货运产品列车开行方案，以赴组织兑现，为"前店"营销打基础。在以"白货"、高附加值货物为主的"百千"产品列车开行方面，按照开行行邮特快、始发行包快运列车和班列方案，兑现每天实际需求，努力提高开行兑现率。在以大宗稳定货物为主的"千列"直达货物班列开行方面，按照跨局直达货物列车和管内直达货物列车"千

列"开行方案，提供运输保障，提高兑现率。在管内城际货运快线列车开行方面，目前上海局集团公司城际货运快线有 3 条线，即北郊—合肥北、合肥北—北郊、宁波北—北郊，合肥北—北郊管内行包列车 1 对。调度所每天作为重点，管控每一个环节，保证列车按方案组织兑现。

（2）办理组织。

提高列车调度员按图行车意识，加强 3～4 h 列车运行调整计划调整，努力组织客货列车按图运行，重点加强对快运班列、城际货运快线列车和相关方案列车的开行组织，安排专人盯控，确保安全正点运行。遇有列车晚点、会让等运行调整时，采取措施恢复正点。

在加强机列、机班紧密衔接的基础上，列车调度员要加强与车站值班员的沟通与联系，提前布置好开车前的各项准备工作，确保列车按点开出、按图运行，并及时将到发车次、股道、时刻、编组辆数等信息通知货运人员。

对快运班列按以下标准组织行车指挥：特快班列（行邮专列）按低于时速 160 km 的特快客车、高于时速 140 km 的特快客车掌握；快速班列（行包专列）按低于普快客车、高于普通旅客慢车掌握；班列按低于普通旅客列车、高于普通货物列车掌握。

快运班列等方案列车在途中因危及行车安全等特殊情况发生甩车时，对甩下车辆的信息要及时通报相关运输、车辆等部门处理，并作为交班注意事项重点交班，保证故障甩车尽快处理，及时挂运上线。

6）加强到达预确报等信息管理，及时启动卸车预案

现在货运中心、车务站段都能通过铁路局集团公司 TMIS 信息"到达货车预报及分析系统"了解到达信息，要利用该系统提供的大宗、难卸货物的具体车号，并利用车号跟踪系统查找该列车到达途中具体地点，预计到达时间，通知有关单位、人员，做好卸车准备。另外，铁路局集团公司运输信息集成平台 1.0 系统已投入使用，通过该系统也能准确查询到货车实时动态，相关人员要准确录入信息，避免系统信息误差。各部门人员，尤其是管理人员可通过系统查询到货车具体位置及相关作业进度，并能够查询到大点车分布情况，及时通过掌握的信息有目的、准确地对有关作业人员提出进一步工作要求，实时盯控每一个工作环节。针对到达量较大的中间站、专用线（专用铁路），必须根据每条货物线的条件、装卸设备、货物性质、季节特点等因素确定不同等级的到达预警值，并做到根据实际情况及时修正。当实际到达车数达到不同等级预警值时，要及时启动卸车预案，调整到后备卸车场地卸车。同时，通过细化卸车应急预案，确保措施得力。路企双方要进一步细化卸车应急预案，共同检查卸车设备、劳力、机具配置情况，抓好预案的演练，确保一旦出现冻煤或集中到达造成待卸车积压时，及时启动应急预案，尽最大努力压减待卸车。组织重点卸车单位签订路企协议，落实责任，督促企业做好原材料装车源头的均衡组织。确因货车集中到达或接卸单位机械设备故障、冻车、劳力不足等原因造成的待卸车严重积压，应在协议中明确实施分流措施。

7）依托现代信息技术，创新运到时限和运输组织管理

创新运到时限管理，实现物流全过程控制。满足准时制物流需求，制定市场化运到时限管理策略。运到时限服从上午市场需求，根据客户的运到时限需求制定差异化、个性化运输组织方案。通过铁路 95306 电商平台，向社会公布高铁物流、旅客列车行李车物流、货物班列物流、散"白货"和大条物流等组织方式的运到时限。对不同客户提出的不同运到时限，以价格为杠杆，同客户确定最适宜的物流组织方式。对客户特需货物，专门制定特殊的物流

方案。通过构建物流管理统一平台，加强货物运到时限管理。相关货运调度通过平台掌握快运货物取、装、运、卸、送物流流转全过程，实施全程管控。调度所负责按客车化组织快运货物列车运行，及时安排快运货物车辆取送作业。计划调度员对快运车流实施单独推算、重点掌握，以便于快速中转、优先上线。

创新信息化手段，借助信息技术应用实现运输组织最优。整合完善铁路已有信息系统，构建铁路局集团公司物流信息服务平台。全面提升运输信息集成平台信息采集质量，将信息操作纳入业务流程和岗位职责，确保信息采集完整、及时、准确，构建物流各环节完整信息链条，为客户提供货物全程追踪查询服务，提高铁路货运信息透明度、客户知晓度和服务满意度，提升货运服务质量。

实时掌控货运生产过程，优化货运生产资源配置，提升货运生产管控能力和货运安全风险控制能力，强化营销手段，提高市场研判能力，拓展铁路与外部企业信息系统的数据交换和信息共享。

提高计划工作质量，协调运输各部门高效作业。依托运输信息集成平台 1.0 和 TDMS 5.0 系统，密切掌握运输安全，合理规范调度计划和车站作业标准及流程，实现行车主要工种间阶段计划自动下达、车站现车自动入库上传、编组及区段站调阅计划、准确自动推算车流，提高日（班）计划编制质量，以信息化支撑促进计划兑现率提高，最大化提升运输力。

4.3.8 货运增量后的铁路运输组织优化

近年来，随着国家运输结构调整政策实施，公路货源逐步向铁路转移，全国铁路货物发送量持续攀升，对运输组织工作提出了更高要求。上海局集团公司坚持整体联动、系统最优，以深化供给侧结构性改革为主线，聚焦运输生产全过程、全环节，全面梳理优化既有制度办法，创新运输组织模式，着力解决一批影响运输效率提升的突出问题。

开展运输组织管理创新，就是以供给侧结构性改革为主线，推动铁路货运向现代物流发展，与其他交通运输方式形成优势互补、融合发展的局面，构建服务城市物资供应保障的全程绿色物流体系，更好地发挥铁路在综合交通运输体系中的骨干作用。上海局集团公司坚持"运输围绕市场转、生产围绕运输转、要素围绕生产转"，全面优化运输组织全过程、全环节，集中解决了一批影响效率、效益的问题，打通了专业间的隔阂壁垒，更好地激发了铁路大联动机的内生动力，进一步完善了运输组织管理体系，通过开展运输挖潜提效攻关，有效保障了管内运输秩序畅通，推动货运增运上量。同时，在深入推进运输挖潜提效攻关的实践过程中，科学配置各类生产要素，努力实现整体联动、系统最优，运输质量效率得到有效提升。

上海局集团公司主要负责江苏、浙江、安徽、上海三省一市范围内的铁路运营管理，与国家长三角一体化发展战略区域高度契合，包含京沪、陇海、京九、沪昆四大繁忙干线，徐州北、阜阳北、南京东、乔司、南翔等五大路网和区域性编组站，以及芜湖东、合肥东、金华东、宁波北等地区性区段站，是全路重要的接车、卸车和排空局。

（1）实施货运增量行动的重要保障。铁路具有运量大、能耗低、绿色环保的比较优势，自 2018 年起，国铁集团实施货运增量三年行动，积极承接"公转铁"货源，推动运输结构加快调整。但铁路货物运输受季节、节假日、淡旺季、企业环保等因素影响较大，货源及市场需求存在不确定性，带来阶段性、区域性的运力紧张和运输不畅。

（2）适应区域经济结构转型升级。长三角是我国经济发展最活跃、创新能力最强、开放程度最高的区域之一，也是国家运输结构调整的主战场。近年来，区域内货运需求由高速增长转向平稳增长，货运结构受产业政策影响较大，大宗散货运量持续下滑，高价值、分散性、小批量、时效性货运需求迅速攀升，外贸货物运输保持稳定增长，随着运输结构调整，多式联运战略地位进一步提升。

（3）释放发达路网和技术装备红利。近年来，长三角高铁新线大量开通并逐步成网，为普速铁路货运通道腾出了空间。但是繁忙线路运输能力与市场需求的阶段性矛盾仍然存在，部分进港进企专用线、点线配套工程尚未建成，运输组织中安全冗余过多、工种联劳协作不密切、货运场站接卸不畅等问题，对货运量增长形成了一定程度的制约。与此同时，各类先进技术装备推广应用，市场化、谱系化产品列车推出，使得传统铁路运输组织模式发生了极大变化。

1. 运输组织优化措施

以提升效率效益为目标，深入调研分析运输组织各环节，坚持"运输围绕市场转、生产围绕运输转、要素围绕生产转"，从列车运行图编制、调度指挥、装卸车组织、区域运输能力提升、货运产品体系完善、运力资源保障、综合能力建设等七个方面入手，加快推动运输组织变革，为货运增量提供坚强保障。

2. 完善货运产品体系

1）发展集装箱运输

以集装箱多式联运为主攻方向。一是海铁联运产品：依托宁波舟山港、上海港、连云港三个大型深水港优势，主动靠前对接外贸船期，创新"船车直取"运输模式，推行港站一体化运作，设计开行 20 余条集装箱班列线，基本形成覆盖管内主要港口和城市的集装箱铁路运输通道。二是国际联运产品：主动服务国家"一带一路"建设，加快中欧、中亚班列装车站点布局，优化"就地转关、一次申报、一次查验、一次放行"运输流程，简化通关、装卸、接取送达手续，积极培育开拓市场，形成浙江义乌小商品、江苏苏州电子、安徽合肥家电汽配等特色货物的出境班列产品。三是"散改集"运输产品：充分发挥 35 t 敞顶箱装卸效率高、货物损耗少、污染环境小等优势，推动煤炭、焦炭、矿石等大宗货物"散改集"运输，通过固定车底、定点定线、每日往返开行的固定循环班列模式，实现快装快卸、快编快开，缩短运输周期，降低企业物流成本。

2）发展商品车运输

深化与大众、福特、吉利等商品车主机厂合作，发挥铁路商品车物流基地的"蓄水池"调节作用，积极推广"库前移"模式，有计划、成规模地将商品车通过铁路运输迁移至铁路物流基地，再根据市场需求二次分拨至各经销商。同时，将同一物流基地不同方向的零散装车，集中到编组站进行"零拼整"编组，有效提高商品车运输时效。

3）发展散货快运产品

针对"白货"运输时效性强的特点，构建完善 160 km/h、120 km/h、80 km/h 三个速度等级的快运班列产品体系，满足城市快消品、外贸出口、电商快递等运输增量需要，散货快运产品主要体现在：以京沪、沪深、浙粤 3 对特快班列为基础，构建形成北上广电商物流铁路通道；以 12 趟快速货物班列为基础，逐步完成长三角地区辐射全国主要经济区域的铁路快运通道；积极开发多式联运快速班列，形成以汽车配件、小商品、白色家电、电子产品、农副产品等为特色的集装箱运输专列；为满足客户紧急临时需求，通过点到点技术直达列车组织模式，指定开行日期、列车编组、运行时刻、装车货源等，助推"白货"市场和"公转铁"项目开发。

3. 推行精细化调度指挥和运力资源

1）明确枢纽节点城市定位

紧密对接《长江三角洲区域一体化发展规划纲要》，结合路网建设规划及区域经济发展对铁路运输的需求，研究明确各中心城市和地区铁路交通枢纽的功能定位，做大做强以上海、杭州、南京、合肥、宁波为中心的铁路交通枢纽，统筹规划宁波、温州、阜阳、徐州等地区性枢纽。

2）优化列车开行方案

（1）在每季度调图中，综合考虑新线开通运营、新设备建成投用、线路通行能力变化、车站装卸业务量增减等因素，动态调整货车运行径路、发到站、技术作业站，以及相关的货车编组计划、货运机车和乘务员交路，对经由重复、效益欠佳的普速客车实施停运，释放普速线路货运能力。例如，2020 年 9 月衢宁铁路开通运营，同年"10·11"调图新增衢州东—宁德北区段列车 2 列、摘挂列车 6 列，以及衢州东—松阳小运转列车 2 列。

（2）为满足客户紧急临时需求，不定期公布图外货物班列开行方案，通过点到点技术直达列车组织模式，指定开行日期、列车车次及编组、运行时刻及径路、装车货源、车流挂运等事项，助推管内"白货"市场和"公转铁"项目开发。

3）精心铺画列车运行线

通过调整列车运行图走一体化的技术路线，有针对性地安排货车集结、发到、装卸站点，促进地区货源向铁路枢纽及辐射范围聚集，提升货车开行质量。

（1）统筹考虑不同等级客货列车的速度差异，采取平图画线、交错停站等方式，提高线路通过能力；灵活安排枢纽地区列车运行径路，充分利用车站平行进路接发列车，合理匹配机车换挂、乘务员换乘、列检试风等技术作业，压缩车站股道占用时间，提高枢纽整体能力。

（2）根据阶段性货运上量实际，在繁忙干线图定预留天窗时段铺画一定数量的货车运行线，遇天窗调整日即可组织开行，既不影响正常天窗作业，又增加了紧张区段开车能力。例如，调图安排京沪线徐州北—南京东天窗时段直通货车 10 对，在此基础上，调图又安排京沪线徐州北—济西直通货车 4 对、京九线阜阳北—南仓技术直达列车 2 对。

4. 提高计划编制执行质量

调度日（班）计划是日常运输组织工作的基础，其编制和执行质量，直接影响运输效率效益。

（1）科学编制下达计划。根据国铁集团调度中心下达的日计划，统筹考虑全路车流移动、局间分界口交接车数和管内货源分布、装卸车需求、施工天窗安排等因素，充分挖掘线路通过能力、车站作业能力和机车机班、货车车辆等潜力，编制下达日（班）计划，指导现场一线生产作业。

（2）精心组织计划兑现。将 3～4 h 阶段计划作为兑现日（班）计划的基本单元，科学调整列车运行，通过选择合理会让站、组织反方向运行、合并运行、在车站平行作业等措施，加速车辆移动。

（3）加强专业协调。计划、列车、机车、货运等专业调度紧密联系，动态掌握编组站车流集结、货运站装卸车、重点物资挂运、机车机班安排等信息，有针对性地采取干预调整措施，提高计划兑现率。

（4）强化分析考核。制定调度所计划兑现率考核办法，对兑现率较低的调度岗位进行"挂图分析"，安排把关干部跟班指导并实施经济考核，调度日（班）计划、阶段计划兑现率逐年提升。

5. 科学合理调整车流

科学地规划车流径路，合理地进行车流分配，是铁路运输组织的核心问题之一。按照积极适应运输市场需求变化和点线能力状况，统筹重空车流，平衡通道、点线能力和机车机班、空车资源，保障运输畅通，促进装车上量的原则，在以下方面做好优化措施。

（1）重车车流调整方面。对移交外局重车流，综合运用机车站接、机班紧交路、人车立折等调整措施，协调接车局提前安排单机回送，全力保障机车机班供应。优先组织交界车流放行，加快沿途接发车、列检货检等作业进度，确保 18 点前有效交接。严格执行列车编组计划，严控违编、违流列车开行，优先组织成组直达运输，尽量编组远程技术直达列车，减少邻局技术站重复解编作业。对到达管内重车流，合理安排技术站解编计划，优先组织开行区段内整列到站列车，加速支点车流移动，确保第一班（18:00—次日 6:00）管重移到率达到 60% 以上，为第二班（6:00—18:00）装卸车、排空创造良好条件。

（2）空车车流调整方面。全路及管内空车流均呈现由南向北移动的特点，长距离输送将导致空车走行率加大。对管内排空车流，积极采取卸空利用、就近配空装车等手段，对整列卸车后空车底进行循环套用，有效满足货主装车需求。对跨局排空车流，尽量选择王楼、利国口交出，控制虞城县、新沂西口排空数，同时用好阜阳北站扩能改造后释放的能力，增加京九线淮滨、王楼口交接空车计划，缩短空车走行距离。

（3）车流径路调整方面。针对设备故障、自然灾害导致的线路中断，以及集中修、车流结构不均衡导致的阶段性通道能力饱和，合理组织迂回运输，用好用活平行通道能力，实现快输送、多过车、少积压。例如，遇京九线王楼口接入、淮滨口交出的南方重车流较大，本线能力无法满足时，用好京沪线和"二通道"能力，迂回运输至新塘边、倒湖、孔垄口交出，同时积极向国铁集团申请迂回命令，增加清算收入。

6. 优化机车运用组织

（1）实施机车集中配属。为解决机车频繁换挂拉低运用效率的现状，可分机型、分线别推进机车集中配属。将 HXD_{2B} 型机车集中配属徐州机务段、南京东机辆段，HXD_{1C} 型机车集中配属合肥机务段，HXD_{1B} 型机车集中配属杭州机辆段，逐步形成"一通道"京沪、陇海、青阜、符夹线集中使用 HXD_{2B} 型，"二通道"、宁西线集中使用 HXD_{1C} 型，沪昆线集中使用 HXD_{1B} 型的货运机车牵引格局。在节约机车使用的同时，减少机车乘务员培训和操纵难度，降低机车检修成本，为编组站机车直通创造条件。

（2）推行机车交路贯通。充分运用和谐型机车修程修制改革成果，最大限度延伸机车整备走行公里，在统一干线机型的基础上，对无调中转的直通货物列车，实施编组站、区段机车交路贯通、乘务员换乘，既提高了机车运用效率，压缩了乘务员辅助作业时间，又释放了编组站的能力，促进了运输畅通。以南京东站为例，实施京沪线 HXD_{2B} 型机车交路直通后，日均节约机车 3 台、机车乘务员 6 名。截至 2020 年底，上海局集团公司担当机车交路在管内编组站和主要区段站已全部实现贯通。

（3）实施金千线货物列车双机牵引。受山区线路长大坡道的影响，金千线货运机车牵引定数仅为1 500 t，运输能力的不足严重制约了货运持续上量。通过前期试验，自2020年6月起，对金千线新安江南至功塘间货物列车采用双机牵引，将上行线牵引定数提至2 800 t、下行线提至2 500 t，有效提高了线路运能，满足货运增量需求。同时，制定金千线一体化运输组织方案，在永昌至寿昌间运行时，尽可能安排列车通过，遇上、下行车流不均衡时，采用机车附挂货物列车方式运行，减少单机回送。

（4）试点机车大整备模式。围绕机车整备入库、库内、出库三大环节，在合肥机务段试点专业化整备管理模式。将机车小辅修、入库检修、库内调车、油水砂补给、出入库组织等职能纳入整备作业范围，将原有各车间整备岗位统一划入整备车间，统一协调地检、行修、地勤、上油等作业。入库环节，由"车等人"变为"人等车"，整备司机提前在待整区接车，乘务员入库即可下班。整备环节，由"流水线"作业变为"平行线"作业，通过调整加砂方式、改变制动机试验地点等形式，解决机车集中进库拥堵问题。出库环节，由"反复确认"变为"上车即走"，把原来乘务员出勤后的检查作业，提前交由整备人员完成，乘务员制动试验后即可出库。实施专业化整备后，机车进出库由原来最长90 min压缩到30 min，有效减少乘务员作业辅时。

7. 提高施工组织效率和施工天窗管理模式

（1）加强施工与运输一体化优化统筹。充分发挥调度所施工办作用，对主要干线集中修按照"平行通道错时安排"原则统筹协调干线运输和施工安排，根据运输需求周期性变化规律，按照"淡旺季错峰安排"原则，在运输需求低迷、线路能力富余时，集中时间安排线路施工，从装车源头组织优先向非施工区段装车，尽量避开集中修线路，避免车流积压。对重点通道内的平行线路，应在集中修施工安排的前提下，最大限度预留车流迂回的平行通道能力。

（2）优化日（班）计划编制。日（班）计划编制过程中充分考虑施工安排，掌握施工影响范围及影响时间，是否改变行车方式等影响运输效率的关键因素，估算好线路通过能力，统筹协同列车工作计划、机车工作计划、施工日计划，按照日（班）计划组织车流上线，对于超出日（班）计划的车流提前进行调整。同时，精准兑现阶段计划，尤其是紧盯施工前、施工中及施工后施工地段的过车，确保日（班）计划兑现，避免因日（班）计划编制不准确，造成车流积压或能力浪费。

（3）加强施工前后和施工过程中线路的过车组织。施工前后线路的过车组织，是在施工条件下能否兑现阶段计划和日（班）计划，进一步提高运输效率的关键因素。装车站装车完毕后，及时组织安排车流上线，将车流向编组站输送。编组站应根据线路施工安排，及时解编列车，保证施工前后施工地段车流接续，充分用足施工前后线路能力，保证能力不虚。同时，要求列车调度员在确保施工正常进行的前提下，充分利用好中间站到发线，阶梯式组织列车在中间站等点，施工结束前提前准备，阶梯式放行列车，充分利用施工结束后线路通过能力。对于确实需要改变行车方式或者需要邻线限速配合的施工，科学制定过车方案，减小对运输的影响，严禁盲目扩大封锁影响范围。

（4）制定施工应急预案，减小突发情况下对运输的影响。对于影响范围较大、施工过程较复杂的施工项目，除编制施工方案外，还需制定施工应急预案，明确可能出现的突发情况、相应的应急处置及救援组织方案。当发生突发情况影响施工进度或者不能按时完成施工任务时，应及时按照施工应急预案进行处置，适时压缩施工量，组织优先恢复正线开通，尽量避免施工延点，减小对正常运输秩序的影响。

（5）提高编组站、区段站作业效率，满足列车集中到发需求。由于施工造成列车在途等线较多，编组站、区段站存在列车集中到达现象。为防止施工结束后集中到达列车长时间等线，编组站、区段站应加大施工日列车密集到达关键时间段的作业考核力度，优化编组站、区段站列车集中到达时作业流程和站场运用，进一步提升编组站、区段站作业效率，提高列车直通比例，满足列车集中到发要求，减少施工后列车等线，从而提升施工条件下的运输效率。

（6）优化施工天窗组织。坚持运输与施工兼顾原则，契合货运市场规律，优化资源布局，创新检修方式，集约高效用好天窗资源，实现检修能力利用、保障运输需求的整体最优。主要体现在：推行设备差异化管理，打破固定设备周期修限制，推行以"等级修+状态修"为核心的检修模式。根据线路繁忙程度、设备运用环境等因素，将工电设备划分为六个等级、供电设备划分为四个等级，合理确定不同的检查周期、维修修程和状态控制标准，全面延长低等级线路的检养修周期。用好动静态检测手段，主动掌握设备变化趋势，增强天窗作业的针对性，减少无效过度修和对开车有效时段的占用。

（7）推行维修天窗和枢纽全天窗集中修新模式。2020 年对管内货运能力紧张的京九、京沪、陇海线，改变以往周一至周五均安排施工天窗、周六至周日为运输调整日的组织方式，每周每行别交替安排两个 180 min V 型天窗，并将运输调整日延长至周五至周日。同时，结合疫情形势，将京九、京沪、陇海、沪昆线集中修由以往的上下半年各组织一次，改为上半年集中完成，为下半年国民经济恢复后，更好地增运补欠、推动上量释放运能。同时，针对枢纽地区维修与运输争能矛盾突出、衔接多方向天窗同步作业困难等实际，建立"阶梯安排+综合利用"的全天窗集中修模式。计划安排方面，实行区域大小结合、时间长短结合，即：将枢纽维修区域由多个小区域合并成大区域，结合维修项目、工作量及劳力情况，灵活安排作业时间。天窗组织方面，实行"大小阶梯、大小循环"，即：结合运输实际，对编组站场间、同一场内多个区域天窗进行阶梯给点，对枢纽站场内、每个区域的行车设备实行维修周期循环，对重点设备、病害综合利用天窗进行集中整治，有效缓解了枢纽地区运修矛盾，确保运输安全稳定和枢纽畅通有序。

8. 强化专业协同联动

牢固树立"大运输、大协调"理念，由运输部门牵头，调度、货运、机务、车辆、工电供等部门紧密配合，定期组织召开区域运输协调会，研究解决运输生产存在问题，有针对性地制定对策措施，通过加强装车源头管控、减少重复编组集结、调整货车编组计划、增加无调中转列车、优化机车交路、加大激励保障等措施，一定程度上缓解了编组站拥堵现象。例如，针对乔司编组站接车不畅、机车操劳较多的情况，运输部、调度所、货运部、机务部成立联合工作组，对乔司站、宁波车务段、杭州货运中心等单位进行现场调研，发现主要是由于编组站日均解编列数大幅增加并达到查定能力，始发班列较多且车源到达时间不固定，萧甬线到发列车超图开行，整列到达无调 JSQ 列车夹杂需驼峰解体的车辆，"二通道"到达车流由于运输组织优化易造成集中到达，调度将有限接车能力优先分配给能力紧张的沪昆、萧甬线等。

再以水铁联动应急机制首次成功响应为例加以说明。长三角地区内河航道通航里程占全国三分之一左右，通航江河架设铁路桥梁达 623 座。为确保铁路第一时间掌握应急信息，2021年 7 月 6 日，上海局集团公司与浙江省相关部门建立水铁联动通报水上撞桥险情的机制，这在长三角地区尚属首例。2021 年 8 月 11 日 21:35，上海局集团公司调度所报警电话骤然响起，嘉兴市交通运输综合应急指挥中心来电，通报一艘船舶与乍嘉苏航道上的沪昆铁路桥发生碰撞。迅速赶到的铁路相关人员与水上执法人员开展联合勘验，确认事故没有影响铁路桥梁通行安全。另外 8 月 3 日，上海局集团公司与江苏省有关部门达成一致意见，出台江苏省 12395 等涉航铁路桥报警转报铁路的通知，进一步扩大水铁联动险情通报机制的覆盖面。

9. 强化装卸车组织

装卸车是铁路货运组织的最先、最后环节，通过合理安排作业进度、紧密衔接货流、车流，能够进一步提升运输组织效率。

（1）精细装车组织。针对管内货源分布不均衡、货运旺季空敞车运用紧张的情况，合理制订装卸车、配空车计划，细化去向别、品类别配空方案，按照距离最短、时机最佳原则组织配空，确保有货必装、应装尽装。对煤矿、港口等大宗货物装车点，紧密衔接企业生产进度和港口船期、库存，合理确定区域内配空车数，均衡空车输送节奏，利用固定车底开行循环列车，避免"有车无货""车等货"造成运输资源浪费。对物流基地等"白货"装车点以及零星、紧急配空需求，结合区域内待卸车情况，提前安排空车到位，满足货物运到时限的同时，减少无效配空。对管内卸车积压点和分界口难交车流，坚持以卸定装、以交定装，按照适度保留原则组织配空，避免车流积压。

（2）提高卸车能力。卸车是运输工作的重要环节，是兑现排空和装车计划的重要保证，坚持以卸保排促装，改进加强卸车组织手段。根据车站、货场、专用线企业卸车能力限制，均衡重车输送进度，灵活安排机车动力，满足对货位、取送车及空车挂运等需求。加强在途货源盯控，用好调度生产与辅助决策、货车追踪、运输集成平台等系统，提前掌握重车到达情况，科学配置仓储、货位、劳力、机械等卸车资源，协调货主及时安排短驳车辆，加快出货效率。紧盯到卸集中车站作业进度，加大第一班卸车组织力度，灵活调整作业班次，努力提高夜卸比重，确保夜卸率达到 50% 以上。对邻局重车流集中到达、节日期间地方企业和装卸人员放假、冬季煤炭冰冻卸车难度加大等因素带来的卸车积压，及时启动应急预案，发布卸车预警提示，成立工作组赴一线督导检查，加强货运中心、车务站段、货主企业三方沟通协调，采取分流到卸车站、招收本地闲置劳力、临时调用加热设备、租赁外部仓库、调集短驳车辆等措施，确保车站、货场接卸顺畅。以上海局集团公司运输组织考核办法为抓手，对车务站段和货运中心夜卸率、到卸率、出车率、全日卸车绝对数、货车停时等指标，定期分析考核通报，充分调动现场卸车工作的主动性、积极性。

（3）创新装卸方式。适应市场竞争需求和货源结构多样化，规范装卸生产组织，加大机械化装备投用，提升装卸作业效率和服务质量。合理规划货场堆放区域，制定货物堆码标准，满足集中到卸需求。对粮食、皮棉等包装货物，全面实行集装化作业，采用托盘堆码和皮带传输等方式，减少货物落地，方便转运出货；对煤炭、焦炭、矿石等散堆装货物，大力推进 35 t 敞顶箱"散改集"运输，组织厂矿企业对 C_{70} 车型翻车机改造，提升装卸车效率；对集装箱货物，加大门吊、正面吊、堆高机等设备投用，促进高效便捷转运移动。

10. 提升车站作业能力

1）提升技术站作业能力

随着全路装车增长、车流增大，管内编组站、区段站日均办理辆数逐步增加，出现阶段性的等线接车、调机运用紧张等现象。聚焦提升效能、打通堵点，多措并举改进完善，提升枢纽节点运输能力。

（1）开展能力查定。围绕列车到达、解体、集结、编组、出发全过程，于 2020 年下半年组织对管内徐州北、阜阳北、南京东、乔司、南翔、芜湖东、金华东、宁波北、蚌埠东、合肥东等 10 个主要技术站，进行作业能力和作业时间标准查定。通过精准体检把脉，摸清作业能力上限，找准提升空间，制定改进措施。例如，在车列解编方面，明确编组站单向自动化驼峰应具备日解体 40～45 列/班的水平，其中阜阳北、南京东、乔司站单班高峰期解体 50 列/班，较现状提升 5～10 列/班。

（2）提高调机作业效率。结合技术站能力查定，由运输、机务部联合开展调机作业过程写实，全面排查清理超过规定停车次数、限制走行速度等安全过度冗余规定，为作业效率提升松绑。例如，对徐州北站驼峰系统进行定速重设，将上下行驼峰机遥控预推速度由 7 km/h 分别提高至 9 km/h、10 km/h，压缩了驼峰解体和空峰时间。同时，优化技术站驼峰、编尾等各类调机作业范围，实施跨系统、跨场调车作业，避免忙闲不均。改进调机交接班制度，实行"固定时段、灵活交接"，确保生产过程不中断。完善调机入库上油整备方案，将原来分散入库改为按作业区域集中安排，减少调机在场内不同区域频繁转线，压缩了非生产作业时间。

（3）提升科技信息化水平。充分发挥编组站综合自动化系统（CIPS、SAM）决策智能化、指挥数字化、执行自动化作用，重构运输组织流程，实行作业统一管理，对列车、调车进路按下达计划自动排列，促进技术站调度岗位与现场运转、货检、调机等各岗点紧密联系，提高运输组织水平，完成五大编组站和芜湖东、合肥东站综合自动化系统建设。推行车号、货检作业由人工改为机检，在南京东站试点应用货车装载视频智能化系统，在原有视频监控的基础上，增加智能分析识别功能，每列车货检平均作业时间由 15 min 压缩至 5 min。

（4）强化专业联劳协作。建立站机一体化绩效考核机制，根据技术站场作业性质和工作量差异，对同一站场的调车人员和调车司机，统一生产绩效考核奖励基数、指标、方式和兑现，引导共保运输畅通、提升作业效率。同时，对站区内车务、机务、车辆生产大班的运输组织、安全生产、交接班质量等，按月排名奖励，打造现场作业中的利益共同体。

2）提升中间站作业能力

针对部分车务站段管辖线路长、作业点分布零散，带来的运输管理各自为政、生产组织较为分散、不利于作业管控等问题，按照"以中心站为基础，辐射相邻中间站"的模式，推行运输组织区域集中管理，实现由分散组织向集约化、扁平化转变。以新长车务段为例，区分线路繁忙程度、作业站工作量等因素，将全段划分为新长、宁启、海安 3 个运输区域。改变以往中间站调车区长或车站值班员自行编制调车作业计划的模式，由段安全生产指挥中心统一编制全段日（班）计划、阶段计划和调车作业计划，集中管理各区域车流组织、调车作业、动力运用、货运组织等工作，实现对运输生产的全过程管控。对开往区域内中间站的摘挂列车和小运转列车，由车务段直接统筹考虑各站场结构、站存车数、甩挂车辆等情况，按站顺、卸货品名、收货人选编成组，最大限度减少中间站重复调车次数，提高货场、专用线直送率。以海安、袁北、盐城北、扬州北、殷庄 5 个车站为运输支点，成立流动调车组，安排固定调机对区域内各站实行定点、定线、定时调车作业，减少本务机车调车，提高机车、货车旅行速度。

11. 强化保障能力建设

1）强化货运能力建设

以提升货场和物流基地作业能力、通道运输能力、列车解编能力、港口疏港能力为核心，整合各方资源力量，推动一批扩能增量工程落地。

（1）加快推进物流基地建设。适应"白货"运输对仓储配送、包装加工、金融贸易等多元化的需求，补强货运场站基本、增值、辅助配套等功能，根据区域经济发展的不同特点，有针对性地选择主要功能定位，先后建成合肥北、杭州北、湖州西、金华南、尧化门综合型，义乌西陆港型，海安园区型，伍佑专业型等不同类型的现代化物流基地。

（2）加快推进"短平快"项目建设。围绕提高货场仓储、卸车、集装箱作业能力，先后实施吴集货场集装箱场地应急改造、铜山货场扩能改造、无锡南货场新增新货 5 道、合肥北货场门吊基础改造等"短平快"项目，在安亭建成全路首个自动化、无人化存放的立体商品车库。

（3）加快推进专用线建设。针对铁路运输"前后一公里"衔接不畅问题，先后建成启用南京港龙潭港区、马鞍山郑蒲港、上合组织国际物流园、首矿大昌、徐州港双楼作业区通用码头等 15 条铁路专用线，着力强化铁路场站与港口、企业、物流园区的联通功能。

2）货车提速工程取得实效

近年来，随着普速线路技术改造、设备升级，现行普通货车最高 80 km/h 运行速度，已成为制约运输效率提升的重要因素。2019 年，结合上海局集团公司管内"二通道"电气化改造完成，在全路率先开展空重混编货车提速关键技术课题研究。通过对不同编组类型货车进行桥梁检定、脱轨系数、轮重减载率等一系列试验，在 2020 年"4·10"调图中实施"二通道"整列重车、整列空车 90 km/h 提速，"7·10"调图实施管内所有双线电气化区段货车 85 km/h 提速，"12·30"调图实施"二通道"空重混编货车 90 km/h 提速，有效提高了货车旅行时间和机车车辆运用效率。其中，"二通道"阜阳北—乔司区段货车平均旅时压缩 12.5%，旅速提高 14.8%，综合运输效率提高近 10%，并在东陇海线连云港东—徐州北区段开展货车提速试验，最高运行速度由 85 km/h 提至 90 km/h，全程平均节省运行时间 20 min，机车车辆及货物周转效率提升 11.4%。

第5章　生产力布局调整及人员素质提升技术

5.1　铁路运输改革面临的挑战与存在的问题

5.1.1　铁路局公司制改革对铁路运输适应市场需求提出挑战

以上海局集团公司为例，公司制改革后，上海局集团公司的发展进入了以市场为导向的新阶段。在以市场为导向的形势下，作为身处中国改革最前沿的铁路企业，如何适应铁路高速发展节奏，率先实现东部铁路现代化，摆在当前最关键、最核心、最重要的问题是随着铁路建设全面铺开，面临着管辖跨度加大、职工人数紧缺、工作节奏加快、标准要求提高等新情况。同时，新技术、新装备的大量启用，加上由此带来的新的运输组织方式的变化，都对现有的运输生产、劳动组织、规章制度等一系列管理体制带来了巨大的冲击，也给运输安全带来了前所未有的挑战。这要求在管理模式、工作方式上进行不断探索和创新，不仅需要转变思想观念，同时也要求必须在用人方面精打细算，既要确保安全，又要挖掘市场潜力。

5.1.2　技术装备投入和应用力度还需加大

分析上海局集团公司车务系统技术装备现状，虽然在基础平台建设、子系统研发等方面取得了较大进步和较好成效，但也存在整体规划不适应发展需要、基础信息资源建设较慢、系统研发缺乏整体考虑等方面问题，影响和制约了车务系统信息化建设工作的整体推进。再看，车务安全管理是动态多因素的复杂管理问题，分析动态多因素问题是一项高难度管理工作。目前车务系统与其他专业系统技术设备资源的整合、协调不够，安全管理的预警预测和辅助决策往往还需依赖常规的经验主义或简单判断，利用大数据综合分析和辅助预测存在较大差距，需进一步加快运用层系统研发和运用，有效处理海量信息，提升专业管理水平。

5.1.3　人员素质不能满足技术装备快速发展需要

以车站助理值班员岗位为例，该岗位撤销后，遇技术装备故障或技术装备不能替代助理值班员的工作时，仍需一批有助理值班员职称并能胜任助理值班员岗位的人员储备或由其他岗位人员兼职，这就需要接发列车岗位人员必须由"单一型"向"复合型"转变，适应"一职多能，兼职并岗"的需要。但目前铁路行业的各工种岗位作业方法有较大差别，职工职业技能层次参差不齐，文化程度高低不一，导致职工综合业务素质还跟不上技术装备运用后的劳动生产改革。

5.2 车务系统行车人员劳动组织改革

近年来，新技术、新设备加快投入应用，与铁路行车相关的各专业系统先后投入了铁路车辆 5T 系统（THDS、TPDS、TADS、TFDS、TCDS）、货车超偏载检测装置、货车装载状态监控装置、视频监控设备、列尾装置、列车运行安全监测预警系统等技术装备，逐步替代助理值班员岗位作业要求，优化助理值班员岗位设置，是充分挖掘运输生产和既有人力资源潜力、持续优化人力资源配置、不断提高劳动生产率、实现集团公司经营效益最大化目标的有效手段之一。同时，替代助理值班员岗位也是充分发挥设备作用最大化的必然趋势。近年来，随着新设备的投入使用，列车的运行安全有了更大的保证，在科学研判安全风险的前提下，在一定范围和条件下，逐步撤销车站助理值班员岗位，是新形势下通过劳动组织改革以优化运输组织方式、压缩运输成本和提高运输效率的有效手段之一。

5.2.1 助理值班员岗位生产现状

1. 助理值班员岗位设置

长期以来，铁路车站接发列车作业形成了一套固有的作业方法和组织方式，设有固定接发列车作业岗位的车站一般由车站值班员、助理值班员和信号员组成。

长期以来，铁路车站设助理值班员接发车，是基于铁路列车运行速度较低、涉及列车运行安全的区间空闲、列车到达、车辆技术状态和货物装载加固状态的检测手段较低的前提，为提高铁路通过能力、保证列车运行安全、弥补铁路技术设备落后的问题而采取的有效手段，通过人工确认列车到达、人工监视列车运行状况来掌握列车占用信息，发现和预防列车动态安全隐患，在过去和特定情况下是有效和必要的。

随着铁路技术装备水平的提高，自动闭塞区间逻辑检查设备、货车尾部安全防护装置、铁路货车超偏载检测装置、货车装载状态监控装置、5T 系统、移频轨道电路、计轴、联锁闭塞设备、调度命令无线传送系统、铁路数字移动通信系统（GSM-R）、调度集中系统（CTC）、列车调度指挥系统（TDCS）、视频监控和铁路防灾系统等新装备陆续投入使用，铁路线路和车站基本实现封闭管理，列车运行的安全环境得以保障，使既有的、原始的助理值班员人工立岗接车作用逐步可实现设备监控。基于技术装备保障下合理优化助理值班员岗位设置，组织开展生产和劳动组织创新，是优化运输生产组织、提高劳动生产率的必由之路。

2. 助理值班员岗点接车位置

助理值班员岗点接车位置主要考虑以下几方面：

（1）设置在行车室一侧，按照《铁路接发列车作业》（TB/T 30001—2020）的规定，设置单岗助理值班员的车站助理值班员岗点必须在行车室，担当与车站值班员进行控制台列车信号复核的职责，因此设置单岗助理值班员的车站接车位置只能在行车室一侧。

（2）设置在助理值班员室一侧，设有双助理值班员的车站，其中还有车站由于未设置上、下行助理值班员室，考虑到助理值班员穿越正线的人身安全问题和劳动工作强度的问题，助理值班员均安排在线路一侧接车。

（3）2007 年开行动车组以来，由于动车组运行速度高和噪声低，严重威胁穿越正线办理接发车作业的助理值班员人身安全。经过充分研究，制定了准许助理值班员隔线、隔站台、隔列车接车的规定，确保了动车组开行以后助理值班员的人身安全。

3. 助理值班员作业内容

车站接发列车一般由车站值班员统一指挥，助理值班员工作内容根据《接发列车作业标准》《铁路技术管理规程》《铁路行车组织规则》《车站行车工作细则》等规定实施，主要如下：

（1）接送列车，于列车接近时，根据车站值班员的布置，出场立岗迎送列车、监视机车车辆技术状态和货物装载加固状态，确认列车尾部标志，发现列车运行异常时汇报车站值班员处置。对通过（发出）列车确认地面信号开放显示正确，对半自动闭塞区段未挂列尾装置（含列尾装置故障，下同）的列车确认列车整列到达。

（2）组织发车，确认旅客上下、行包装卸和列检作业等完了及出站（通过）信号机显示允许运行的信号，显示发车信号或使用列车无线调度通信设备（发车表示器）发车，监视列车出站，待出发、通过列车尾部通过站立地点（对办理客运业务的列车，应在列车尾部越过站台）后撤岗。

（3）在部分车站还需根据作业分工负责防溜措施撤设、协助调车作业及检查、列尾主机摘挂、票据交接、现车核对等工作。

（4）根据车站值班员的布置，负责向司机交付书面调度命令或行车凭证；非正常接发列车作业时，担当扳道员（引导员）职责，负责现场扳动道岔、准备进路、显示引导手信号或通过手信号；协助做好制动梁脱落、列车抱闸等故障应急处置工作。

（5）根据车站值班员布置，对既无列尾装置的货物列车又无列检作业的货物列车自动制动机进行简略试验，对既无列尾装置的货物列车又无客列检和车辆乘务员的动车组以外的旅客列车自动制动机进行简略试验。

5.2.2　技术支撑条件

1. 技术发展为改革提供了基础保障

1）车站列车运行安全监测预警系统

车站列车运行安全监测预警系统是通过综合利用高清图像、视频、声音采集技术、现代网络通信技术、模式识别、人工智能和现代多媒体等技术手段，通过作业终端或远程管理终端对列车运行安全进行监测预警的辅助设备。

系统通过将列车接发信息及系统检测的疑似问题进行关联、匹配、融合，通过报警等级分类集中展示，并对作业人员进行语音报警提示，作业人员通过监控终端实时监视列车运行动态，看全、看清、看准列车运行过程中存在的安全隐患问题，实现提高接发列车作业质量，规避列车运行安全风险，降低工作人员劳动强度，一定条件下可部分替代外勤助理值班员在室外立岗监护列车运行的作业环节。

当列车通过时，轨道内设置的磁钢传感器会触发系统启动，设置在前端的高清图像采集模块、高清视频采集模块及高保真声音采集模块，车号车位采集系统会同时采集车辆数据，将图像、视频、声音信号上传至服务器，车站值班员或站段安全生产指挥中心可通过系统显示终端对列车通过状态进行实时监测。

图像智能监测识别系统会根据接收到的数据信息实现对车门（车窗）开启、烟雾、异声、异物、篷布飘起、闲杂人员爬车及列车尾部风管是否吊起等情况自动判断、实时报警和标注位置，具备声光自动预警及销号功能，对问题车能自动提示车次、车位、车号、问题类型、问题部位、严重等级等，适应全天候（不同时段、不同光线强度、不同气候特征）、多车种（货车、客车和动车）及货物装载状态的判别。此外，系统还支持回放过车信息，用户也可以通过时间、线路、车号、车次等数据信息查询，播放历史过车图像及视频资料。

系统功能结构见图5.1，系统运用结构见图5.2。

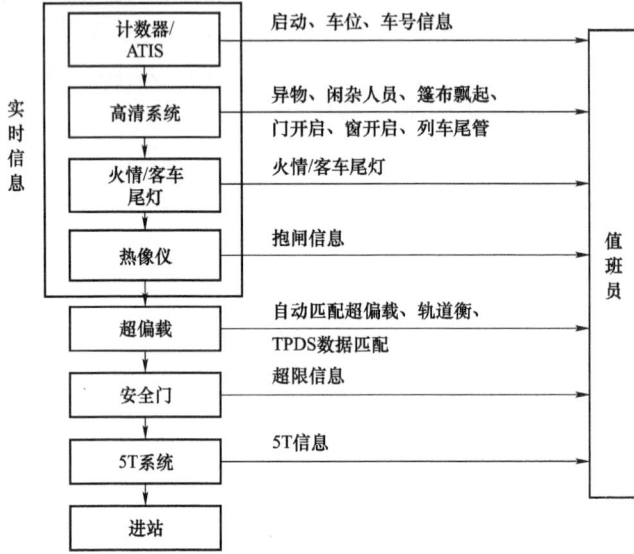

图5.1　系统功能结构

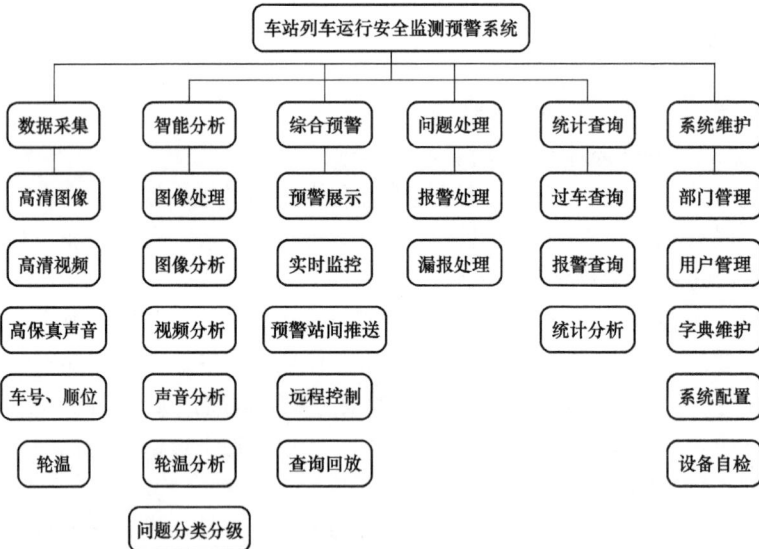

图5.2　系统运用结构

车站列车运行安全监测预警系统由室外信息采集设备、室内智能处理设备、软件及管理系统和配套工程组成。室外信息采集设备包括视频、图像、声音、车辆信息采集设备；室内智能处理设备包括集中处理服务器、高速检测工作站、网络设备和室内作业终端；软件系统包括基础软件系统、监测数据综合服务系统、智能识别算法库、实时作业系统和综合预警系统。

室外信息采集设备设置在车站一端进、出站咽喉部位；室内智能处理设备设置在车站专用设备间；作业终端设置在车站行车室；远程管理终端设置在站段安全生产指挥中心。室外信息采集设备情况见图5.3。

图形采集单元：
采集过车的高清图像

图像采集单元：
采集过车的高清视频

声音采集单元：
采集过车声音

智能LED辅助照明单元：
辅助成像

轮温探测仪：实时探测
轮温，检测抱闸

图 5.3　室外信息采集设备情况

车站列车运行安全监测预警系统将报警级别分为三级，即一、二、三级。级别不同，处理时机和方式不同。一级：立即判定，停车处理。二级：前方站停车处理。三级：各站注意观察运行，于适当车站停车处理、报警处理。每种设备异常报警等级可在系统中进行配置，安全生产指挥中心值班人员或车站值班员接发列车时，通过车站终端显示器监视列车运行，出现预警信息时，对照预警信息正确分析判断。预警信息及预警展示见图5.4。

序号	检测项	处理方式	预警等级	预警展示
1	尾管未吊起	面向走行部的图像分析技术	二级	
2	旅客列车抱闸	基于红外的轮温检测技术	一级	
3	列尾装置丢失	基于视频的动态帧分析技术	二级	
4	篷布飘起	基于视频的动态帧分析技术	一级	
5	异音	基于音频的异音检测技术	一级	
6	车门开启	面向车身的图像分析技术	二级	

图 5.4　预警信息及预警展示

2）列车整列到达智能分析系统

为解决半自动闭塞区段列车整列到达的智能分析确认和列车尾部标志的判别，减少半自动闭塞区段作业人员的劳动强度，提高作业效率，优化劳动运输组织资源配置，上海局集团公司开发应用了半自动闭塞区段列车整列到达智能分析系统。

半自动闭塞区段列车整列到达智能分析系统主要由行车室视窗显示与操作、列车尾部图片自动采集单元、列车车号自动采集单元、云服务平台等组成，实现了列车尾部图片自动抓拍、列车车号自动阅读、行车室人机交互、系统动态切换语音提示、服务平台大数据分析等功能。

2. 安全基础持续强化为改革营造了良好环境

（1）围绕人防、物防、技防"三位一体"安全体系建设，加大编组站综合自动化系统、CTC 3.0 系统、车务安全风险管理系统和移动子平台的建设。安全大数据运用等一批物防、技防设施设备的研发和应用，进一步提升了技术装备保安全的综合能力。

（2）完善安全风险管控机制。坚持定期和动态相结合，根据事故致因、运输组织变化等情况，以季度、年度为周期，全面研判安全风险，根据"六种变化"、风险发展趋势、典型事故等情况，动态研判潜在安全风险，补强完善管控措施。

（3）建立了每周专业科室对重点风险的检查和评价制度，例如领导班子每月安全小分队的检查制度、安全重点风险动态检查和评价机制，落实风险认领、检查清单、责任追溯制度。

（4）健全落实安全生产责任制。适应公司制改革后的新体制，健全完善覆盖各层级、各岗位的安全生产责任制，明确内容、范围和考核标准。

3. 专业管理持续改进为改革提供了必要支撑

通过这几年开展的工作，上海局集团公司车务系统坚持"四标同创"和"五位一体"的标准化建设思路，逐步构建了横向到边、纵向到底的标准化网络，建立了以安全风险管理为核心的车务安全管理体系，基本实现了车务安全管理工作的系统化、流程化、规范化和标准化。

（1）加强技术规章管理。对运输处发布的 28 项技术规章进行全面修订，对重新发布的技术规章，同步公布修改对照表，对新规章的培训、执行情况组织验证。根据新发布的《站细》编制细则，组织站段重新编制《站细》；推广使用"站细管理系统"，实现《站细》远程审批；成立技术规章审查小组，对二等及以上车站《站细》实行挂图分析和对口审查。

（2）完善岗位作业指导书。按照"唯一依据"的目标，根据《行规》《行细》变化、技术规章修订及生产组织方式调整，指导站段动态修订，确保符合现场实际和制度标准。根据作业指导书变化情况，修改完善考试题库；利用新媒体等手段，推进作业指导书的图示化、视频化，方便职工学习和掌握。开展作业指导书评价活动，广泛听取干部职工意见和建议，提高编制质量。利用岗位练兵、技术比武、实作演练等活动，促进职工"学标、执标、达标"能力的全面提升。

（3）全面推行《车务站段运营管理标准》。根据高铁车站、普速中间站、编组站、大型客站等不同车站管理模式和作业方式，分别制定相应的运营管理标准，从安全职责、基本制度、工作标准、台账簿册、设施设备配备等方面进行规范，达到管控一体化的要求，规范专业管理运作机制。

（4）开展月度对规检查。每月选取 1～2 个站段进行对规检查，"解剖麻雀"、举一反三。深化专业管理评价制度，对专业科室和车间、中间站、班组、岗位进行检查、分析和综合评价，提升专业管理能力。完善专业管理通报制度，每月组织对一定数量的中间站、车间进行专项检查，督促专业管理要求到岗位。整合各项专业检查评比制度，每半年对站段专业管理工作进行综合评定，评价结果与年度站段评先挂钩。

5.2.3　优化助理值班员岗位设置

随着调度集中控制（CTC）与列车控制系统的一体化，行车调度指挥和列车速度控制有机结合，列车运行管理模式从传统的"行车调度员—车站值班员—机车乘务员"改变为"行车调度员—机车乘务员"的集中运输组织方式，可以逐步实现车站运转作业无人化，大幅度减少中间站运转人员。以阜六线（CTC）为试点进行了助理值班员的岗位优化。

1. 阜六线基本情况

阜六线北起阜阳市，南至六安市，全线 123 km，为时速 160 km 单线电气化普速铁路，2013 年 12 月 28 日开通运营，CTC 调度集中系统仅开通 TDCS 相关功能，接发列车作业由车站值班员负责。阜六线目前开行客车 2 对、货车 2 对，全线仅霍邱站办理客运，吴集站办理货运，霍邱站日均客发 141 人，吴集站日均货发 6 854.8 t。

阜六线设六十里铺站、南照站、临水镇站、冯井站、吴集站、白莲站、河口集站、霍邱站、曹庙站、清凉寺站等 10 个中间站。通过对阜六线实际开车对数、工作量和列车运行规律进行调研分析发现，南照站、临水镇站、冯井站、白莲站、河口集站、曹庙站，绝大多数情况下列车直通，且前后列车开行间隔时间普遍很长，"会让站"的特点不突出。阜六线关键车站实际上就是 4 个，即办理客运的霍邱站、办理货运的吴集站，以及两头进入干线的六十里铺站、清凉寺站。

2. 基于 CTC 系统设备应用下的阜六线助理值班员岗位设置优化方案

根据阜六线运输组织情况，在阜六线 CTC 调度集中及调度命令无线传输系统功能开通启用的基础上，积极创新劳动组织优化方案，撤除临水镇站、冯井站、白莲站、河口集站、曹庙站等 5 个作业量较小的车站作业人员和管理人员，设置无人站。

无人站仍作为独立的行车分界点，由列车调度员直接指挥，仅保留正线办理行车，进路上道岔开通正线并单独锁闭，遇应急救援及突发情况时可在其他线路上办理行车，但不得停留保留列车。

无人站增设网络高清摄像头实现进站大门、行车室大门、行车室、站台、后院等重要通道部位监控覆盖，行车室具备人员入侵及火灾防护能力；阜阳北站指挥中心安装报警中心控制系统一套、集中监控平台一套，管理站安装报警器远程管理软件及视频监控软件一套，实现视频远程监控、报警器远程管理、日常巡检等功能，辅助应急处置。

霍邱站配置 2 名应急行车人员（两班制），应急行车人员具备车站值班员资格，掌握阜六线各站基本情况，熟练掌握阜六线行车设备使用办法及有关行车规章。每旬到 5 个无人站全覆盖巡查一次，检查行车备品、站场封闭是否完好，发现问题及时报告处理。

3. 突破既有规章体系，研究制定阜六线行车组织办法

阜六线采用设置"无人站"的方案优化人员配置后，行车组织办法有了全新的变化，无人站的管理模式、无人站无列尾或列尾装置故障的列尾试风、调度命令交付方式、设备故障处理、施工维修作业等方面均需要进行调整优化。

1）明确无人站日常管理要求

阜六线临水镇站由南照站，冯井站和白莲站由吴集站，河口集站由霍邱站，曹庙站由清凉寺站负责管理，无人站《站细》由管理站负责编制，行车设备联合检查及轨道电路分路不良专项检查由管理站负责组织实施。

2）突破既有规章体系，调整劳动分工和行车方式

调整无人站停车后，按规定由车站负责列车自动制动机简略试验时的劳动分工，改由司机进行试验确认列车制动主管的贯通状态。发生行车设备故障，需采用书面行车凭证（不含红色许可证）发车，进站信号机故障不能开放引导信号接车时，在进路准备妥当后，由列车调度员发布允许列车运行的调度命令作为列车进、出站的行车凭证。遇出站信号机发生故障时，对通过列车不再显示通过手信号。由车站值班员（车务应急值守人员）办理接发列车，遇一切电话中断时，不得向区间放行列车。

3）明确调度命令发布、交付流程

需交付司机的调度命令，由列车调度员使用调度命令无线传送系统向司机发布，并确认司机回执。遇调度命令无线传送系统故障时，由列车调度员布置管理站车站值班员（车务应急值守人员）按规定交付。除列车挂有装载超限货物的车辆外，其他调度命令均可使用列车无线调度通信设备向司机转达。涉及无人站的调度命令，向管理站车站值班员（车务应急值守人员）发布。无人站需与司机核对临时限速（降弓）调度命令时，由管理站车站值班员（车务应急值守人员）与司机进行核对。无人站施工维修作业时，由管理站车站值班员（车务应急值守人员）向施工负责人交付调度命令，调度命令应加盖无人站的"行车专用章"。

4）优化施工维修作业程序

阜六线无人站天窗时段内需操纵道岔、信号试验时，在无作业车、接触网车梯配合作业的情况下，准许转为非常站控，电务设备管理单位在提报"施工（维修）日计划"申请中注明"转非常站控"。电务设备管理单位接到承认施工调度命令后，通过管理站车站值班员（车务应急值守人员）向列车调度员申请，并经列车调度员同意后可转为非常站控，施工（维修）作业结束前 15 min，电务设备管理单位通过管理站车站值班员（车务应急值守人员）向列车调度员申请转为分散自律控制模式。转为非常站控期间，道岔操纵、信号试验由电务人员负责，遇无人站停有列车、机车车辆时，电务人员进行信号试验前应通过管理站车站值班员（车务应急值守人员）向列车调度员申请，并经列车调度员同意。

无人站天窗时段内有作业车、接触网车梯配合作业的情况下，不准操纵道岔、信号试验。

无人站仅工务一家进行道岔探伤单项作业，且无作业车配合，道岔探伤作业天窗点内如需转换道岔时，工务设备管理单位应通过管理站车站值班员（车务应急值守人员）向列车调度员申请，由列车调度员负责操纵。

编制列车运行图时，阜六线南照站（不含）至清凉寺站（不含）间在 0:30—3:30 时段内不安排旅客列车运行。

5）明确应急处置登销记要求

遇设备故障时，设备管理单位可在无人站通过电子登销记系统进行签认、登记停用及销记，登（销）记作业完毕后，及时使用电话与管理站车站值班员（车务应急值守人员）联系确认。阜六线无人站行车设备故障时，列车调度员通知管理站车站值班员（车务应急值守人员），管理站车站值班员（车务应急值守人员）接到通知后，应立即通知设备管理单位相关人员，并在《行车设备检查登记簿》内登记。

6）明确应急处置作业要求

阜六线无人站遇计轴自动站间闭塞设备故障时，列车调度员应与管理站车站值班员（车务应急值守人员）共同确认区间空闲后，发布调度命令改按半自动闭塞法行车。确认区间空

闲及开通区间时，应待列车［旅客列车、单机（含两辆及以上机车重联、机车专列回送）、自轮运转特种设备除外］运行至设有车站值班员（车务应急值守人员）的车站，确认列车整列到达；旅客列车、单机（含两辆及以上机车重联、机车专列回送）、自轮运转特种设备到达接车站后，即可开通区间。

阜六线无人站发生设备故障需现场人工准备进路时，原则上待设备故障修复后组织行车；遇特殊情况确需办理时，列车调度员应通知管理站，管理站车站值班员（车务应急值守人员）应及时报告站段安全生产指挥中心，站段安全生产指挥中心接报后应指派应急行车人员赶赴无人站办理行车。工务、电务人员接到管理站车站值班员（车务应急值守人员）通知后，应赶赴无人站协助应急行车人员现场准备进路。

应急行车人员应根据列车调度员的指示负责现场准备进路，并于进路准备妥当后，向列车调度员报告。

阜六线无人站遇车站联锁设备停电恢复时，列车调度员必须确认站内列车和调车车列停稳后，按压上电解锁按钮一次性解锁。

列车运行途中发生故障，按规定需在前方站停车处理的，应运行至设有车站值班员（车务应急值守人员）的车站处理（货车热轴强热报警除外）；按规定需立即停车处理以及货车热轴强热报警时，列车调度员应通知管理站，管理站车站值班员（车务应急值守人员）应及时报告站段安全生产指挥中心，站段安全生产指挥中心接报后应指派应急行车人员赶赴现场协助处理。

发生车辆故障时（制动梁脱落、列车有异响等情况），司机接到通知后应立即采取停车措施，当列车在无人站停车时，车辆乘务员（车辆押运人员，无车辆乘务员及车辆押运人员时为司机）应查看了解异响发生地点前后 200 m 线路轨枕上有无刮痕。如有刮痕时，应逐辆检查制动梁是否脱落，如是制动梁脱落，用铁丝吊起制动梁后方可开车。列车运行至设有车站值班员（车务应急值守人员）的车站后，将故障车辆摘车处理。未发现异状时，司机向列车调度员汇报，列车运行至设有车站值班员（车务应急值守人员）的车站停车处理。

4. 阜六线无人站管理办法

（1）视频监控管理办法（无人站行车室设有视频监控）。安全生产指挥中心调度员每天白班、夜班各视频检查无人站站场行车室视频监控一次，每次不少于 20 min 并做好记录；安全生产指挥中心调度员白班检查无人站视频监控时，需同时调取夜间视频监控进行检查；遇施工维修、应急处置等情况，安全生产指挥中心调度员需通过视频监控加强对无人站监控检查。

（2）红外报警装置、烟雾报警装置管理。无人站行车室设有红外报警装置、烟雾报警装置，日常应处于功能开启状态；因施工、维修、应急处置等需进入无人站行车室，有关人员应及时向管理站车站值班员（车务应急值守人员）申请，由管理站车站值班员（车务应急值守人员）关闭红外报警装置、烟雾报警装置相关功能。作业结束后，有关人员应及时向管理站车站值班员汇报，管理站车站值班员应及时将红外报警装置、烟雾报警装置设置为功能开启状态；安全生产指挥中心、管理站车站值班员（车务应急值守人员）发现红外报警装置、烟雾报警装置发生报警，应及时通过视频查看该车站情况，必要时通知应急行车人员等赶赴无人站处理。

（3）站场环境管理。应急行车人员到无人站检查，到达无人站行车室后，利用行车室固定电话向安全生产指挥中心汇报；检查结束时，利用行车室固定电话向安全生产指挥中心再次汇报。管理站站长（副）每月对所管理无人站检查一次，按规定对站场环境、行车备品等进行检查，到达及离开无人站时间应及时向安全生产指挥中心汇报。

5.2.4 实施方案落实保障

1. 有关启示

（1）强化安全风险研判。撤销助理值班员岗位是对传统接发列车作业组织方式的重大改革，涉及各作业环节和机务、车辆、客运等各工种，实施时要结合具体情况，进行多方面调研、准备，充分考虑各区段、各车站的技术装备水平、作业性质、列车种类和有关重点作业环节，充分研判各项安全风险，精心组织、周密安排，在保证安全畅通的前提下，先易后难、逐步、稳妥地实施。撤销助理值班员岗位的车站，要适当增加行车应急人员或调车人员，或调整其他人员岗位职责，并做好兼职并岗人员的培训工作，确保能胜任有关作业。

（2）努力提供制度支撑。积极创建和完善有利于推进改革、提高效率的制度环境和保障体系是助理值班员劳动组织优化改革的基本保证。按照"系统抓、抓系统"的总体要求，认真落实专业处室对本系统运输生产和劳动组织改革负有的主体责任，积极构建导向效率效益的指标体系和分配机制。对既有的行车组织办法、接发列车及相关作业标准和规章制度进行修改、完善，使之与新的技术设备和运输组织方式相配套，与劳动组织改革相衔接，提供规章支持和制度保证。对安全事故的定责追责有关内容应根据线路繁忙程度和影响货车、客车等分类，实事求是、科学合理地体现差异。要抓好既有人力资源开发，围绕兼职并岗和富余人员转岗加强技能培训、鉴定取证等相关工作。加快铁路技术装备和保安设备的投入，对设备投入替代人力效果明显的项目及费用予以优先安排，并加强对项目经济性分析，对既要投入又要加人的项目严格把关，非必要不得安排。

（3）加强安全基础建设。面对新时代、新形势、新任务，国铁集团明确提出"强基达标、提质增效"的工作主题。没有安全的稳定，没有坚实的安全基础，助理值班员岗位设置优化改革的推进必将大受影响，提质增效的措施就无法有效落实，因此务必强化安全基础。充分认识确保铁路安全，特别是高铁和旅客安全万无一失，是检验各部门、各单位工作成效的根本标尺，是全体干部职工的职业底线。要增强安全敬畏意识，尊重安全规律，敬畏规章制度，依法依规加强安全管理。既不自以为是、盲干乱干，不经过科学验证，就随意地上设备、定措施；也要担当作为、科学求实，不搞层层加码、无限延伸。要坚持预防为主、防患未然，知微见著、防微杜渐，牢牢把握安全工作主动权。

（4）适应时代发展要求。铁路现代化建设的进程中，技术设备、列车运行速度、运输组织要求等不断发展、变化，许多传统的、既有的作业方法和运输组织方式已不能适应铁路技术装备现代化和运输组织新形势的需要，撤销助理值班员岗位仅是冰山一角。铁路运输企业要落实科学发展观，将生产力和生产关系相结合，根据实际进行管理创新、制度创新和机制创新，对历史沿袭下来的、陈旧的、不适应新情况和新要求，甚至束缚、影响运输安全和运输效率的既有运输组织方式和作业流程进行优化和改革，不断优化劳动组织，提高运输效率和劳动生产率，努力建立与铁路现代化发展相适应的劳动组织方式。这是铁路运输企业管理的重要工作，也是铁路现代化发展的内在要求。

（5）提升专业管理水平。改革取得实效，专业引领是关键。要建立完善激励机制，发挥专业管理部门在优化劳动组织工作中的主导作用，引导专业管理部门保安全、提效率为目标，制定、修改、完善规章制度；积极培育壮大"大师工作室""劳模工作室""首席工程师室"等专家团队，通过带队伍、定目标、立课题、下任务，引导专业技术人员围绕安全生产突出问题积极开展技术攻关和培训交流，不断提高专业管理能力；要坚持"让明白人干明白事"，坚持问题导向、定量分析、系统思维，走专家诊断、专家治理道路，加强专业管理研究与经验总结；要常态化运用工作机制推动强化专业管理体系建设，通过交流检查补强专业管理短板，强化专业管理人员向研究型转变，促进专业管理规范有序。

（6）积极发挥合力作用。坚持以新时代中国特色社会主义思想为指引，积极培养"激情是一种能力、态度是一种素养、执行是一种责任"的企业文化，坚持包容理解、协作支持、共赢多赢，更加注重团队作用的发挥，用企业文化的内在作用引领、凝聚和激励干部职工积极投身优化劳动组织改革。运用制度办法充分调动干部职工的自觉性、积极性、主动性和创造性，凝聚共识，群策群力，努力实现团队利益的最大化。劳动组织优化改革是一项系统工程，涉及安全稳定、技术装备、生产组织、规章制度、劳动定额、人员调整、教育培训等方方面面，要积极稳妥地推进改革，必须建立协调配合的工作机制，切实提高各级管理人员思想认识，把握好安全底线，重视投入产出研究，以生产业务部门为主导，突破传统规章制度，强化定员定额管理，建立激励约束机制，提升劳动者技能素质。

2. 制度落实保障

（1）确保安全是基础。安全既是检验改革成效的关键指标，也是改革方案顺利推进实施的保障。只有深刻认识"变化就是风险"，坚持"安全第一""确保高铁和旅客安全万无一失"的理念，做到安全生产、生产安全，才能顺利实现改革的目标。

（2）专业主导是关键。只有坚持"让明白人干明白事"，坚持走专家诊断、专家治理道路，充分发挥"建标准、带队伍、抓落实"为核心的专业主导作用，才能确保改革方案的切实可行，确保改革措施有效落实并取得实效。

（3）转变观念是保证。管理人员要转变思维定式，改变"人多好办事"的传统观念，提高铁路劳动组织改革的重要性认识。既要有积极稳妥的科学态度，又要有敢为人先的冒险精神，要有大局观念和责任感、使命感。要从实现集团公司高质量发展的角度，认识到深化运输生产和劳动组织改革是贯彻"强基达标、提质增效"工作主题的重要内容，是降成本、提效益、增收入的现实需要。要深刻理解把握优化劳动组织改革工作的意义内涵，进一步统一思想，主动作为，充分预想推进过程中存在的困难，按照"一事一研究""一事一方案""一事一布置""一事一评价"的原则，将每项改革措施转化为具体实施步骤，每项工作明确责任人和完成期限，按月推进并进行评价，积极稳妥地推进运输生产和劳动组织改革实施方案。

（4）科技手段是支撑。近年来，铁路运输生产中投入了大量新技术、新设备及运输生产信息系统，例如 CTC 设备、计算机联锁、TMIS 系统、CTCS-2 级列控系统等。这些新技术、新设备及信息系统的投入运用，对运输生产方式产生了较大影响。例如，CTC 调度集中设备在车务系统使用后，由于其在保证行车安全、提高运输效率方面产生了巨大作用，减少了行车人员的使用，有力地促进了劳动组织的减员增效工作。GSM-R 通信系统的应用，减轻了车机联控的作业量，使通信效率大大提高。在劳动组织改革中必须充分发挥这些新技术的功能，依托运输管理技术优势，进一步优化运输生产方式，促进劳动组织改革不断深入。

（5）职工拥护是保障。完善机制，积极推进劳动组织改革。劳动组织的优化改革是一项十分复杂、需要多部门协同工作的系统工程。根据铁路提速发展的新要求和新目标，按照"有利于保证运输安全生产顺畅进行，有利于人力资源充分利用，适应企业生产力发展，有利于适应、满足运输市场，有利于企业效率效益的提高和有利于职工个人职业发展"的指导思想，坚持统筹规划、分步实施和自上而下的指导方针，坚持劳动组织改革与减员、分流安置同步推进，坚持劳动改革与深化劳动用工、分配制度改革相配套。

（6）激励机制是动力。要做好助理值班员岗位设置和劳动组织创新工作，在研究技术规章、作业标准等方面就要敢于打破传统条条框框的束缚，既要守住安全底线，也要防止过度冗余。要把建立符合实际的差异化管理制度，作为实行差异化资源配置的支撑条件，在各级检查的标准和考核力度上，在应急处置的时间要求上，在设备故障、安全事故的定责追责上，实事求是、科学合理地体现差异。要制定配套的激励机制，对于各部门、各单位主动担当，在节约用人、节约资源方面创新突破取得的效益，要予以认可、给予奖励，体现责任共担、利益共享，充分调动各层面的积极性。

5.3　机辆段一体化模式

5.3.1　普速铁路机车客车一体化管理改革必要性

随着时速 160 km "绿巨人"动力集中动车组逐步替代既有客车，客运移动设备生产一体化继续向普铁发展。现行动集车组生产组织与机辆分开管理的模式有较多结合部，需要协调的事项多，流程比较复杂，且动集车组维修需要增加场地、设施和人员。而机务系统推行修程修制改革后检修工作量下降，检修资源出现一定的富余，机辆一体化管理后可统筹利用各类生产资源，实现提质降本增效。实施普速铁路机车客车一体化管理改革，是构建机辆一体化发展新格局的必然选择。

5.3.2　新模式实施方案

现以上海机辆段为例说明机辆一体化改革。

1. 深化运输组织变革

深入推进生产调度指挥一体化，充分运用智能化、信息化手段，整合机务车辆调度指挥、监测监控等信息系统，完善各专业子系统信息化架构，形成专业互控机制，着力打造一网统管、信息畅通、应急有序为目标的机辆一体化数字生产管理平台。全面推进普速客车应急处置一体化，按照机务、车辆专业分别梳理现有应急处置看板，针对制动主管、供风系统漏泄、直供电、客列尾故障、烟火报警等设备故障及非正常行车，研判行车安全风险，明确应急处置安全底线，在确保行车安全的前提下提高客车应急处置效率。

2. 深化管理变革

聚焦修程修制改革，充分挖掘技术整合潜力，用好 5T、6A、CMD 等专业技术手段，夯实质量安全基础。探索动集 D3 修与机车中修流程融合，对动集 D3 修工艺布局进行优化整合，对内燃库、扩能库、电机库、北辅库进行改造，形成"四库合一" 18 个架车台位的动集 D3 修和机车中修综合检修库，满足一组长编或两组短编动集同时入库检修的能力，从源头上解决检修场地分散带来的频繁调车、跨区域作业、生产组织难度大等难题。同时根据运输生产实际灵活调整检修计划，实现动集检修专业化、集约化，为机辆生产作业深度融合提供机制保障。

3. 建立生产指挥中心

按照"集中、垂直、高效"的原则，将原机务段机车调度室、统计科和原车辆段调度科合并成立生产指挥中心，整合机辆计划命令、生产调度和应急管理等职能，通过重构再造机辆命令接收、计划分解、工作下达等生产流程，实现日常生产组织的统一领导、统一管理，提高了管理效能。同时借专业融合扬互补优势，制作机辆一体化应急处置看板，优化完善机辆看板内容，实现应急处置专业互补、信息共享、协同高效，较好地解决了原机务、车辆结合部故障互相推诿扯皮、延误应急处置时间的问题，提高了处置效率。

4. 搭建一体化管理架构

搭建一体化管理平台，将机务、车辆信息系统进行整合，实现信息资源融合共享。统一电报、通知、文件等公文收发流程，确定新单位发文字号、发文种类。建立新的门户网站，根据需要设置管理平台。打通机务、车辆各车间视频会议系统，制定一体化生产交班会制度，明确交班会参会部门、人员等要求，充分发挥一体化生产交班会通报工作、分析问题、研判风险、制定措施、落实责任、沟通协调的作用。建立一体化管理体系，针对两段整合后工作任务和管理职能的变化，重新修订安全生产、技术管理、教育培训、财务管理等制度办法。

5. 推进安全管理一体化

按照统一归口的原则，梳理整合机辆两个专业的规章制度、台账记录、合同协议和奖惩办法等，理顺管理脉络，形成机辆段安全管理、专业管理和技术管理等标准体系。整合机务 6A 和车辆 TVDS 等安全监测设备功能，打破原机辆各自为政的质量分析模式，形成动集全列车安全监测和数据分析保障体系。利用机务安全信息管理系统，将车辆专业部分安全风险项点、安全隐患整合纳入，形成新的机辆安全风险隐患库。修订职工安全奖惩办法、问题典库，统一考核奖励标准，形成机辆安全风险控制和隐患排查治理的一体化运行机制。

6. 推进动集检修一体化

按照整车集成、同步作业的原则，积极推进生产组织优化和作业流程再造，重组优化动力集中动车组机辆检修周期、内容、工序、流程和作业模式，消除交叉、重叠、分散、脱节等结合部不协调现象，实现动集动力车与拖车（控制车）检修节拍一致、周期同步，动集检修效率及运用效率大幅提升。成立动集 D3 修联合调试组，重构动集 D3 修调试流程，兼并优化作业环节，将机务、车辆、电务各作业环节科学衔接，实现动集联调联试一体化，既节省了调试人员和调试时间，又提高了工作效率。

7. 推进动集整备一体化

将动集整备作业原机务、车辆分别管理的 2 个班组整合为 1 个班组，实现动集整备作业一体化管理，减少了信息沟通结合部，提高了生产指挥效率。优化动集整备作业模式，按照检修工艺范围，将车上车下分包修优化为包车修，调整专修组人员工作班制。梳理分解动力车、控制车 D1、D2 修作业内容，剔除交叉、重叠作业包，合并同类项，形成动集专项维修包，融入 D1 修作业内容。改革实施后，D2 修扣车停时由原来的 16 h 降至 2 h，"扣车修"改为"日常修"，实现 D2 修不扣车，动集车组使用效率得到大幅提高。

8. 推进动集司乘一体化

以实施动集单司机值乘为契机，探索动集司乘一体化新制式，按照同出勤、同整备、同退勤的管理思路，设立司机、随车机械师一体化运用值班室，制定出退勤、所内整备试验、站内机能试验、途中巡视巡查一体化作业标准，在本段动集单班单司机和随车机械师共同值乘的 8 对交路推行随车机械师承担副司机工作职责。梳理整合机务行车类、车辆设备故障类应急看板，实现司机与随车机械师同出勤、同整备、同退勤，以及非正常应急处置的协作互控，共同做好预防预想，途中共保安全。

在盘活资源、实现资源共享方面，盘活人力资源、加强岗位交流、不断探索跨系统"一岗多能"用人模式。例如，选送机务检修人员学习车辆检车技能、车辆检修人员学习机务检修技能，为跨专业检修奠定了基础。另外，为盘活设备资源、实现设备共享，本着"物尽其用"的原则盘活既有设施设备资源，推进车轮车床、空压机房、干冰清洗设备、密接式车钩检修试验台等 18 项工装设施设备共享共用。利用现有的车辆检测设备，把一些过去外检的机务计量器具、检定压力表、轮对内距尺和兆欧表等改为自检，将 SS$_8$、SS$_9$ 型机车部分配件委外修改为自主修，节约了设备投资和检修成本。共享列车运行监控设备，利用机车 6A 视频查验随车机械师途中巡检质量，通过机车 CMD 远程监测列车制动管压力，运用客车 TVDS 对动集动力车走行部质量进行动态监测，提高了设备利用率。

5.3.3 新模式实施效果

机辆段成立应发挥一体化生产指挥优势和 160 集动运用优势，加速机务部门和车辆部门的融合，加快信息化建设，实现降本增效。根据机辆检修生产的空间分布、担当运输区段发展规律、人力资源变化特点、160 集动整车集成技术等，合理规划组织运输工作、调度生产布局，制定相应机车、车辆集中修任务，及时掌握主要指标数据，优化运输生产管理工作。机辆一体化改革融合有利于机车运用效率和生产效益的提高，有利于铁路有限资源优化配置，有利于铁路运输经济效益和社会效益最大化。从根本上解决"低效率、粗放型"的生产模式带来的"高成本、高消耗"问题，全面实现"长交路、轮乘制、集中修、一体化"的新生产模式。

5.4 工电供综合维修管理模式

5.4.1 基本概念

为解决原有接触网维修时的分工合作不协调、各项作业占用时间过长造成时间浪费、挤压列车运行时间等问题，上海局集团公司对管辖范围内的高速铁路维修实施"三位一体"工电供综合维修模式。这里的"三位一体"是指将承担铁路基础设施养修任务的工务、电务、供电三个专业整合到一个管理单位中，三个组织单元联合组成一个紧密协作的整体，建立一个设备共管、资源共享、天窗共用、责任共担，实行生产生活一体化，破除原有的各专业工种界限的综合维修的组织体制。

"三位一体"维修管理模式是指工务、电务、供电三个专业从检修周期、检修项目、计划编制、生产组织、出行方式五个方面进行优化组合，消除各专业间结合部问题，实现生产统筹协调、计划统一平衡、劳动组织优化、生产效率不断提高，并以最小的成本投入达到高速铁路基础设施综合维修的目的，为行车提供安全稳定、质量可靠的高铁基础设施。上海高铁维修段 2011 年成立后，就开始探索实践高铁工电供"三位一体"维修管理模式。通过在沪宁、沪杭、宁杭三条高铁的艰苦实践，基本固化了适应高铁基础设施维修的生产方式、组织架构和各项管理体系，形成了集约高效的高铁维修模式。

不同于既有的工务段、电务段和供电段，上海局集团公司成立上海高铁维修段，实行"三位一体"综合维修模式，涵盖工务、电务、供电三个专业，具有工区管辖范围大、人员少、设备多且复杂等特点。由于原有的工务、电务、供电专业在天窗管理机构、申请流程、出行方式、安全控制等多方面存在较大差异。因此，必须对既有专业天窗管理方式进行有效整合和专业融合，创建高速铁路维修作业设计的天窗管理体系。

5.4.2　总体原则

高速铁路维修作业实行"三位一体"集中综合维修作业组织模式，将所有影响高速铁路行车设备稳定、设备使用和行车安全的维修、检查、检测等作业全部纳入天窗管理。遵循"短周期为主、长周期为辅"的计划编制原则，采用"轨道车为主、汽车为辅"的出行方式，实行"集中为主、分散为辅"的作业组织方式。

"三位一体"综合维修模式天窗管理体系，将工务、电务、供电三个专业从检修周期、检修项目、计划编制、生产组织、出行方式等五个方面进行优化组合，消除各专业结合部问题，通过平衡作业计划、优化作业组织、融合作业环节、完善作业方法，实现资源共享，提高天窗综合利用效率和作业效率。

高速铁路每日安排维修天窗，原则上不少于 240 min（国铁集团另有规定时除外），按照作业复杂程度和设备影响范围，维修项目分为 I 级和 II 级维修。

在年度框架下，高铁维修段技术科每月下达生产任务，车间分解到周，经平衡后报段。段每周召开综合维修计划平衡会，提前 3 天将日计划申请提报集团公司。每日 13:00 前维修段计划调度员在集团公司天窗管理系统中下载次日计划，核对无误后在段网页中公布。15:00 前工区签收，并召开工长协调会，合理安排劳力和出行工具。

5.4.3　统一生产管理

1. 统一管界划分

针对综合维修工区各专业管界不一致，造成生产一体化出现"盲区"的情况，确定综合维修工区设置的数量与地点，对不同专业设备单元和管界进行合理划分，明确综合维修工区名称、管界、职责。高铁综合维修工区由以往的松散联合体变为管理实体，为推进生产一体化奠定了基础。

2. 统一天窗安排

铁路天窗是指列车运行图中不铺画列车运行线或调整、抽减列车运行，为营业线施工和维修作业预留的时间。天窗资源的安排利用是否科学合理至关重要。针对高铁施工维修任务重、天窗资源紧张的特点，上海局集团公司组织行车、工务、电务、供电、调度等部门，深入现场跟班写实，广泛组织研讨，科学优化天窗安排，确保资源得到最大化利用。

细分天窗单元，按照全站范围和两站上、下行线区间分别划分为车站、区间作为基本单元，接触网检修作业按供电臂划分停电单元，改变了以往按照车站、区间简单划分造成的天窗资源浪费。

强化资源综合利用，明确工电供多专业天窗共用，在同一区域内实施集中作业；允许维修天窗与施工天窗同步实施，有作业车配合时相应制定安全卡控措施，在确保安全的基础上，实现资源共享共用，提高天窗利用和维修作业效率。

3. 统一生产计划

为统筹平衡各专业维修作业安排，从计划源头进行规范，制定年、月、周、日计划四级生产计划体系。由集团公司各专业处室牵头制订年度轮廓计划，由各工务段牵头组织相关站段共同研究编制月度生产计划，专业处室审核下达。

在此基础上，专门增加周计划安排，由工务车间牵头组织其他专业车间，按照综合维修、天窗共用的原则，共同协调平衡综合维修工区周计划，经设备管理单位、业务处室、集团公司施工办逐级审核后下达。日计划由综合维修工区工长牵头相关专业联合细化实施方案，共同抓好执行落实。所有计划提报、审核、下达流程，均通过集团公司施工综合管理平台操作，以便提高效率，强化对施工作业的全过程管理。

4. 统一作业组织

统一作业组织是生产一体化管理的核心内容。

（1）联合检查。由综合维修工区统一组织，根据不同专业设备检查周期，对工务与电务、工务与供电、电务与供电等专业结合部设备进行联合检查，为编制维修计划及统筹天窗利用提供依据。

（2）联合作业。根据检查结果及维修计划，综合维修工区统一编制联合作业方案，各专业共同审核签认后实施。针对工务、供电作业车辆在同一区间作业需连挂往返的情况，修订了综合维修车组作业管理办法，明确了作业车连挂作业、人员上下道等相关要求，确保运行安全。

（3）联合验收。每次联合作业结束，各专业共同对作业质量进行检查和验收，共同对工具材料进行检查清点，共同对检查结果确认负责，确保维修质量到位。

5. 统一防护体系

针对各专业分别驻站防护造成现场人手紧张的老大难问题，上海局集团公司由行车部门牵头组织研究，按照大行车、大安全的理念，突破传统的专业壁垒和思想束缚，创新建立高铁综合防护体系。

（1）驻站联络。由车务应急值守人员（车站值班员）担任，主要负责天窗封锁及开通命令的传达，按规定做好作业车的运行组织、开行信息的传递、作业过程的防护、道岔作业时操纵等事宜。

（2）登销记。实行作业主体单位负责的各作业单位联合登记制度，车务应急值守人员根据调度命令，到点后代作业单位完成承认登记。作业结束具备开通条件后，由作业主体单位现场主防护员通知车务应急值守人员办理销记手续。

（3）效率提升。为便于现场（主）防护员、车站值班员的沟通联系，上海局集团公司主导研发了综合维修高铁防护辅助系统，实现了维修作业防护联系表的编辑和提报、调度命令签收、来车防护等功能，极大地方便了现场主防护员、现场防护员、车站值班员之间的联系，强化了行车单位与设备管理单位的联劳联动、联防联控。

6. 统一应急处置

（1）完善制度。为有序、高效进行应急处置，制定了相关办法措施，规范了道岔等故障应急处置流程。

（2）成立队伍。综合维修工区成立综合应急处置小组，对相关设备故障进行现场联合处置。日常组织综合维修工区人员进行跨专业学习、培训，提高应急处置能力。综合维修工区每年组织不少于一次联合应急演练，提高应急救援队伍快速反应能力。

（3）统筹协调。统一配置应急车辆等抢险工具，由综合维修工区工长统筹协调，建立每周应急抢险车辆和司机值班表，确保应急出动。

三个专业在作业负责人的统一指挥下，同步作业、一专主导、互为支撑，形成"三位一体"模式的天窗修计划管理、施工维修作业登销记、施工维修作业卡控制度、防护员（驻所）设置等办法。

5.4.4　枢纽全天窗集中修案例

铁路枢纽担负着多条线路、多个方向的车流中转、交换、改编和客货运业务及机车车辆检修等各类作业，枢纽地区的畅通有序直接关乎铁路网的正常运转。枢纽内接发列车、中转调车、解编作业等行车组织复杂，运输作业繁忙，各种行车设备常常处于高强度的运转状态，主要行车设备的维修、养护需求一直以来难以得到保证，许多设备长期处于失修、欠修状态，给枢纽地区安全有序运转留下隐患，在编组站尤为突出。

针对枢纽地区长期存在的运修矛盾难点，通过深入分析和研究论证，最终确立了以生产组织方式优化、天窗组织形式优化为基本思路，以有利于生产过程安全控制、有利于运输效率提高、有利于设备质量提高、有利于结合部管理和联动为指导思想，以"检养分开、集中组织、专业修理、综合实施"为基本方法，以提高设备质量、提高运输效率、降低安全风险为主要目标，努力破解枢纽地区的运修矛盾，确保运输安全稳定和枢纽畅通有序。

1. 优化生产组织方式

以检养分开、专业修理为方向，调整生产组织架构。针对枢纽地区的运输生产组织特点，依据"检查独立、养修合一、集中组织、专业修理"的指导方针，需要对枢纽地区设备管理单位的既有车间、工区生产组织架构进行合理调整，以保证与维修方式变化的高度融合。主要是按照检养分开、专业修理的思路，细化设备专业分工，突出专业维修特长，重新整合既有维修力量，组建专业化的维修队伍，在负责管界内设备日常维护的基础上，根据车间统一调配，重点做好对专业分工设备的疑难问题整治和集中修理。同时，将日常生产由原先的工区各自分散、简单作业转变为由车间牵头集中、高效组织，利用车间的技术和管理优势，加强现场实施层面的专业力量，注重重点整治和动态分析研究，便于总结经验规律，真正提升维修生产效率和管理水平。

2. 优化天窗组织形式

以综合实施为原则，以集中组织为根本，建立全新的枢纽天窗组织方式。围绕"计划跟着天窗资源编、天窗依据设备状态给"的方针，推动运输部门与维修部门的密切配合、相互支持。设备管理单位应依据车务部门提供的枢纽天窗资源调配劳力、机具，合理安排工作量，确保生产计划的编制能用足用好有限的天窗资源；车务部门应根据设备管理单位提供的设备状态和维修需求，优化运输组织，给足天窗资源以保证设备整治的质量。

（1）以综合实施为原则，统筹安排维修天窗计划。设备管理单位根据维修项目、影响范围针对性制定综合天窗计划，车站根据维修周期需求，采用区域大小结合、时间长短结合的方式统筹安排维修天窗计划，实现设备检查维修周期性覆盖的目标。

维修区域大小结合，科学安排计划。针对枢纽维修集中作业的特点及重点设备维修困难的现状，车站平衡计划时，根据设备管理单位维修需求，综合考虑运输能力，对枢纽维修区域采用多个小区域合并成大区域的方式，综合安排维修计划，通过区域大小结合方式实现设备集中整治的目的。

作业时间长短结合，灵活安排计划。针对枢纽地区局控Ⅱ类及站控天窗区域的维修计划，要求设备管理单位执行按需提报的原则，车站以天窗计划时间为指导，结合维修作业项目、工作量及劳力安排情况，灵活安排计划作业时间。对作业量饱满的维修计划，根据设备管理单位需求结合运输情况适当延长计划作业时间，为设备维修创造有利条件；对作业量较少的维修需求，由设备管理单位根据实际所需时间提报计划申请，减少运输干扰，达到天窗效率最大化的目标。

（2）以集中组织为根本，创新枢纽天窗组织方式。依据设备维修需求的轻重缓急和病害整治的难度、作业量大小，采取以车间为单位集中组织专业化的维修力量，通过"大小阶梯、大小循环"的全新枢纽地区天窗组织方式，综合利用天窗对设备进行集中整治，以有效根除设备病害的疑难杂症，为设备管理单位实现"检查全覆盖、作业全天窗、养修专业化"的生产组织目标奠定基础。

大阶梯：场间天窗阶梯安排，即充分利用枢纽编组站各场天窗时间不同步的有利条件，合理调配车间劳力进行转场作业，实现对重点设备集中整治的目标。

小阶梯：场内天窗阶梯安排，即利用同一场内多个维修区域阶梯给点的特点，合理安排工区劳力，达到充分利用天窗资源连续作业的目的。

大循环：全站维修周期循环，即对枢纽站场内的行车设备按修程修制及综合检查周期的要求，充分利用天窗资源对设备进行检查整治，对重点病害及欠修设备采取集中人力、优化天窗资源进行针对性整治的方式，实现行车设备检查、维修周期循环全覆盖的目标。

小循环：每个维修区域周期循环，即根据每个维修区域内的设备分布并结合运输条件，细化设备的维修周期，对重点设备及运能紧张地段采取重点安排集中整治的作业方式，延长区域内维修周期，实现每个维修区域、维修周期相对固化的目标。

5.4.5　铁路综合维修工种

截至 2022 年底，我国铁路营业里程达 15.5 万 km，高铁营业里程达 4.2 万 km，占世界高铁总里程的 70%以上，铁路复线率达 59.6%，电气化率达 73.8%。在我国铁路网如此发达的今天，铁路维修养护方面的工作更是重中之重，而培养掌握铁路综合维修业务的技能人才更是被国家人社部与市场监管局认证为新兴职业。为加强铁路运输安全，国铁集团进一步深化高速铁路综合维修生产一体化改革，实施基础设备维修一体化作业。高速铁路基础设施维修体制改革带来新的岗位需求，原有职业设置已经无法满足工电供复合型人才培养要求，设立铁路综合维修工职业是适应高铁发展的必然趋势。为适应高铁生产力发展要求，深化高铁综合维修生产管理，设立了铁路综合维修工职业（下设铁路网线维修工、铁路信号线维修工工种），负责铁路线路、桥涵、信号、牵引供电等运输设备维修维护。

1. 铁路综合维修工的职业定义和社会需求

铁路维修技术专业面向铁路设施运维领域，从事铁路线路、路基、桥涵、隧道、信号、接触网、电力等设备设施的检查、故障诊断及应急处置、一般性养护维修等工作，从事普速铁路工电供综合维修生产一体化工作。

培养掌握铁路综合维修业务的技能人才，有助于提升高铁基础设施维修质量和效率，实现高铁安全稳定、设备优良、资源节约、效益提升，进一步释放高铁生产力，促进铁路高质量发展。

那么，什么是铁路综合维修工呢？铁路综合维修工职业定义为，对高铁线路、路基、桥涵、隧道、信号、牵引供电接触网及附属设备，进行检测、施工、养护、维修的人员。铁路综合维修工大类划分在生产制造及有关人员，中类划分在建筑施工人员，小类划分在土木工程建筑施工人员。其主要工作任务如下：

（1）负责高铁线路、路基、桥涵隧道及附属设备的巡视检查、日常养护、值班值守、应急处置、施工配合等。

（2）负责高铁现场信号设备的巡视检查、日常养护、值班值守、应急处置、施工配合等。

（3）负责高铁牵引供电接触网设备的巡视检查、日常养护、值班值守、应急处置、施工配合等。

（4）负责高铁现场信号设备、牵引供电接触网设备的数据采集、整理及综合分析等。

（5）负责高铁基础设施巡检、基础设施设备养护现场作业安全防护等。

2. 铁路综合维修工需要掌握的知识要求

（1）掌握必备的思想政治理论、科学文化基础知识和中华优秀传统文化知识。

（2）熟悉与本专业相关的法律法规，以及环境保护、安全消防等相关知识。

（3）掌握铁路综合维修施工、维护作业安全生产、环境保护及消防等知识。

（4）掌握电工基础、机械基础、电子技术、轨道交通的基础知识。

（5）掌握绘图与识图、高速铁路工程测量等基础理论和专业基础知识。

（6）掌握铁路信号基础设备应用与维护，高速铁路车站联锁设备应用与维护，高速铁路沿线变配电线路运行与维护，牵引供电系统运行与维护，高速铁路路基、桥梁、隧道、轨道等基本理论和专业知识。

（7）掌握列车运行自动控制系统应用与维护、高速铁路轨道精测与检测的基本知识。

（8）掌握铁路综合维修联合调度系统应用与维护、高铁综合维修集中监测系统应用与维护、高铁综合维修应急处置与生产运行管理、专业英语、铁路信号施工技术应用、铁路信号电源设备应用与维护等方面的知识。

（9）了解铁路电务、供电、工务、运输设备基本知识，以及防灾安全监控系统基本知识和联调联试基本知识。

（10）了解最新发布的涉及本专业的铁路行业标准、国家标准和国际标准。

3. 铁路综合维修工需要掌握的能力要求

（1）具有探究学习、终身学习、分析问题和解决问题的能力。

（2）具有良好的语言、文字表达能力和沟通能力。

（3）具有团队合作能力。

（4）具有熟练使用计算机及应用高铁综合维修专业软件的能力。

（5）具有绘图与识图、高速铁路工程测量等专业基础能力。

（6）具有铁路信号基础设备应用与维护、高速铁路车站联锁设备应用与维护、高速铁路沿线变配电线路运行与维护、牵引供电系统运行与维护、高速铁路路基、桥梁、隧道、轨道施工与维护的专业核心能力。

（7）具有列车运行自动控制系统应用与维护、铁路轨道精测与检测、铁路综合维修联合调度系统应用与维护、铁路综合维修集中监测系统应用与维护、铁路综合维修应急处置与生产运行管理、专业英语、铁路信号施工技术应用、铁路信号电源设备应用与维护的能力。

（8）具有学习铁路综合维修新技术、新工艺、新方法、新设备使用等能力。

5.5　铁路车务岗位数字化培训

5.5.1　铁路车务岗位培训现状

根据国铁集团《关于落实"强基达标、提质增效"加强职工技能培训工作的指导意见》，对于新职、转岗、晋级人员，要严格进行岗前培训，按照培训规范规定的内容进行培训。培训规范是铁路职培部门对职工培训的法律性文本，也是国铁集团对铁路局集团公司、站段培训工作检查和考核的重要依据。培训规范以培训铁路特有工种技能为目标，内容包括安全、理论、实作和综合四部分。铁路局集团公司在落实培训规范时，对于新职人员，重点加强劳动安全教育，突出人身安全、作业安全及事故警示教育。对于在岗人员，采取定期轮训的方式，重点对培训规范内容进行培训。

既有培训体系中培训机构包括各铁路局集团公司建设的培训基地与车务站段。培训基地主要负责新职人员培训与车务关键岗位轮训。站段职业培训通过站段、车间、班组三级职培网络培养专业技术人员岗位适应性。铁路局集团公司职培部负责制订年度职工培训计划，确定培训时间、培训工种、培训内容等，培训基地与站段职教部门负责落实年度培训计划。培训基地在培训过程中可以根据实际情况，对培训规范内容进行部分调整，调整比例不超过30%。

由于受到培训师资、教学资源的限制，既有的车务关键岗位培训在培训模式上比较传统，培训资源单一，教学培训效果差强人意。此外，由于运输生产一线用工紧张，脱产培训时长不足。不同站段的实训装备水平参差不齐，实训课程开设质量难以保证。既有培训的考核形式单一，岗位考核题库内容较为陈旧，难以对培训成效做出客观评价。

5.5.2　国内外数字化培训发展

随着新一代科技革命、互联网技术及信息技术的迅猛发展，数字化培训逐渐成为职业培训的主流模式。数字化培训具备三个主要要素：一是数字化的培训平台，包括设施、资源、通信和工具；二是数字化的学习资源，包括培训使用的课件、视频、动画、仿真资源等；三是数字化的学习模式，包括培训资源的个性化推送、学习成效的智能化评价等。数字化培训以培训者为中心，通过"菜单式"的培训资源供给，满足培训者"差异化"的培训需求。

根据美国培训与发展协会研究，应用数字化培训后，企业的培训成本降低约26%，培训费用降低约 40%～50%，所需要的培训时间能够有效降低 40%。数字化培训相较于传统培训有五大优势：成本更低、时间更短、学习更高效、适应培训者需求、反映一般概念（例如同质化、模块化等）。当前开放教育资源（open educational resources，OER）运动在全世界蓬勃发展，尤其是大规模在线开放课程（massive online open courses，MOOC）在世界范围内迅速崛起，例如 Khan Academy（2015）、Coursera（2015）、Udacity（2015）、edX（2015）、TED（2015）等职业技能培训方面都取得了突出成绩。

中国的数字化培训近年来也快速发展，具有代表性的有南方航空公司的员工培训、TCL 的数字化培训、银行系统的数字化培训等。中国民生银行 2003 年开始建设员工在线学习平台，经历 20 年的发展，形成 PC 端的"民生亿度"、移动端"学吧"、微信端"知识服务"三大端口有效整合的数字化培训平台，并开发了丰富的数字化培训资源。由中国就业培训技术指导中心建设的"职业培训多媒体资源中心"平台，收录了职业培训多媒体课程、素材和实训装备等各类资源 3 万余条，是我国职业培训领域权威的数字化资源信息发布和共享平台。

5.5.3　铁路车务岗位数字化培训建设及问题

近年来，铁路车务岗位加强了职工培训信息化建设。在数字化培训资源建设方面，为了破解现场培训安全风险大、传统培训效果不佳的难题，一些铁路局集团公司将虚拟现实技术引入铁路调车岗位作业培训。依据培训规范，对接调车作业不同工作场景，开发了铁路调车 VR 培训平台，建设了数字化调车培训资源。在数字化培训平台建设方面，2008 年上线运行的铁路组织人事管理信息系统设置有干部培训功能。2018 年在该系统升级改造时，对培训功能全面强化，搭建了独立的铁路教育培训平台，使其覆盖了全路的干部职工。经过二期的系统建设，该平台目前具备铁路企业培训需求管理、培训计划、培训实施、培训评估及培训预算、培训报销等管理功能，基本涵盖了培训管理全过程。但是，该平台在运行过程中，也存在以下三个方面的问题：第一，培训平台难以实现精准化培训管理。培训平台面向全路职工，具有覆盖的专业工种多、人数多、学员情况复杂的特点，平台难以针对某一岗位培训现状快速、精准取得培训数据，进而分析培训存在问题。第二，培训方式单一，缺乏线上培训资源。现阶段的职工培训以传统教学模式展开，缺乏数字化培训资源，难以开展线上培训及在线学习。第三，难以满足车务岗位个性化的教育培训需要。铁路车务岗位工种多，由于单位性质及主要职责的差异，教育培训需求不同，既有的培训平台架构受制于网络带宽资源难以满足车务岗位个性化的培训需求。

5.5.4　数字化培训关键技术

1."互联网+培训"云平台搭建技术

系统采用先进的领域驱动设计模型开发，严格采用分层结构，整个系统分为四层，分别为基础架构层、领域层、服务层和呈现层。

基础架构层的作用是为上层提供基础运行环境，基于 Linq2Sql 的 ORM 框架来实现，为上层的处理提供基本平台组件，例如计算能力、存储能力、通信能力、资源调度和管理能力等。

领域层的作用是建立具体服务对象的业务逻辑，基于领域驱动设计（DDD）模型实现，通过业务逻辑和需求对业务模块进行区分，以领域驱动的思想划分各个领域，确定聚合和聚合根的关系，建立相应的服务对象。领域层包含了系统所需要的所有功能上的算法和计算过程，形成服务对象的基础业务逻辑，通过函数调用对上层提供服务。

服务层基于 RESTful 进行开发，通过封装后统一的 API 接口为上层提供服务。服务层除了定义应用服务之外，在该层还要进行安全认证、权限校验、持久化事务控制，或者向其他系统发送基于事件的消息通知，另外还可以用于创建邮件以发送给客户等。

呈现层的作用是将后端逻辑接口选择性地暴露给前端，拥有统一的权限过滤功能和操作日志记录功能。只将需要暴露的接口通过呈现层暴露，能够增强系统的安全性，通过统一的身份认证安全管控，很大程度降低出现漏洞的可能性。

前端展示的作用是与用户进行交互和功能呈现，呈现层包括 PC 版学员门户网站、PC 版教师和管理员门户网站及微信小程序。PC 版学员门户网站、PC 版教师和管理员门户网站采用 HTML5、VUE.js、CSS3 和 JS 等技术进行开发，提供系统与用户使用的多种交互方式，例如 PC 端页面交互、小程序交互等，拥有极好的扩展性和操作性。

平台系统架构见图5.5。

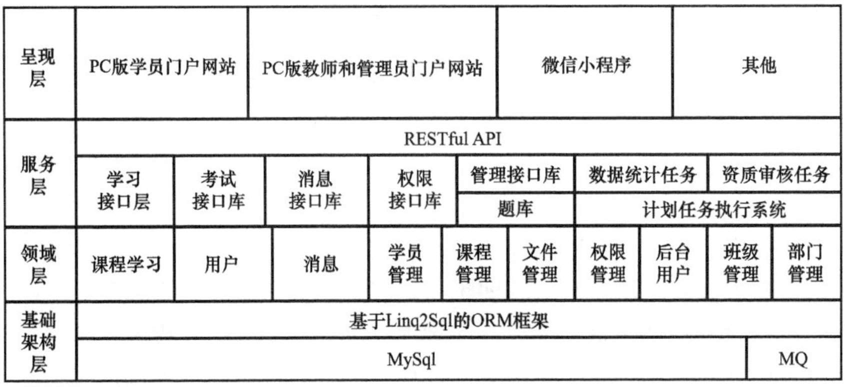

呈现层	PC版学员门户网站		PC版教师和管理员门户网站			微信小程序			其他	
服务层	RESTful API									
	学习接口层	考试接口库	消息接口库	权限接口库	管理接口库		数据统计任务		资质审核任务	
					题库		计划任务执行系统			
领域层	课程学习	用户	消息	学员管理	课程管理	文件管理	权限管理	后台用户	班级管理	部门管理
基础架构层	基于Linq2Sql的ORM框架									
	MySql								MQ	

图 5.5　平台系统架构

2. 数字孪生技术

对接车站值班员、车站调度员、调车长等车务典型岗位培训规范，构建新型培训学员与车站运输组织全流程的数字孪生体。融合沙盘实操与虚拟培训，培训学员可以进行沉浸式专业学习。基于数字孪生技术的车务岗位培训总体框架见图5.6。

以培训流程为主要路径，结合虚拟车站与物理车站互相映射的场景与培训学员两个主要对象，构建"全方位、全周期、全数据"的培训体系；构建真实车站的数字孪生体，形成物理世界与虚拟世界的完整映射，两者共同构成培训教学的基础资源。

其中，孪生车站建模是实现数字孪生培训的关键。基于真实铁路编组站结构信息、设施布局信息等一系列基本物理信息，数字孪生车站分三步建立一套与物理空间实时联动的运行体系。第一步是对物理对象各类数据进行信息集成，网格化 BIM、GIS 三维数据，应用 DCC 类软件对现实物体进行虚拟模型构建，同时制作基于物理渲染的 PBR 材质贴图并通过 Unity 3D 实时渲染引擎等专业技术实现人机交互平台搭建及物理对象高保真度的数字化映射；第二步是将车站运营生产所涵盖的环境、设备、人员等要素全部呈现在数字孪生系统，物理车站提供数据和验证，数字车站实现模拟演化；第三步是数字孪生车站进一步融合车流、车站技术作业过程等多源异构数据，优化算法，实现对真实作业场景的数字化还原与模拟。

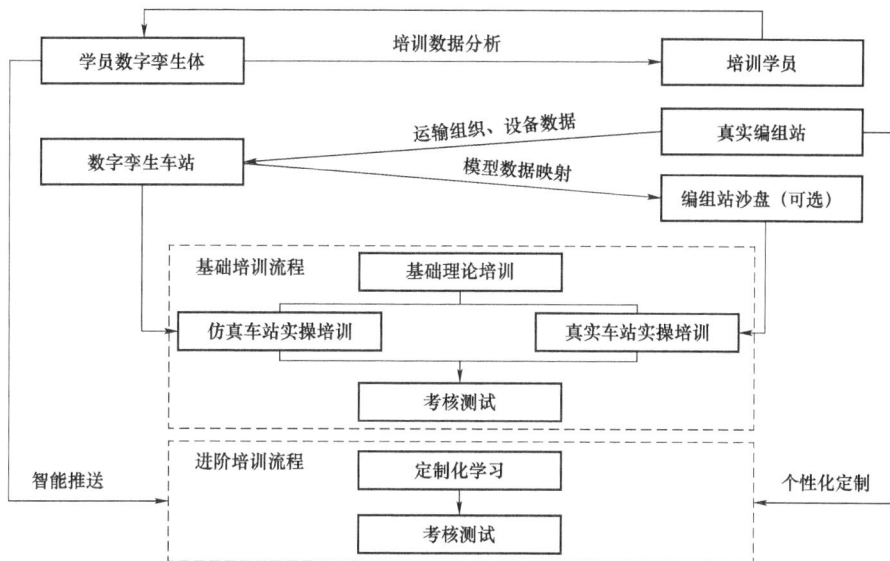

图 5.6　基于数字孪生技术的车务岗位培训总体框架

3. 虚拟现实技术

基于 BIM、GIS、VR 及 AR 技术，通过三维可视化场景搭建，面对对象的脚本语言程序及框架式基础，开发实现高内聚低耦合的编组站调车仿真培训系统、编组站调车仿真培训系统、编组站接发列车（分到达场及出发场）仿真培训系统、编组站作业计划仿真培训系统、驼峰调车作业仿真培训系统等。总体涉及主要关键技术包括数据点云计算处理、判定逻辑、全局光照及间接照明计算、基于物理渲染、地形层编辑、UGUI 实现、碰撞体检测、顶点着色器、VFX 粒子特效、模型动静态遮挡剔除以及动画模型制作技术等。

1）数字化培训资源建设

构建铁路行车关键岗位数字化工作场景，包括站场基础设施建模，站场电务、通信、供电设备建模，站场技术作业过程建模。具体内容见表 5.1。

表 5.1　数字化职业场景

数字孪生车站	建设要素	仿真场景
编组站	到达场、编组场、出发场、驼峰设备、编尾设备、机务段、车辆段、联锁、闭塞、通信设备、调车机车、机车车辆等	（1）各类接发列车作业； （2）各类调车作业； （3）不同类别货物列车技术作业过程

依托数字化职业场景，对接行车关键岗位铁路特有工种技能培训规范，一体化设计不同岗位专业技术技能人才培养培训方案，全面梳理铁路车务典型工作岗位培训科目及对应知识技能点。以知识点、技能点为单位，开发视频类、动画类和虚拟仿真类数字化培训资源。资源开发以"微课程"为主要形式，视频类素材注重叙事性和完整性，用于讲解知识点或技能点；动画类素材注重工作逻辑的形象表达，将抽象微观黑箱的概念可视化，用于演示抽象概念、复杂结构、复杂操作等；虚拟仿真类素材注重现场感和体验，主要用于展现"看

不见、进不去、动不得、难再现"等不能开展现场教学的场景环境过程。数字化教学资源见表5.2。

表5.2　数字化教学资源

序号	专业领域	对应岗位	数字化资源数量（5～8 min/项）
1	行车组织基础	全部岗位	1～2 项
2	接发列车作业	车站值班员、助理值班员、车站调度员、调车区长	1～2 项
3	调车作业	车站值班员、助理值班员、车站调度员、调车区长、调车长、连结员	1～2 项
4	车站作业计划	车站值班员、车站调度员、调车区长、调车长	1～2 项

聚焦车站值班员、车站调度员、调车长等三个典型岗位，依托数字化职业场景、数字化教学资源，面向培训教学过程，以教材为基础，在对教学内容充分解构、归纳的前提下，搭建岗位职业能力发展的有效"阶梯"，应用数字化技术实现对教学过程环节的"细粒化"分解、管理和控制。同步教材建设，开发对应在线开放课程。数字化培训教材及课程见表5.3。

表5.3　数字化培训教材及课程

序号	数字出版教材	在线开放课程
1	车站值班员岗位培训教材	接发列车工作
2	车站调度员岗位培训教材	技术站作业组织
3	调车长岗位培训教材	铁路调车工作

2）数字化培训平台建设

研发兼具数字化课程资源建设、管理、教学、学习、统计等功能的数字化培训平台，包括数字化课程资源建设与管理功能模块、教学培训功能模块、学习功能模块、统计功能模块及系统管理功能模块。数字化课程资源建设与管理功能模块支持多种类型和格式的课程资源上传，支持按照专业类别、课程名称、素材类型、来源及自定义标签对课程资源进行分组组建培训课程，支持课程资源的一站式智能搜索，支持题库类资源建设等功能。教学培训功能模块支持教师按照课程名称及自定义标签检索筛选自由搭建培训班，支持在线教学活动部署与实施，支持学习通知、考试通知等文字消息发送。学习功能模块能够根据学习者特点及学习需要，支持多种学习形式，如自主学习、参加培训，支持每课一考和在线考试。统计功能模块支持培训班培训情况统计、机构培训情况统计、学员培训情况统计等功能。系统功能模块包括用户组织管理、用户注册管理等功能。培训平台性能基本要求见表5.4。

表 5.4　培训平台性能基本要求

同时在线用户数	并发用户数	响应时间		
		业务访问	视频类资源	动画及仿真资源
10 000 人	1 000 人	3 s	6 s	6 s

3）实训应用效果验证

应用眼动技术、可穿戴设备，全程记录培训学员的训练情况，收集培训学员培训过程的生理数据，应用人工智能技术和多模态学习分析技术测评职业技能培训成效。围绕上述研究内容，解决以下关键技术：

（1）数字化职业培训关键技术。研究基于边缘计算的"互联网+培训"云平台搭建技术。研究以培训流程为主要路径，结合虚拟车站与物理车站互相映射的场景与培训学员两个主要对象，构建"全方位、全周期、全数据"的数字孪生培训体系。研究应用 BIM、VR 及 AR 技术开发编组站调车作业、接发列车作业及编组站技术计划编制仿真系统技术。

（2）数字化资源开发技术。研究基于线上线下混合式教学模式的、面向铁路特有工种典型工作岗位的数字化资源开发技术。创新职工培训教材建设形式，有效提升铁路特有工种技能培训规范实施成效，引领培训者学习方式变革和促进培训工作方式变革。搭建支撑数字化职业培训，支撑创新"线上+线下"培训模式，实现国铁集团下属各铁路局集团公司车务岗位职工数字化培训资源共用共享的平台建设技术。

参 考 文 献

[1] 曲思源. 铁路运输组织管理与优化 [M]. 北京：中国铁道出版社，2016.

[2] 尹传忠，王立坤. 综合运输学概论 [M]. 上海：上海交通大学出版社，2020.

[3] 曲思源. 铁路货运组织与物流管理 [M]. 杭州：浙江大学出版社，2022.

[4] 郭玉华. 中国铁路货运营销 [M]. 北京：中国铁道出版社，2012.

[5] 王勇. 列车运行指挥工作问答 [M]. 北京：中国铁道出版社，2017.

[6] 安路生. 中国铁路运输新实践 [M]. 北京：中国铁道出版社，2009.

[7] 崔艳萍. 铁路客货运改革与发展 [M]. 北京：中国铁道出版社有限公司，2021.

[8] 荣剑，程谦，曲思源. 列车运行图编制与管理 [M]. 北京：中国铁道出版社有限公司，2021.

[9] 胡思继. 规划型铁路列车运行组织理论与方法 [M]. 北京：中国铁道出版社，2017.

[10] 李得伟，韩宝明，赵鹏. 铁路客货运输全过程效能与服务水平提升理论体系框架 [M]. 北京：中国铁道出版社有限公司，2021.

[11] 徐瑞华课题组. 基于运输整体效能的列车运行图综合评价方法及智能评价系统研发 [D]. 上海：同济大学交通运输工程学院，2022.

[12] 曲思源，王连生. 铁路行车工作沟通与协调 [M]. 北京：北京交通大学出版社，2022.

[13] 曲思源. 铁路运营组织与管理系统分析 [M]. 北京：北京交通大学出版社，2019.

[14] 叶玉玲课题组. 铁路运营指标预警系统 [D]. 上海：同济大学交通运输工程学院，2022.

[15] 赵如月，苗建瑞. 面向管控一体化的普速铁路 CTC 系统功能定位探讨 [J]. 铁道运输与经济，2022（5）：44.

[16] 匡敏. 铁路运输效率论 [M]. 北京：中国铁道出版社，2005.

[17] 吴志伟，李楠，高达，等. 基于铁路货运生产作业与管控平台的货运与车务作业综合协同研究 [J]. 铁道货运，2023，41（8）：1-6.